哲学的田野

杨玉昌⊙主编

哲学与田野有何相关

哲学的田野在何处

我们是否还能像孩子那样自由地奔跑、欢笑

让我们走进哲学的田野，去寻找这些问题的答案

知识产权出版社
全国百佳图书出版单位
—北京—

图书在版编目（CIP）数据

哲学的田野 / 杨玉昌主编 . —北京：知识产权出版社，2020. 9
ISBN 978 - 7 - 5130 - 7007 - 2

Ⅰ. ①哲… Ⅱ. ①杨… Ⅲ. ①哲学理论 Ⅳ. ①B0

中国版本图书馆 CIP 数据核字（2020）第 102267 号

责任编辑：李学军　　责任校对：潘凤越
封面设计：刘　伟　　责任印制：孙婷婷

哲学的田野

杨玉昌　主编

出版发行：知识产权出版社有限责任公司　　网　　址：http：//www. ipph. cn
社　　址：北京市海淀区气象路 50 号院　　邮　　编：100081
责编电话：010 - 82000860 转 8559　　责编邮箱：752606025@ qq. com
发行电话：010 - 82000860 转 8101/8102　　发行传真：010 - 82000893/82005070/82000270
印　　刷：北京九州迅驰传媒文化有限公司　　经　　销：各大网上书店、新华书店及相关专业书店
开　　本：880mm × 1230mm　1/32　　印　　张：13. 375
版　　次：2020 年 9 月第 1 版　　印　　次：2020 年 9 月第 1 次印刷
字　　数：296 千字　　定　　价：78. 00 元
ISBN 978 - 7 - 5130 - 7007 - 2

前 言 探访社会边缘群体

自2006年以来，我在中山大学哲学系一直开设专修课“福柯研究”（中间只有2016年和2017年因特殊原因没有开课），在上这门课时主要讲授了福柯的两本重要著作《规训与惩罚》和《疯癫与文明》以及一些代表性论文。这两本书讲述的分别是现代监狱和精神病院的诞生，为了使学生对其内容有更深切的理解，我授课中会在学校每年的野外实习项目的支持下组织学生去监狱和脑科医院实习，每次实习回来后会让学生写下实习作业，期末考试采取提交实习报告的形式，这样多年下来就积累了大量相关材料。我觉得这些材料都是来自学生们对监狱和精神病医院的亲身观察和体验，也包含着他们所接触的犯人和病人的人生经验，因而对于社会上大多数没有机会去监狱和精神病医院的人具有启发意义。因此，我尝试将它们加以整理，先后编辑出版了几本书，然而就在我以为已经完成了这项任务之时又发现因为近年来的材料十分丰富，已出版图书无法把它包容进去，加上后来课上又组织学生对特殊教育学校和智障儿童家庭进行了访问活动，与此相关的报告一直没有整理，我就想再编辑一本书把它们综合起来，以了却自己的心愿，同时也让这些学生的辛苦付出有一个具体的成果，让更多的人对这些边缘群体有所了解和认识，改变对于他们的看法和态度。

本书的主要内容由上篇、中篇、下篇三个部分构成。上篇是

2013 年、2014 年、2015 年和 2018 年脑科医院实习报告，这些报告大多是学生们在期末提交上来的，篇幅较长，所以我把它们都单列了出来。上篇包括三章：第一章是 2013 年和 2014 年脑科医院实习报告，其中 2013 年选了一篇，2014 年选了两篇。第二章是 2015 年脑科医院实习报告，共五篇，其中包括两名同学去脑科医院暑假实习后所撰写的实习报告。第三章是 2018 年中山三院精神科和广州市脑科医院江村分院实习报告，选了两篇。中篇包括三章，分别是 2014 年、2015 年、2018 年监狱实习报告。2014 年和 2015 年我们去了女监和男监，因而这两年的监狱实习报告又都分成两节，2018 年只去了男监，所以只有男监的实习报告。这些报告除了部分选自学生期末实习报告之外，大多是选自学生每次实习后写下的实习作业。与期末实习报告相比，这些作业通常更为直观生动，可读性强。监狱实习通常包括参观、讲课、咨询和与警官交流，其中讲课和咨询都包括了心理和法律两个方面内容，因而每次监狱实习都会同时邀请一些中山大学法学院的本科生或研究生参与，其中也有些同学提交了实习作业，虽然他们并不是这门课的学生。由于学生们对参观、讲课和与警官交流环节的记述大同小异，因而我主要选取了作业或报告中每个人对服刑人员进行咨询的部分，这部分因人而异，内容丰富多彩。我把选取的每篇报告或作业中的一部分合在一起，形成一个整体，其中每个同学的名字标示在其文字后面。下篇是从 2013 到 2017 年我的“福柯研究”课上学生去中山大学南校区附近的一个特殊教育学校（启能学校）和智障儿童家庭进行访问的报告以及我和个别同学在暑假期间去托老院（敬老院）访问的报告。这个活动其实是利用我们的课程之外的时间进行的，是一个志愿活动。我当时有幸认识了启能学校的李彩珍副校长，在其支持下，就要求我的课上有兴趣或因故不能参加监狱和脑科医院实习的学生从事这项特殊教育学校或智障儿童家庭的访问活动。这些同学写的报告虽然篇幅大多不长，但内容丰富，有真情实感。另外，我写托老院报告的契机是2014年我的母亲在河北老家县城的一家私人开的托老院住过一段时间，我暑假探亲时几乎天天往那里跑，对其情况有较多的了解，就把自己的见闻写了下来。我想这可以被视为当今中国基层社会民办养老院的一个缩影，从中可以看到中国老人目前的一些生存状况和问题。

我为本书取名“哲学的田野”，这个书名听起来似乎有点奇怪，人们通常会把哲学与书斋相联系，而不会把哲学与田野联系起来。其实，哲学原初的本意并非如此。从字面上讲，哲学的含义就是爱智慧。根据亚里士多德的说法，哲学产生于对世界的惊奇。古希腊最初的哲学都是自然哲学，那时哲学家们在大地上漫游，提出他们关于世界的本原等一些根本性问题的思考。苏格拉底首先把哲学从自然转向对人的生活的考察，他一生述而不作，到处找人探讨诸如“什么是正义”之类的问题。哲学只是到了苏格拉底的学生柏拉图才开始出现学院化倾向。这一倾向一方面使哲学更加思辨，更加专业，另一方面也使哲学逐渐脱离了人的实际生活，变得越来越抽象、狭隘了。两千多年来，柏拉图主义一直占据着西方哲学的主流，直到尼采在19世纪后期提出“重估一切价值”，哲学才开始重新回到人的生活世界。福柯在20世纪继承了尼采的精神，将传统哲学视野之外的监狱、精神病院变成哲学考察的中心课题。他这样做正是要让哲学回到其原初对世界的惊奇、对智慧的爱和对自由的追求。在福柯看来，哲学在历史上长期被禁锢于柏拉图主义的樊笼之中，现在，监狱和精神病院成为使哲学得以重新认识自己，摆脱束缚，获得自由的“希望的田野”了。苏格拉底在其生命的最后时刻一直在监狱里跟他的学生们讨论哲学，在此意义上说，监狱可以被看成是西方传统哲学的一个起点。福柯的哲学是与其对监狱和精神病院的研究密切结合在一起的，由此监狱也可以被看成是西方后现代哲学的一个起点。在西方哲学史上，柏拉图曾提出过一个著名的“洞穴”隐喻：“让我们想象一个洞穴式的地下室，它有一个长长通道通向外面，可让和洞穴一样宽的一路亮光照进来。有一些人从小就住在这洞穴里，头颈和腿脚都绑着，不能走动也不能转头，只能向前看着洞穴后壁。”① 这个“洞穴”不仅描述了柏拉图所说的没受过教育的人的情形，而且反映了人类在世界上的根本处境，而那路照进来的亮光则意指哲学对于人类的意义：通过探索使人走出洞穴里的阴影，看到外面真实的世界。

我发现福柯的上述两本书所探讨的监狱和精神病院的诞生都与禁闭有关。我和课程学生去监狱和精神病医院实习时也对禁闭留下了深刻的印象。有一次，在女监开展帮教时，一开始没有服刑人员上来咨询，我就走到她们中间进行动员，说我们愿意跟她们聊天，什么都可以说，这时就有一个犯人说：“我想回家”。另外，学生们在与服刑人员进行交流时也发现其中许多人都十分

---

① ［古希腊］柏拉图：《理想国》，郭斌和、张竹明译，商务印书馆 1986 年版，第 272 页。

关心减刑问题，可见她们都十分渴望离开监狱。不止一个同学提到在脑科医院遇到病人问医生自己什么时候可以回家，有一次是一个十七岁的男孩对医生不停地说“我想回家吃妈妈做的饭”。福柯早年在精神病院实习时就对禁闭现象感到奇怪，认为禁闭实践并非像人们所以为的那样不言而喻，而是有一个漫长的历史过程。他把1656年建立的巴黎总医院作为古典时代对待疯癫的一个标志性记号。“理性通过一次预先为它安排的对狂暴的疯癫的胜利，实行着绝对的统治。这样，疯癫就被从想象的自由王国中强行拖出。……还不到半个世纪，它就被关押起来，在禁闭城堡中听命于理性、受制于道德戒律，在漫漫黑夜中度日。”① “说到底，禁闭的目的在于压制疯癫，从社会秩序中清除一种找不到自己位置的形象。……禁闭是对付被视为非理性即对理性的空洞否定的最恰当的做法；通过禁闭，疯癫被公认为虚无。也就是说，一方面，疯癫在人们的直觉中是异常（差异）：因此，不是医生而是神智正常的人们的自发的集体判断要求作出禁闭一个疯人的决定；另一方面，禁闭只能有一个目的——矫正（压制异常或用死亡来完成这种虚无状态）”② 可见，我们不能只是把疯人关起来，我们还要学习接纳他们，帮助他们重新回归社会，因为，就像陀思妥耶夫斯基所指出的，人们终究不能用禁闭自己的邻人来确认自己神志健全。只要世界上存在着禁闭，而我们对此完全茫

---

① ［法］米歇尔·福柯：《疯癫与文明》，刘北成、杨远婴译，生活·读书·新知三联书店2007年版，第57－58页。

② ［法］米歇尔·福柯：《疯癫与文明》，刘北成、杨远婴译，生活·读书·新知三联书店2007年版，第106页。

然无知，那么我们自以为的“安全”其实是一种自我禁闭，而我们走近那些被禁闭的人，就是一种自我解放。有光的地方就有阴影，如果我们只看到光而无视阴影，我们就仍然处于一种盲目自欺的状态，而盲目自欺的结果就使我们陷于阴影之中，即使我们自以为光明。在此状况下，我们只看到了部分，却以为自己看到了全部，我们以为的自由也只是另一种束缚。有一次，一位外地的朋友来广州出差，他顺便来看我时要我带他去城中村逛逛，于是我们就去了学校对面的康乐村。我们在参差不齐的“握手楼”“接吻楼”下阴暗狭窄的小道上穿行，周围是鳞次栉比的店铺和熙熙攘攘的人群，像是进入了一个迷宫，半天走不出来。朋友说这才是一个大城市最真实的一面，而不是那些高楼大厦与衣着靓丽的人们。

福柯曾指出，当你说这不是科学的时候，需要问的是，你究竟想把什么排斥在外呢？他看到，现代社会的权力形式在日常生活中的运作正是通过对个体进行归类，使个体成为主体。“‘主体’一词在此有双重意义：凭借控制和依赖而屈从于他人；通过良心和自我认知而束缚于他自身的认同。两个意义都表明权力形式的征服性。”① 这就相当于现代社会为每个人都设置了一个外在的监狱和一个内心的监狱（大监狱和小监狱），由此将他牢牢控制起来以为实现自己的目的服务。孟子说：“夫物之不齐，物之情也。”差异本来是包括人在内的所有事物存在的一种自然状态，当人试图以理性的名义抹杀人与人的差异时，人也就把人变

① ［法］米歇尔·福柯：《福柯读本》，汪民安主编，生活·读书·新知三联书店 2010 年版，第 284 页。

成了一模一样的物。这就是所谓“丧己于物，失性于俗”①。当马被驯化后，马失去了自己的天性，“马之死者已过半矣！”② 尼采批评现代人：“没有牧人，只有畜群！人人都想一样，人人都是一样：谁感觉不一样，谁就乖乖地进疯人院。”③ 记得读高三时我和同学们天天过着从宿舍到教室和从教室到宿舍的学习生活，对此我难以适应，经常失眠，感觉自己就像一个“活死人”或“死活人”。就是说，外表上活着，内心却死去了或正在死去。当时令我困惑不解的是：对于学生来说，学习本来是一项主动的丰富多彩的活动，学校为什么非要把它变成一个强迫的单调枯燥的负担呢，就为了一个高考的目的吗？即便如此，难道不知道这样做会适得其反吗？至少对我个人来说确实是这样。其实，差异意味着丰富和活力，当我们一味追求相同，试图排斥、消灭差异的时候，我们实际上就是在消除个人身上以及一个社会中最宝贵的东西。正如尼采所说，人不能总是停留在同一种世界观里，“相反的思维方式”才有魅力。福柯也说，人们在生活中有时必须知道能否用非常规的方式来思考，能否用非常规的方式来观察。因此，我们不仅不能排斥、消灭差异，反而要学会包容差异、欣赏差异。古人说的“和而不同”才是我们应当追求的境界。

孔子曾说其志向是“老者安之，朋友信之，少者怀之。”④ 今天，我们仍然把建设小康社会当作我们的理想。因此，我认为

① 《庄子·缮性》。

② 《庄子·马蹄》。

③ 转引自［美］朗佩特：《尼采与现时代》，李致远等译，华夏出版社2009年版，第380页。

④ 《论语·公冶长》。

一位同学关于智障儿童家访的报告题目“希望与重生”可以用来作为本书的主题。阅读报告不难发现，“希望与重生”这两个词出现的频率相当高。监狱不仅是要惩罚犯人，而且还肩负着改造犯人的任务，也就是要给犯人一个希望。因此减刑既是监狱改造犯人的手段，同时也是犯人积极改造的动力。有同学在报告中提到，不知有多少智障儿童的父母希望自己只是在做一场梦，醒来时自己的孩子像正常孩子一样。这些年我一直为母亲订着一份给老年人看的《秋光》杂志，我发现这份杂志通常都是选两种图作封面：山川美景或微笑着的小女孩的形象。我一开始不太明白为什么，后来终于想到，老人们大都身受各种疾病的痛苦折磨，这些图正体现了他们对自然的热爱和对重生的期望！与此相似，精神病人、犯人、智障儿童们也大都在绝望与希望之间挣扎，虽然我们难以亲身感受到他们的痛苦，但他们的痛苦值得我们尊敬，因为这种痛苦不仅是个人的痛苦，也是人类的痛苦，我们有责任帮助他们获得治愈或救赎，这也是我们的自我治愈和自我救赎。生活中我们每个人也都时时在与各种各样的身体和心理疾病进行着斗争，都在渴求和争取着“希望与重生”。这种斗争有时是十分激烈的、危险的。“表面上看上去十分正常的人，我们永远也无法知道他们内心有多么大的痛苦，在现代社会，压力之下，每个人其实都有病……”基于这一认识，有同学这样谈到精神病人的痛苦：“他们向我们揭露了人类精神世界里的种种可能，并且让医生在犯错中不断反思……他们所有的不幸应该得到尊重，因为其所道出的，是我们心底的沉默。”正是从这里我们看到本书不仅对于从事精神病治疗、犯人的改造、智障儿童的教育以及老人的照料工作的人具有一定的参考价值，而且对于普通人认识和善待这些属于社会边缘群体的人乃至自己的身心健康都有着积极的意义。我真诚地希望本书对于改善这些边缘群体的人们的处境，促进我们个人的身心健康和社会的良性发展有一些帮助，即便这些帮助可能微不足道！

我曾跟一个朋友谈到自己正在编辑本书，他反问我："这有什么意义呢?"多年来我一直带领学生在从事监狱和精神病医院的教学实习，为此花费了大量的时间和精力，如果我是法律、心理、医学或者人类学、社会学的老师，我这样做是容易理解的，而我却是哲学老师，做这些就难免让人困惑不解。我好像一直是出于自己的本性在做，还从未认真想过自己究竟是为什么要这样做，现在经过朋友的提问我不得不思考自己该如何回答。我最初是从读叔本华的著作进入哲学的。叔本华曾说哲学有两个作用：一是要能够揭示真理，即认识世界和人生的真相；二是要能给予人以安慰。这两点常常是矛盾的，因为真相常常是令人痛苦、难以接受的，而幻相则能给人以满足。要接受真相和给人安慰是相互对立的，这就像是踏跷跷板，似乎一边高另一边就低。然而这两点对于我们同样重要，没有真实，我们就会处于虚幻的空中，十分危险，而没有安慰，我们就无法支撑自己生活下去。所以我们必须在两者之间保持一种协调和平衡，也就是要在接纳和面向真实的基础上去发掘出希望来，或者说将我们的希望建立在真实的基础之上。在我看来，尼采和福柯的生活和著作都体现了这样一种尝试。我正是在他们的启发下开始从事哲学研究和开展监狱和脑科医院的教学实习的。从某种意义上说，接触精神病人和犯人可以让我们揭示出世界和人生在日常生活中被掩盖着的真实一面，让我们看看能否从中发现一种关于人生和社会的新的希望。鲁迅说："真的猛士，敢于直面惨淡的人生，敢于正视淋漓的鲜血。"① 如果我们不愿生活在虚伪的幻想中，不愿在麻木中沉沦、死去，就需要我们去深入人生和社会的另一面，在看清真相后努力过一种诚实的有意义的生活。事实上，不少参与实习的同学都说到自己从中学到了一生有益的东西。有同学指出："多数人并不能坚定自己的初心，甚至连自己的初心是什么都不知道，最后落得连自己都看不起自己，或是忘记了自己是谁的境地。"在这种情况下，正是通过接触和帮助这些边缘人群，我们得以可能重新找回失落的自己。也许这本来就是哲学的作用之一。老子说："故贵以贱为本，高以下为基"②。在被问到"道"在哪里时，庄子先后回答："道在蝼蚁""道在稊稗""道在瓦甓""道在屎溺"③ 这些观点与由尼采等人所开启的后现代哲学不谋而合。"在场是由缺席构成的，实在是由表象构成的，理想是由世俗构成的。"④ 庄子用了不少关于支离疏者、兀者等形体不健全者的寓言来警示世人。福柯自己也正是通过对精神病医院和监狱的现代诞生的考察揭示出现代人所普遍面对的"规训与惩罚"。也许这是因为他们都不约而同地把处于社会边缘的人看作我们常人的

---

① 鲁迅："纪念刘和珍君"，载《鲁迅选集》（第2卷），人民文学出版社1983年版，第279页。

② 《道德经》第39章。

③ 《庄子·知北游》。

④ "For presence is constituted by absence, the real is constituted by appearance, the ideal by the mundane." From *Modernism to Postmodernism: An Anthology*, edited by Lawrence E. Cahoone, Blackwell Publishers, 1996, Introduction.

一面镜子，他们从中看到了自己。的确，随着现代技术的高速发展和生活节奏的加快，现代人日益感受到空虚、紧张和不安，如果他们看看精神病医院、监狱、特殊教育学校、托老院里的人们如何经历绝望仍挣扎着生活下去，也许他们能够从中得到某种教益，使自己的心灵变得充实和平静。即便有所谓“天才”“先觉”，生活中绝大多数人也仍然是从经验中学习的，而这些人的经历及其感悟为人们提供了一个学习和成长的途径。

关于本书的编辑工作，我想作一点说明：本书的文章都选自学生们的课程实习报告或课程作业，选择的原则是看文章是否做了尽可能客观、真实的记述或深入的分析思考。关于广州市脑科医院和中山三院精神科的实习报告，虽然每次实习都有20到30多人参加，但是为了避免重复，我在每年的实习报告中都只选了两篇（两组同学接触的病例不同），甚至一篇。尽管如此，不同学生的记述仍可能会有个别相同或相似的地方，我只是把其中基本相同的地方删除，而对相似之处，如果体现了不同的视角和思考就加以保留。由于是课程报告，学生写作时并未想到发表，因而引文和表述有不少不规范之处，对此我都作了修改，而对内容方面则只修正了个别错误或不当之处，其余未加改动。对于学生在文中使用的表述同一含义的不同术语，如“实习”和“见习”，“犯人”和“服刑人员”，我觉得还是保留原状更好，就没有加以统一。为了阅读方便、清楚起见，文章的编排是按时间顺序进行的。

在编好这本书后，我感觉自己稍稍松了一口气，同时内心充满着感激。需要感谢的人有很多。首先是选修我的“福柯研究”课程的学生，他们在实习中认真准备，积极参与，许多工作都是利用课余时间完成的，因而其付出远远超出了一门普通课程。正如书中他们所写的文字所表明的，他们自己在这一过程中也得到了锻炼和成长，这让我感到一些安慰。其次是中山大学教务部和哲学系的领导以及办公人员。在开展课程实习的这些年里，我每年向学校教务部申请的野外实习项目“哲学系大学生的监狱和脑科医院实习”都顺利获得批准，为实习的顺利进行提供了保障。本书的出版得到了中山大学2018年校级本科教学改革研究项目“福柯研究课程教学实践学习”的资助。哲学系前系主任鞠实儿教授和现任系主任张伟教授，主管教学的前后两届系副主任朱刚教授和沈榆平副教授一直关心本课程的实习教学，张伟主任和沈榆平副主任对本书申请教改项目资助出版给予了大力支持，系教务员李慧老师对课程实习和本书申请出版资助承担了许多具体的工作。再次是为我们的教学实习提供便利的监狱教育科警官、脑科医院的医生、启能学校的老师，正是在他们的积极支持下实习才得以顺利开展。尤其是广州市脑科医院（现在已改名为广州医科大学附属脑科医院）的李海燕医生，多年来一直在百忙中积极帮助和支持我们。启能学校李彩珍副校长为课程同学的学校和家庭访问活动提供了很多方便。最后是知识产权出版社的李学军编辑，他为本书的出版提出了很好的修改建议，付出了辛勤劳动。由于涉及人员众多，恕在此不能一一列举，唯愿把这本代表实习成果的书献给你们以表深深的敬意和谢意！同时，由于本书内容涉及哲学、医学、心理学、法学等多个学科，我和学生们的知识、能力有限，书中难免有错误之处，我诚恳地希望能得到专家和广大读者的批评指正，以便我以后有机会加以修改，使之更加完善。

目　录
CONTENTS

上 篇

脑科医院实习报告

第一章 2013年和2014年脑科医院实习报告

我们离精神病有多远

张　旭

一、见习目的

精神病这个词，我们再熟悉不过了，几乎每隔一段时间就要用一用这个词。生活中我们经常骂别人：你精神病啊！可见，我们对精神病这个词非常熟悉，可是，熟悉代表了解吗？我们大都是把精神病这个名词当作贬义词来用的，可是大家却都说不清，精神病的范畴是什么。尤其是我们这学期学习了福柯的《疯癫与文明》，里面讲述了有关疯癫的一般知识，这就让我更好奇，真正的精神病患者是什么样的？在福柯那里，疯癫不再是一个牢固的稳定的本质主义概念，疯癫史也不再是一个叙述疯癫的历史行程。疯癫和历史都是动态、生成和演变的，他对于疯癫者、精神病患者的理解也与我们往常所认知的不同，福柯那里的疯癫者往往更接近真理，更真实，更可信。这样的精神病人的形象与我脑海中原本存在的精神病人疯疯癫癫、没有理智的形象差距很大。所以，当老师说我们要去精神病医院做实习的时候，大家都特别激动，因为大家虽然每天几乎都在用这个词，但是谁也没见过真正的精神病患者。这次见习的目的就在于，在学习福柯的理论之后，去实际感受福柯所言的疯癫者，再切身体验精神病人的另一种思维方式与形成机制，也解决我心中的疑惑，并且走近精神病患者。

二、脑科医院之行

2013 年 5 月 29 日，我们去广州市脑科医院见习。前一晚舍友在一起讨论，有同学激动地说："哇，明天要去见神经病了!"另外的同学说："我看你就是个小神经病，小心出不来哦。"大家虽然嘻嘻笑笑，但是都把上届师兄师姐们的见习报告看了又看，想了各种各样第二天想问的问题。能看出来，大家怀着激动兴奋的心情，同时又有一副严谨认真的态度。

我们的校车满满当当地坐着同学，也就半个小时的车程，就到了目的地。脑海里面的精神病医院是破破烂烂的，房子顶层的窗户在漆黑的雨夜中被风吹开扇打着窗框，两道清晰的闪电划破天空的黑，然后窗边突然冒出一张正在尖叫着的人脸打破这无人的画面，这样描绘下来像是恐怖片的开头，但总之，脑子中的精神病医院就是一副阴森的样子，应该和张爱玲笔下《沉香屑·第一炉香》中葛薇龙的姑母梁太太家的景象有些相似。然而到了那里，却发现是个很普通的地方，走到跟前才能发现。在街道边，有不大的一块暗红色石头，写着金色的"脑科医院"四个字。没有林立的高楼，也不是那么阴森的建筑，不是以刺耳的尖叫作为背景音乐，反倒和车水马龙的小街、周围环境很融洽地融合在一起。

在老师的带领下，我们分开两队，我和老师是一队，就跟着老师到楼上去了。我们被安排在一间像是教室的地方，这给我增添了不少熟悉感。紧接着就来了一位医生，她很年轻，语气也很和缓，听她说话，让人心里面很宁静。坐下来之后，医生就和我们开始聊了一些关于精神病的概念，我们也随着她的介绍提出了一些问题，比如宗教体验，有人说感受到了上帝的存在，看到了佛光和佛的显现，算不算精神病的范畴等。我做了很多的笔记，密密麻麻地写了两张大纸，那个时候的记录是没有太清晰的条理的，现在我自己翻看着这两页笔记，发现医生的思路其实是很清晰的，她主要讲解了两个大问题。（1）对精神病患者的定义。（2）精神病的成因。而通过这两个大问题，医生想要表达一个想法，即精神病患者并不可怕。医生的开场语就是“大多数的精神病人是善良的”，我们现在脑海中存有的对他们的“偏见”，只是因为社会上对于他们的了解太少，也太偏激了。媒体的报道往往是某个人杀了很多人，最后发现他是精神病。但是却从来没有报道过某一位受到心理折磨的精神病患者的内心世界有多么纠结、挣扎和痛苦。其实，精神病和精神病患者都需要我们的了解，在了解之后，进而在生活中让没有患病的人可以进行预防，患病的人可以拥有一个更加宽容的生活环境。

我们现在谈谈医生讲解的两个大问题。第一，什么样的人属于精神病人？精神病人是很难定义的，医生说现在对于精神病人的定义是指严重的心理障碍，患者的认识、情感、意志、动作行为等心理活动均可出现持久的明显的异常；不能正常地学习、工作、生活；动作行为难以被一般人理解，显得古怪、与众不同。

这时候你可能就问了，有些性格孤僻的人也会表现出古怪、特立独行的一面，难道他们也算是精神病吗？其实，判断一个人有没有精神病，最重要的是看这个人的行为有没有影响到他的社会功能。也许你接着就要问了，怎么样才算影响社会功能呢，难道身体残疾的人也算吗？其实不是的。对于社会功能的影响要看两个方面，其一是心理、精神的健康状况有没有影响到他自己的工作交际能力，其二有没有影响到他人的正常生活。那么，对判定患有精神病的患者们，又应该怎么进行治疗呢？他们可以选择在家治疗或者入院治疗。接下来，我们要知道的是，精神病患者入院也有两个标准，其一是他个人自愿入院，其二是非自愿，但该患者已经有伤害自己或者他人的行为。

第一个大问题清清楚楚地讲完后，医生又讲了第二个问题，精神病的成因。看了自己的笔记，因为我是彻头彻尾的脑科知识的“门外汉”，所以我又从专业书籍和网络上找到相关概念，丰富和完善了见习的时候医生的介绍。精神病成因主要有三个，生物因素、心理因素和社会因素。生物因素又称躯体因素，也就是医生说的个人素质，是指能够通过影响人体躯体的病变导致精神障碍的疾病。常见的生物因素包括遗传因素、感染、化学物质、脑和内脏器官疾病等。染色体是遗传信息的载体，染色体数目和结构的改变或遗传性疾病，都可能成为致病因素，导致精神障碍。感染，包括全身感染、中枢神经系统感染或其他系统感染，可能会侵犯中枢神经系统，引起精神障碍。各种对中枢神经系统有害的化学物质都可引起精神障碍，常见的化学物质包括毒品、酒精、医用药物、工业毒物、有毒食物、一氧化碳、药物等。全身各系统的病变都可能引发脑器质性病变，导致精神障碍。心理因素包括心理素质和心理应激两方面。心理素质包括神经质和精神质两种，精神质者容易产生精神分裂症等精神性疾病。而心理应激常是精神病的诱发因素，某些刺激可导致心理应激，诱发精神障碍。社会环境和文化传统对躯体健康会造成重要影响，社会变迁、社会压力和社会支持对精神疾病也有较大影响。最后，医生对这三种因素做了一个总结，那就是，总体可分为内因与外因，个人素质等内因是根本原因，社会环境等外因只是诱因。

三、我们与精神病患者的接触

大家都非常想亲眼目睹精神病患者，所以医生应我们的要求，在时间紧迫的情况下简单讲解了知、情、意三种语义内涵，医生从知、情、意三个方面为我们介绍了精神病中症状学方面的内容。在“知”方面，医生为我们详细介绍了认知、感觉、知觉和思维等方面精神病人的症状，其中知觉方面的内容给我的印象比较深刻，精神病人在知觉方面的病征主要包括幻听、幻视、幻嗅、幻味、幻触、还有主躯干上面的幻觉这么几种表现。医生举了生动的例子，让人感到印象深刻，例如在幻听中，有些病人会一直感到有人在自己的耳边说话，这些话语可以是命令式的也可以是交谈式的甚至还可以是跟病人无关的他人的交谈，而这些话语其他人是听不见的，因此病人会表现得很焦虑、暴躁。在幻视中，病人会感觉自己看到了恐怖的东西，例如魔鬼、怪兽之类，但别人又都看不到，这些病人便会感到恐惧、惊慌。在幻嗅方面，病人会一直觉得某些气味自己难以忍受，将这些气味扩大化，而这些气味在一般人看来是可以忍受的，但是病人们会觉得无法容忍，进而影响到自己和他人的正常生活。在幻味方面，有的病人会感觉自己的饭菜被人下了毒，甚至连自己最亲近的家人所做的饭菜他也会觉得自己尝出有毒，从而拒绝进食。而在幻触中，病人会一直感觉到自身被抚摸，从而感到惊恐不安，或者感觉自己的隐私被侵犯。在“情”方面，医生主要为我们介绍了情感和情绪两个方面，让我印象较深的还是情感方面。在情感方面主要包括情感高涨、情感低落、情感淡漠还有情感倒错几部分内容。其中情感高涨方面，病人的情感活动异常增强，表现轻松愉快，表情丰富生动，显得没有忧愁与烦恼，自负自信，甚至夸大。其乐观情绪富有感染力，容易引起周围人的共鸣。多见于躁狂状态。而情感低落的病人则整日情绪低沉，忧心忡忡、愁眉不展、唉声叹气，可出现忧郁、沮丧、“度日如年”“生不如死”等情感，会伴有自责自罪，甚至出现自杀意念或自杀行为，多见于抑郁状态。情感淡漠的病人对于大部分感情都很漠视，无欲无求，对什么都没兴趣。对外界任何刺激均缺乏相应情感反应，即使一般能引起正常人的极大悲伤或高兴愉快之事，如生离死别、久别重逢等，也无动于衷、表情呆板。因为时间的关系，医生大致讲解到这里，其实这部分内容医生在之前讲解那两大问题的过程中就渗透进去了，只是这里又单独提炼出来，让我们对理论知识的把握更加清晰。在简单地讲解了这些理论内容之后，也是在我们的催促下，医生带我们进了病区。那时候我特别激动、紧张、兴奋。我就是怀着这种兴奋、期待、些许担心害怕的心情走进了病区，之前心理医生给我们在学校里面上课的时候讲到了几点，我还记在脑子里面。我把它们写在一张小卡片上，进去前又拿出来仔细看了又看。要注意的事项有：

（1）明白典型的精神病性症状。

（2）了解典型精神病的诊断标准。

（3）学会和病人交谈的技巧。

（4）学会尊重病人。

没有目标寸步难行，缘于我有了上述的几个目标，也有医生和老师的陪伴，我就壮着胆子，在人生第一次，进入了精神病患者病区。第一次面对着病人，其实还是很不自然，有点心惊，还有不少的焦虑，因为经常在新闻或报纸上得知某某精神病人如何如何地对别人造成了人身伤害，那时感觉背后凉凉的。大家也是挤成一团，胆子小的女生就挤进同学们中间去。但是进去之后医生叫来了几名患者，分别与她们交谈，而且医生握着她们的手面带微笑地说话的，这让我觉得精神病患者其实没有那么可怕，她们与我们的距离被拉近了。在接触几位病患的半个小时里，我目睹了典型的精神病性症状，例如感知障碍中的幻听，思维内容障碍中的妄想，思维形式障碍的思维奔逸，思维不连贯，情感障碍中的情感高涨焦虑。第一位患者就是幻听，她经常“听到”有人在议论她。这让我想到了，我们生活中也有背后议论别人的时候，当时没想太多，只是八卦心态，可是见到这位患者之后，我意识到其实你的无意之举也许会给别人带来很大的心理伤害！单单这一个例子不能够让我全面地了解精神病中的幻听，所以我又在网络上找到一些幻听的例子。幻听中最可怕的一类就是命令性幻听，我找到了一个详细的例子：

有一位19岁的男性患者，是某部战士。2006年底因故与人发生争执后，逐渐变得敏感多疑，某日凭空听到一男声用命令口吻说："你太累了，休息一下吧！"随即他自感难以抗拒顿时倒地入睡，一睡就是5天，他人无法唤醒。其间水米未进，亦无大小便，5天后自动醒来，对睡眠经过无法回忆。此后常凭空听到该男子讲话的声音，主要内容为"你累了，早点解脱吧，你休息吧"等话语，四处寻找却无人。对此紧张恐惧，情绪低落，受上述体验影响，类似睡眠发生约8次，长则5天，短则10个多小时。因醒后基本正常，加之家庭经济困难，未引起家人注意。2007年底应征入伍后，出现类似睡眠2次，分别睡眠7天与2天，躯体及神经系统检查无特殊状况。精神检查：意识清楚，被动接触，定向力正常，表现敏感多疑，存在典型的言语性、评议性幻听，关系妄想，被害妄想，被跟踪监视体验及内心被洞悉感，受上述症状影响情绪行为明显异常，发病以来出现发作性无法抗拒的睡眠约10次，长则7天，短则10个多小时，多与幻听有关，醒后孤僻独处，主动性差，勉强完成训练及学习，无自知力。

这个例子还不算最可怕的，医生说过，最可怕的命令性幻听是"有人"在耳边"指示"患者去伤害他人。有些患者在内心"挣扎"之后不堪其扰，还是听从了"那个人"的指示，犯下大错。我自己开始有些担心，因为生活中大家经常遇到一些例子，比如听到自己的手机在震动，以为有人打来电话，拿出来却发现手机根本没有任何动静，在生活中很多人都遇到过这样的情况，所以有人将这种情况叫作"手机依赖症"，因为你过度地关注你的手机，因此常出现这样的幻听。我不知道这种情况是不是属于精神病范畴，如果下次有机会再去和医生交流，我想把这个问题问清楚。

在这之后我们又看到了一位丈夫已经去世，女儿尚未结婚的患者坚信丈夫还是好好的，女儿幸福地嫁给了外国女婿。也有一位总是觉得自己对不起家人却又吞吞吐吐不说自己哪里对不起家人的患者。精神病人的世界也许是痛苦的，我在网上看到一位受过高等教育的精神病患者写下的一段话，觉得很触动内心。“对不起，我的家人、朋友们。那些隐藏的焦虑便开始肆意地折磨我。无论我如何挣扎，都是处在悬崖境地，我越来越自闭，但有时却无比聒噪，而往往这种聒噪结束后，是更大的失落。对不起，我的家人、朋友们，越来越无法理解别人说话的意思，就像我无法停止自己的焦虑。我觉得痛苦。”其实，精神病患者应当是值得同情的，而不是被嫌弃。

最后，提一下我发现的非常有趣的一点小细节。患者区里面有个电视机，上面播放着电视节目，竟然是一位歌手在演唱《外面的世界》。歌词唱到“外面的世界很精彩……”，我们几个同学对视了一下，想着，给这批被“关”在精神病院的患者们听《外面的世界》，他们心中会有何感想呢？下一句歌词是“外面的世界很无奈……”，是啊，外面的社会不能理解、包容他们，不知道什么时候，我们才会消除对精神病患者的偏见呢？庆幸的是，我们这门课程的这次实习虽然只有二十几位同学参加，但是相信大家和我一样，从这次实习之后更深入地了解了精神病患者，至少我们消除了原来对他们的偏见。相信这样的观念传承下去，我们会像培根所说过的：“A small step forward，but if you keep on doing，you will make a big difference in the next decade!”

四、见习之旅与福柯研究

我们学习的福柯以前的哲学家以及他们的哲学思想，都是侧重讨论人“正常”的一面，而福柯为哲学研究开辟出另一个侧面，讨论“非正常”的一面，讨论不正常的人。由此揭示过去哲学是如何受时代、时尚、权力——统治阶级的统治意识左右的，因为这些被掩盖着的哲学的特点，在“非正常”的问题中，暴露得更清楚。为了指出这一点，福柯做了大量的调查研究工作，探讨“病”“疯”“罪”等问题，他立足人性、权力、精神病学、心理学和知识考古学等多层面，深入分析了疯癫的内涵；指出疯癫是人性的一个构成和底线，疯子和正常人无严格界限，他们应享有人的权利。人们不应该监禁、关押、处罚或歧视疯子，疯癫是一种生命力，许多天才人物的发明创造都与“精神错乱”相关。疯癫比理性更接近幸福和真理，疯子对事物的感受和认识往往更真实。很遗憾现代文明一直在扼杀疯癫。其实，背负各种罪名的疯子是无辜的，有罪的只是社会及其权力话语。

而福柯的这些观点，与我们见习中医生所讲解的也有一定的相同性。对于精神病的定义，是随着时间的变化和社会风俗习惯的不同而改变着的。福柯并不否定“疯癫”作为一种精神或行为现象的客观性，也不否定人类社会中的确存在这样一个松散和特殊的群体——疯子或愚人。只是他认为既不能把疯癫看作一种精神病，也不能把疯子不当人来看待；对他们予以歧视、排斥、打击、迫害，剥夺他们做人的权利和应该享有的正常人的尊严与生活。根据福柯的考察，1656 年建立的巴黎“总医院”，经常关入一些精神病人，在巴黎被带进总医院的所有人之中，只有百分之一的人是真正的精神错乱者、痴呆的人、心神恍惚的人。而在所谓的理性时代，“精神病患者”并没有被当作人来对待。福柯在《疯癫与文明》一书中说，迟到 1815 年，伯利恒医院在每个星期天都会展览癫狂者，收费一便士，每年从展览中获取的收入就超过 400 英镑，这就是说每年有大约 9. 6 万人前来参观。这个例子是多么残酷啊！精神病人没有被当做人来对待，而是被视为一种牟利手段，一种展览品，一种动物园中的动物，人们观赏把玩的东西，他们的人权何在呢？癫狂者的命运是什么？由于他们被视作非理性的，只能被禁闭起来，他们说的话又让人觉得他们不够聪明，所以大家都厌恶他们。

福柯说的没有错，就算在福柯去世几十年后的现在，精神病患者们受到的关注度还远远不够。我们在见习过程中发现精神病患者需要人文关怀。而且，我国目前正处在社会转型期，2013 年是本科毕业生最多的一年，毕业生的就业也很成问题。那么当一些人面临前所未有的就业、婚姻、子女、养老等生存压力时，他们的无助和挫折，往往都可能成为一触即发的“引子”。而从一般心理障碍到严重精神疾患，精神疾病目前在世界各国都是十分普遍的现象，精神上不够健康的人群容易被社会孤立，生活质量下降，自杀率更高。据悉，导致精神疾病高发的原因主要包括房子太贵、婚姻失败、失业率上升、文化冲突、孩子读书、就业难、世界金融危机影响等问题。另外有精神病专家说，精神疾病往往与癌症、心血管疾病、糖尿病、艾滋病等慢性疾病相互影响。据专家们预测，21 世纪将是心理障碍和精神疾患大流行的世纪，深圳康宁医院曾做的一次调查统计显示，深圳每年自杀人数在 2000 人左右，已超过每年的交通死亡人数，这个数字在全国都算是非常之高的。在今后 20 年内，随着我国经济建设和社会发展的步伐加快，生活节奏和竞争的日益增强，精神病患会继续增加，并保持疾病总负担的首位。由于我国正处于社会转型期，各种社会矛盾增多，竞争压力加大，人口和家庭结构变化明显，近年来严重精神疾病患病率还呈上升趋势。心理健康不仅关系到现代化建设的全局，也关系到社会稳定和长治久安。

五、我的感悟

1. 精神病患者需要的人文关怀

福柯的研究是针对“不正常人”的研究，而我对于福柯的研究和这次见习之旅，不仅让我对社会中现在处在被媒体、大众忽视的这个人群有了更多的关注，而且给我一个亲近他们、认识了解他们这个群体的机会。我在网上看了很多关于精神病患者的新闻报道。有一个新闻让我非常愤怒，就是陕西多名六旬老人猥亵一名女精神病患者，数百人围观竟然无一人制止！我们对于精神病患者这个群体的关注太少了，他们的基本人权也常常无法得到保障。福柯用了许多时间来探讨人们是怎样对待精神病患者的，从将精神病患者接受为社会秩序的一部分到将他们看作必须关闭起来的人。他也研究了人们是怎样试图治疗疯狂，尤其他探讨了菲利普・皮内尔和塞缪尔・图克的例子。这些人使用的方法是很残暴和残酷的。图克对疯子进行惩罚，一直到他们学会了模仿普通人的作为为止，实际上他是用恐吓的方式来让他们的行为像普通人。与此类似，皮内尔使用厌恶疗法，包括使用冷水浴和紧身服。在福柯看来，这种疗法是使用重复的暴行直到病人将审判和惩罚的形式内化了。

政府要给予精神病患者人文关怀，要避免让他们的状况进一步恶化，从源头上来帮助他们。他们中的许多人，虽然平常看起来和常人毫无二致，但是这并非意味着他或者她就是完全健康的。或许，一个“导火索”的不期而至，就会在瞬间点燃这个“炸药包”。精神病患者是社会上最值得同情的弱势群体，他们理应受到社会的加倍关爱。但由于历史和认识等方面的原因，精神病患者常常受到社会各方面的歧视，其痛苦程度更胜于其他残疾人，他们的生活和生存状况急需引起我们全社会的共同关注。精神卫生工疗站可适当招募一些有爱心，能体贴、爱护、理解病人的退休人士与社会志愿者，每月给予适当的经济补助，加强护理力量。

这次的见习，把我引向了福柯研究的问题——精神病人的生存状况，也把我带入了思考。见习时医生无意间的一句话却让我想了很多。医生说：“现在病人很多，病房不够用，医生少，精力有限，常常出现顾不过来的现象。”医生的语气里面充满了无可奈何……精神病人需要人文关怀，他们需要的不仅仅是国家的资金支持，还需要我们每个个体尽到责任。我们努力去营造一个包容的社会氛围，这不仅对于精神病患者的康复是大有益处的，而且也能体现一个社会的素养、提升人们的社会幸福感。

2. 我们与精神病患者的距离

很多人都不理解精神病患者，认为他们是变态的，所以在生活中如果遇到精神病患者，常常是有多远跑多远。然而，我们之前说过，判定精神病患者有病无病就是看他们的行为是否影响到了其社会功能，如果行为有些异常，但是并没有影响到社会功能，也称不上是精神病。比如一些主持人、演员，很多都有些许躁狂症，可是也没有影响到他们的生活，甚至他们的行为还被视作榜样，被很多人模仿。就像在2010年的VMA颁奖礼上，百变天后Lady Gaga身穿弗兰克·费尔南德斯（Franc Fernandez）设计的“生肉装”亮相，成为全场焦点，此举引来动物权益保护组织PETA的抗议，称她是“想再次轰动世界”。我在网络上看到生肉装的图片时，非常震惊，一开始还以为是模仿肉的纹理的布料做成的衣服，后来再搜索才发现是真真实实的血淋淋的猪肉！我的第一反应是觉得很恶心，几个同学们的反应是：她是神经病吧！后来有人采访Lady Gaga，问她为什么穿这样一身衣服出现，她给出的回应是，让大家知道，我们要争取自己的权利，否则就会像普通动物一样任人宰割，所以她是在鼓励人为人权奋斗。而过了不久，这种生肉装竟然成为欧美时尚达人追求的潮流，很多人购买仿肉的纹理花样的布，做成各种各样的裙子、裤子。这个问题让我想到，其实精神病的界限是很模糊的，而且正如福柯所说，它是不断发展变化的，“人人都在变，社会的观念也在变，你要是叫一切都不变，那你是多么的愚蠢和不可理喻”！很多名人都有“精神病”的特质，我们不仅没有歧视他们，反而带着一种崇拜和效仿的眼光看待。而生活中普通的精神病患者呢？其实，我们应该用一种包容的心态看待他们，他们离我们没那么远。

精神病人的性格有喜欢滔滔不绝的，有没事儿找事儿的，有沉默寡言的，有拐弯抹角的，跟大街上的人没啥区别。唯一的区别就是：会做一些没精神病的人不能理解的事儿。他们的世界观是令人匪夷所思的，也是很难理解的。所以，很多人才误认为精神病全都是难以沟通的。但实际上，正如福柯所言，正常人也许更难沟通，他们太有思想，往往让人分不清真假，内心是好是坏都能够掩饰得很好，总是存在某种利益，自私，所谓的伪君子。而精神病人真实，不需要遮掩，他们往往一语道破天机，说出真心话。在精神病人来说，生活实在让人感慨，我们真的应该用爱去包容精神病人。对精神病要有一定的认识，要理解和尊重他们，精神病患者很需要我们社会爱心人士的爱去呵护和包容，因为他们的苦楚是没有人能理解的，他们的精神世界是模糊的，他们沉浸在自己的世界里，不能自拔，有些甚至自己做什么都不知道，他们有的是空洞，是无止境的迷茫。当然精神病人的性格也各有不同。所以其实精神病人并不像我们想象中那么难沟通，我们与他们的距离也非十万八千里，也许只是一线之隔。对病情好转后或处于恢复期的病人，更要多关心体贴、尊重和爱护他们，社会、家庭要给病人以正常的工作、学习和生活条件，尽可能让其保持良好的情绪状态，这对于巩固疗效、稳定病情是非常重要的。要让患者感受到社会的温暖，无论是朋友还是家人，不要认为得精神病是多么羞耻的事。他们更需要的反而是家人与朋友的包容和关怀，以及社会的容纳。

总的来说，这次广州市脑科医院实习之行，我学习了不少东西。除了精神病的基本知识外，还体验了一次和精神病患者的交流接触，更深化认识了福柯的理论。所以这次实习对我来说最大的意义就是了解了精神病的基本常识，对于增添我对精神病患者的包容感有非常大的作用。我在此感谢给予我这次实习机会的杨老师，希望在老师的带领下，我们这个实习传统一直保留下去！

脑科医院见习报告

高宇昕

2014 年 5 月 21 日，我参加了“福柯研究”课程的广州市脑科医院见习，这次见习的主要目的是了解现在国内精神病医院的基本状况，探访精神病人，观察他们的精神病症。本篇报告将分为纪实与反思两个部分，在纪实部分将尽量如实详细客观地介绍在医院内所见病人的病症、医生对病人的诊断。在反思部分将结合福柯《疯癫与文明》和《规训与惩罚》两本著作对所见现象进行思考，提出一些自己的见解和看法。

一、纪实

病例一：“我相信我有超能力”

在到达广州市脑科医院后，我们被分配到了 10 层的情感病区，住在这一层的大部分是躁狂症和抑郁症患者，在等候一段时间之后，我们在叶医生的带领下前去见习主治医师对一位病人的会诊。

在拥挤的医生办公室内围绕着一位病人坐了七八位医生，我挤进去后看到一位 20 岁左右，个子很高的病人。经过医生的介绍我们大体知道他是张某，男，22 岁，病史八年。他讲话的时候逻辑十分清晰，思路也很完整，但他总是低着头，避免与医生眼神接触，不停地将双手食指相对，有时还会紧张地抖腿。

他第一次发病时只有 14 岁，持续了三年，那时出现了明显的抑郁症状，他情绪十分低落，感觉自卑，经常失眠，学习能力很差，精力不能集中，很少与他人交流，只能通过沉迷于电脑来缓解内心的抑郁。在他高一、高二时，又出现了躁狂症的表现，他开始幻听，情绪高涨，思维活跃，但是抑制行为增多，睡眠减少。他此次入院的原因是病情进一步严重，还打伤了家人，从 2014 年 1 月开始，他在脑科医院已经待了三个多月。

谈起这一次入院的具体原因，他知道是由于自己打家人和在大街上乱说话。谈及打家人的原因，他和医生的问答如下（张代表病人张某，医代表问话的主任医师）：

张：我妈妈给我的汤下毒。

医：你怎么知道汤有毒？

张：因为汤不好喝。

医：汤不好喝也不代表有毒啊？

张：我就是知道汤有毒，我想出来的。

医：你怎么想出来的？

张：我是算出来的，用八卦图。我能力很强，能够知道汤有毒。

医：你妈妈供你吃喝，为什么要害你？

张：因为她不是我的亲妈。

医：你怎么知道他不是你亲妈？

张：我有一次做梦梦到我不是父母亲生的，之后一想就想出来了。

医：那你是谁生出来的？谁是你亲生父母？

张：我不是生出来的，是吸收日月精华自然诞生的，我现在的妈妈看到就把我捡回家。

医：那她为什么要害你？

张：她嫉妒我生命力强，想要害我。

医：可是我们做过亲子鉴定，鉴定结果显示她是你妈妈啊。

张：她上次住院时串通了医生，想要害我，给我吃有毒的药，所以结果也是不准的。

医：你相信你想到的事情是真的？

张：相信。

医：那我们这里有更先进的亲子鉴定 DNA 检测技术，你要不要做？

张：要。

医：你既然很相信自己想到的是真的为什么还要做亲子鉴定？

张：为了让你们相信是真的。

谈起他的超能力，他讲到他很小的时候就发现自己具有超能力，他能够通过练功增强细胞活力，最终达到长生不老的境界，还能够预知未来，死而复生。他认识到自己有幻听的状况，但是这种幻听分为两种，一种是他的超能力的启示，他能够自己控制。另一种是别人没有讲话而他自己听到别人讲话，他不能自己控制。他幻听时会听到有声音对自己说“全程为你，伟大人格”，告诉他自己是具有伟大的能力的。他有一次打家人就是因为他认为自己听到了声音，但是他家人不告诉他实际上到底有没有这种声音，他因此就很狂躁，动手打人。他练功已经练到了“霸元层”，比霸元层低一级的是青龙层，更高一级的也是青龙层，但是两个青龙层是有区分的，他现在能够知道别人想什么，能够预测未来，他再努力练功就可以长生不老。医生让他说出他功力的具体招式或秘诀，他表示是没有固定招式的，他随时可以练，自然就会的，但是别人不能练。关于他能够知道别人想法的问题，医生让他现场预测他周围的医生都在想什么，他的回答分别是鱼、咸鱼、三文鱼和靓女。在谈到他练功的情况时，随着话题的深入，主治医师开了几句玩笑，他也跟着笑了一下，紧张的情绪有所缓解。

他有一次打家人是因为幻听，他听到了他表弟说其父母不关心自己，就认为他的父母也不关心自己，声音整栋楼都能听到。他认为别人是能够知道他要讲什么，他们在他的喉咙里面安装了一个装置，他想什么没说出来之前别人就知道。

他也有过表现很好的阶段，在他刚上肇庆师范学院时，他状况很好，懂得与家人和周围的人搞好关系，注意力也比较集中，成绩很好，还做了班长。但是后来又出现幻听，状况就大不如前。

病例二：“我一个人比得过三个人（比尔·盖茨，巴菲特，李嘉诚）”

在叶医生的带领下我们进入了病区，一群病人用好奇的眼光盯着我们、围着我们来回走，感觉有些恐怖。病区多为多人间，6 人至 8 人一间，并排摆放单人床，病房内有洗手间，但是不知道是他们中有些人大小便不能自理还是不勤于打扫的原因，病房内充满异味。在病区内有一个方形的厅，摆放有餐桌和餐椅，还有乒乓球桌等活动设施，用于娱乐活动和进餐。病房内有保洁员、护工、护士和医生。保洁员只负责打扫清洁，护工负责照顾监督管理病人饮食起居，护士负责医疗护理和查房，医生基本只负责查房和诊断，很少待在病区。

与我们交谈的第二个病人翟某非常健谈、容光焕发、充满活力，和第一个病人的不敢抬头看人、与人沟通形成对比。翟某 22 岁，河南商丘人，病史半年。他自己讲父母是卖包子的，他遇到过一位地产大亨，讲到现在的地产业已经处于弱势，再继续投资就是赔钱，地产大亨还请他喝了冰红茶。他表示由于地产业是赔钱的，他要进军肯德基，在肯德基炸馒头，与麦当劳竞争，当全国 4000 多家分店 8 万名员工的董事长。在 25 年至 30 年要做到全球首富。他又想去做汽车销售，因为觉得卖汽车利润很高。他提到一本成功学的书《羊皮卷》，里面讲“贫穷是一个人最大的财富”，他认为自己出身并不是富二代恰好给自己一个机会。他还看过《秘密》这本书，认为自己的优点是沟通能力很强、头脑很清晰、反应很快，他一个人的能力可以比得过三个人——比尔·盖茨，巴菲特，李嘉诚。他精力十分充沛，每天只睡几个小时甚至不睡都可以，累了就做俯卧撑。

讲到他的情感生活，他说他有喜欢的女孩子，在苏州，但是那个女孩子比他大七岁，不太可能接受他。他表示男人要先立业后成家，感情生活不是他考虑的重点，重要的是要赚很多钱，他要成为金融帝国的霸主。他又提到他想成为毛泽东一样名垂千古、流芳百世的人，并谈到最重要的是得民心，刘邦等历代明君也是这样，他表示自己成为一个管理者也要得民心。他讲话时肢体语言十分丰富，语速很快，不认真听可能都跟不上，话语很有感染力。

医生在讲到他的表现时提到，由于他的病情不太稳定，容易冲动，所以他很易怒，昨天下午因为与另一名病人发生口角还打架了，被强制性地分离并且绑在床上。虽然他昨晚被绑了一晚没怎么睡觉，但今天还是精力很充沛的样子。

我们在病区听医生介绍、与病人交流的时候，总有几个好奇的病人围着我们看，看我们做记录。有些甚至和我们讲话，但是我们没有听懂。由于我们和翟某交谈时聚在走廊里面，挡住了他们点名去午餐的路，那些病人在经过的时候还会和我们说“唔该借借”或者“请让一下”。我们在病房里面进行交谈时还听到一个病人说：“你不要那么大声啦，他们在讲课，我们快点出去。”

病例三：“我很后悔、我想出院”

我们接触的第三个病人是个男生，叫阿华，他只有 19 岁。他的病因是罕见的遗传病，发生率只有几万分之一，且沿海地区多于内陆地区，男性多于女性（男女比大体是3∶1—2∶1）。这种遗传病是单基因隐性遗传，由于 13 号染色体上的某种酶的缺失，而这种酶是分解体内铜的，分解铜的能力下降导致铜在体内积累，最常见的累积部位是肝脏和脑中的痘状核，痘状核会影响脑中的神经控制，从而引发他的类躁狂综合征。

阿华讲话含糊不清，这也是由于他的神经受到影响，肌张力增强，手臂会颤抖，嘴部肌肉也很难受控制。他给我们讲述了他进医院的原因，他想要买东西，向家里要钱，但是家人因为他那段时间总是乱花钱所以拒绝给他，他很生气，就拿水果刀砍掉了自己的小手指。虽然之后经过抢救手指是保住了，但是我们看到他的小手指颜色还是发黑的，里面插着固定的钢丝。叶医生和阿华关于他回家的问题对话如下（医代表叶医生）：

医：你后悔吗？

阿华：我很后悔。

医：你回家以后会不会再冲动了？

阿华：不会了。我想回家，想吃妈妈做的菜，想回家过端午节，吃妈妈包的粽子。这里的饭不好吃。我什么时候才能回家？几天？

医：我不能告诉你几天，我只能告诉你是几周。

阿华：那是几周呢？

医：至少四周吧，我们要看你的情况，你要好好表现。

阿华：那就是一个月啊，一个月太久了，我要出去。

阿华在听到他还有很久才能出院的时候脸上露出了失望的神色，我们在与他分别的时候也鼓励他好好治疗，好好表现，争取早日出院。

病例四："我的笑容不是发自内心的，是表面的"

第四个病人赵某据介绍是自己入院的，他四五十岁的样子，头发花白，感觉很没精神，病史 12 年，反复受到抑郁症的折磨，最近一次入院是由于妻子两年前去世，他病发后两年来都没有好转。

他最近正在努力控制自己的专注力，通过读书和电磁治疗的方法使专注度提高，每天的生活尽量规律，戒烟，正常作息。叶医生在和他的交谈中总是在强调他进步的方面，让他感受到自己的进步。在谈话时叶医生提到他现在讲话的时候会有笑容了，他说他这种笑容不是发自内心的笑，而是表面的笑，是为了让我们感到舒服礼貌性的笑。我们可以感到他虽然自己承受着很大的痛苦却仍极力不给别人添麻烦，想必他现在这样的状态也是自己很难接受的。他说他在生活中很难感受到愉悦，以前心中还常常有惊慌感，现在已经好转很多了。

二、反思

1. 病人与医生

在《疯癫与文明》中，福柯强调了医生对于病人的权威，医患之间被异化的那种关系，“医生作为一个造成异化的形象，始终是精神分析的关键因素。”[①] 在我们实际去精神病医院见习的时候发现，虽然医生表面上对病人体现出尊重、理解和宽容，但实际上，他们在心里对病人依旧有居高临下的态度，不能做到完全平等的交流。

在病例一中，当张某很认真地向医生描述他的练功经过和超能力时，在场的医生都会发出嗤笑声，在讲述过程中医生经常会不耐烦地打断他，用命令式的语气强迫他讲话大声点或者吐字要清晰。而且在询问他病情的过程中，主任医师和主治医师的方法

① ［法］米歇尔·福柯：《疯癫与文明》，刘北成、杨远婴译，生活·读书·新知三联书店2007年版，第257页。

有所不同，主治医师的态度比较亲和，但所问的问题都是程式化的常规问题。例如：你状态最好的时候是什么时候？你为什么开心？你最不开心的时候是什么时候？为什么？主任医师的态度是居高临下的，他用挑衅性的语气深入地挖掘病人行为背后的想法。虽然这样有利于我们更进一步地了解病人的病情，但他的态度是值得商榷的。在我们进入病区后，发现很多护工对待病人都是大声命令式的语气，像对待囚犯一样。还有一个细节是后来我们在与赵某谈话时阿华走了过来，用开手枪的手势去“咻”医生，医生就很生气，严肃地警告他如果再这样就会采取很严厉的惩罚措施。而在病例二中前一天打架的那个病人，也是被医生绑在床上一晚作为惩罚。由此可见，在现代精神病医院中，医生与病人仍然没有做到平等的关系或者服务与被服务的关系，惩罚在实际的日常护理工作中依然作为常用且有效的手段。

而对于病例四中主动进院的赵某，医护人员对他的态度就大为不同。他们认为他对自己的病症是基本清楚的，是有理性的人，所以用叶医生的话来说“我们对他的要求都会尽量满足”。此时的医患关系似乎又退回到正常医院中的那种服务与被服务、治疗与被治疗的关系，这两种大相径庭的态度似乎是精神病学中医患关系的一个吊诡。

2. 疯癫和非疯癫

福柯认为疯癫是被强制性的隔离，被赋予了“罪孽、道德制裁以及正当惩罚”①，疯癫被说成是某种道德过失的生理效果。

---

① ［法］米歇尔·福柯：《疯癫与文明》，刘北成、杨远婴译，生活·读书·新知三联书店2007年版，第145页。

对于界定精神病症状，诚然医学上有多种科学定量定性的判断方法，但是否因为他们是“疯子”，我们就要将他们所说的一切都视为疯人疯语，认为毫无意义呢?

在课堂讨论中同学们也经常提到一本书《天才在左，疯子在右》，书中描述了几个精神或者心理疾病的病例，那些病人在访谈中都显露了某些领域的天才般的才能和思路。在我们探访脑科医院的过程中，也发现如张某的思路特别清晰，逻辑论证严密，而且他对年份和具体事情的记忆都十分清楚明确，能够脱口而出。在提到他为什么知道一些事情的时候，他说他是想出来的。医生就问他，想出来的是科学的吗?但是那时我想到的是，我们如何确定他所依赖的证据（比如他幻听到的声音或者感觉到的状态）一定是假的?我们头脑中的思维其实是没有办法用科学精准测量的，他在头脑中看到了某些景象，我们无法确认真的没有出现这些景象，而只是他的幻象。他们被确诊为精神病是不是仅仅因为他们对他人、自己或者社会造成了伤害所以才被送到医院?如果他们只是保持在想象的阶段是不是不会被看作精神病?

翟某给我们的印象是他的讲话特别有感染力，他讲的每一段话都很有道理，但联系起来看就会发现他讲话思路跳跃性很大而且逻辑很不清晰。如果我是在一个商业销售培训的场合见到他而他是一位成功的销售大师，我一定会对他的每句话都笃信不疑。但就是由于在精神病医院这样的环境，我们首先都是戴着有色眼镜来看他的，觉得他说的每一句关于成功的豪言壮语都是痴人说梦。疯癫与文明，往往只有一墙之隔。

3. 躁狂症与抑郁症

福柯《疯癫与文明》的第五章“疯癫诸相”中的第一节是

"躁狂症与忧郁症"，其中介绍的就是这两种病症以及历史上分析它们的成因的看法，比如元气说或者血液说等。虽然这些说法在现代医学面前已经显得不那么科学和有说服力，从中仍可以看出二者是有联系的。

在我们所看到的四个病例中，最为复杂的就是第一个病人，他具有躁狂综合征和精神病性症状群。躁狂综合征体现在他冲动易怒、有妄想症上，例如他会有动手打人、大喊大叫等表现。精神病症候群在他身上主要体现为夸大妄想症、被害妄想症、非血统妄想症、思维被洞悉体验、物理影响妄想和真性言语性幻听（相信其所妄想听到的话语为真）六种症状。其中夸大妄想症表现为他夸大事实、说自己能够长生不老等；被害妄想症表现为他认为他父母要害他；非血统妄想症表现为他认为自己非父母亲生而为自然诞生；思维被洞悉体验表现为他认为别人是能够知道他自己的想法的；物理影响妄想则表现为他认为别人能够知道他想什么是通过在他喉咙内装上物理装置实现的；真性言语性幻听是他认为他幻听到的一部分是真的——"全程为你，伟大人格"等肯定他超能力的幻听。在他身上躁狂综合征和抑郁症都是有所体现的，他的病因很复杂、发病表现也呈现出多样化的特点。

第二个病人则是明显的躁狂症，他表现为长期情绪愉悦、感觉不到悲伤和痛苦、精力充沛、语速很快、讲话内容跳跃性大、无明显逻辑、肢体动作很多、冲动易怒等。第三个病人由于他的病因是遗传病引起的染色体缺失，还伴有其他一系列并发症，所以是类躁狂综合征。第四位病人则是明显的抑郁症患者，他的心情很低落、容易疲惫、睡眠时间增多、记忆力下降、注意力差、可能会有自杀念头。这些症状是由于他形成了抑郁的负性自动化思维，他想什么都是消极的。治疗这种抑郁症患者首先需要用电磁疗法，严重的还要用电击疗法从物理角度治疗他的神经，用抗抑郁类药物来修复神经，之后再辅以心理治疗。现在他的正性思维增多，笑容增加、睡眠减少、吸烟也减少了。由此我们可以看出，对待精神病患者，首要的治疗方法还是物理和药物疗法，在病情稳定之前，医生不会进行心理治疗，也缺乏必要的沟通和理解。对于电击疗法，其治疗的效果还有待商榷，但在精神病治疗中却得到了广泛应用，不由得使我们思考：我们的精神病治疗是在治病还是只是做出让病人趋向于正常人的努力？很多时候也许医生们并不是很关心病人所想的内容，只是关心他们表现出来的病症和对应的治疗措施，在将其变为一个正常人的道路上进行不懈的努力，甚至不惜为此付出病人的健康代价（很多精神治疗的药物都有很强的副作用），或者至少将他们控制起来，降低对社会的危害。

4. 精神疾病治疗困境

（1）高水平的医生数量不足，未能形成完整规范的护理体系。通过前面对精神病治疗状况的分析，我们可以看到，精神疾病的治疗状况不容乐观。首先是由于医生数量少、待遇相较而言并不是很高、工作强度大、工作条件又比较差、工作环境也不太舒适，所以脑科医院这类精神病医院的医生数量是严重不足的，我们所去探访的情感病区只有一位主任医师。在中国，作为抑郁症患者最重要的“拯救者”，治疗抑郁症的医生群体加在一起只有2.04万人。而护工的文化水平又大多比较低，对于精神病人一般只有直观的认识而缺乏系统化理论化的培训，所以对待病人往往采取简单粗暴的方式。中国精神科开放床位总数是22.8万张，人均床位密度是1.55张/万人，远低于4.36张/万人的世界平均水平。总体不足还伴随着严重的地区发展失衡，在河南、宁夏、河北、甘肃、青海5个省区，平均每万人拥有不到1张床位。此外，中国2/3的县没有精神科医生，不能提供精神医疗服务。可以说高水平的医生数量不足、医疗设施不到位和未能形成完整规范的护理体系是使精神疾病治疗陷入困境的重要原因。

（2）物理治疗和药物治疗效果有限。在谈到对这些病人的治疗方法时，医生表示首先采用的都是电磁或电击等物理疗法和调节神经的药物疗法，这些治疗方法的优点是操作步骤往往严格规定、定量进行，治疗见效快，病人也易于控制。据我们在医院的了解，电击疗法12次一个疗程，首先要对病人进行麻醉，之后电疗十分钟。通过电击时的刺激让病人进入癫痫状态，试图修复大脑中原有不正常的部分。但是在这种统一化的治疗模式之下如何考虑病患的个体性差异？在治疗的时候当然也会辅以心理疗法，但是在专业医护人员数量难以保证的前提下，心理辅导的频率、时间和疗效也就可想而知。而且当我们在医院中多次问医生电击疗法到底是否有效，医生开始一直转移话题遮遮掩掩，后来我们问的次数多了他才勉强承认目前无法确切知道电击疗法的具体效果。

但是换位思考一下，假如我们是医生，自然也是更偏好省时省力的药物疗法和物理疗法，而心理疗法很有可能付出很多心血，却疗程长、见效慢、效果也不一定显著，这样反映在工资待遇上就会有很大差距，这也许也是医生不常常采用心理疗法的原因。但是物理和药物疗法对病人的副作用往往很大而且往往是不可逆的，经过这些治疗再出院的病人也很难做回正常人，也许终生都要靠药物维持。

（3）医生待遇和状态令人担忧。在见习过程中我们了解到，除了专业研究精神疾病的医生之外，其他的医生护士来脑科医院工作并不是职业发展的最佳选择，而脑科医院的医生待遇相较于其他同等医院而言也不是很高，目前精神科医生的收入甚至不到其他医生的一半，大概只是同级综合医院医生收入的1/3—1/2。而且由于工作单位的问题还容易遭到他人的不解与歧视。因为精神科目前没有明确的客观诊断标准，所以在大多数抑郁症患者眼中，精神科大夫很难得到像外科或内科大夫一样的尊重。这个医生群体因工作压力、收入等问题，几乎在医卫领域里处境最艰难。他们中的不少人需要长期服用抗抑郁类药物。精神科医生的待遇和健康状况得不到保证，很难要求他们在这种条件下坚持给病人进行应有的治疗。

（4）患者家庭对待治疗的消极态度。在见习过程中，从医生的只言片语和患者的行为表现等侧面我们了解到，大部分患者家属对于病患的治疗是持消极态度的，很多家庭甚至不愿意负担医药费。一部分家庭认为交了住院费和医药费，就没有自己的责任了，治疗效果的好坏就全指望医院，治好治不好无所谓，只要将患者关起来不要影响正常生活就好。只有很少一部分家庭能够积极配合医生治疗，及时与患者进行必要的沟通。

有一个细节是当阿华吵着要回家要见家里人要给爸爸打电话

时，叶医生说：“你不要给你爸爸打电话了，给你弟弟打电话吧。”当说到他不喜欢吃医院的饭菜，要家里人给他送吃的时，叶医生说的也是“让你弟弟给你送吃的”。由此可见阿华家中其实只有他的弟弟还愿意照料这个哥哥，其他家里人的态度是宁愿把他遗忘，他妈妈曾讲过“就当没生这个儿子”，也并不愿意让他回家或者来看望他。

而如果家人能够为精神病人提供相应的物质和精神支持，患者的康复速度也会大幅度地提升，患者会有被需要和被关心的感觉，这种感觉在治疗过程中是非常重要的。不应该让精神病医院成为“被遗弃的场所”。

（5）社会对待精神疾病的成见。社会对待精神疾病的成见是自古以来固有的，从福柯《疯癫与文明》中的记载就可见一斑。人们往往认为疯癫者是非理性的、不道德的、低人一等的。对他的任何非人道的围观、监禁和惩罚似乎都是合理且必要的。在这种社会固有成见的影响下，医生的神化和医患关系的异化似乎就变得理所应当了。同时患者家庭往往会以此为耻，试图去掩盖家中出现疯癫者这一丑闻，在对待患者时也不够理性，而且在和医生描述病情时往往会故意夸大或者掩盖一部分事实，推卸家庭的责任。

由此可见，冰冻三尺非一日之寒，精神疾病的治疗困境不是单方面原因造成的，这当中有社会固有的成见、医生的无奈和家庭沉重的负担。但是我们也要看到，比起福柯《疯癫与文明》中介绍的精神病人所受的那些非人的对待，现在的状况已经大为改观，我们有理由相信，随着科学技术的进一步发展和心理医疗上的突破，精神疾病治疗的状况会有更大的提升，精神病患者也会受到更好的对待。

脑科医院探访纪实

李　超

2014 年 5 月 21 日，在杨老师的带领下“福柯研究”课程学生前往芳村脑科医院进行见习活动。下车之后，我们步行进入医院内，正巧赶上病人们出来活动，两个护理人员大概送十个左右的病人出去活动。当我的眼睛和病人的眼神相对的那一刻，非常奇特的是我在思考他在如何打量我，以及内心里面潜在的一种幸运感出现，幸亏我不是精神病人，否则这样的环境我能否接受还是未知的。这并不是抱有怎样的歧视心态，仅仅是我在内心深处难以接受如果我丧失正常的社会功能之后会怎样。而在后期的访谈过程中，我们组被分到了 5 楼与王医生一起进行本次探访活动，之后进行的具体治疗观察，是参观电疗以及与医生的洽谈交流和病人探访。这使我对于精神病人的治疗以及整体社会的大环境都有了更加深刻的体会。

在我认为精神病人是丧失正常的社会功能的背景知识下，我发现病人并没有像我想象的那样。他们仍具有正常社会性功能的能力，只不过是出了一些问题。而对于精神病人本身而言，其苦楚和困境也是一般人难以想象的。社会对于精神病人的歧视或者非正常对待使得我对于这个群体以及其身上所表现出的社会性因素有了更加深刻的认识，也不由得让我想起了福柯的理论。社会权力确实深入我们生活中的每一种空间之中，我们难以排斥和避免这样的问题。如何对待这种权力以及如何处理这样的问题是我们每个人都需要面对的事情。不过作出合理的总结和研究仅仅通过这一次探访是不够的。为此，下文将仅对此次的探访经历作出详细的记述。

一、电疗参观和访谈

见面后，王医生决定先带本组同学去观看在精神疾病治疗领域内较为先进的电疗。虽然电疗的整个过程十分短暂，但是仍然可以发现其中有着让人悲喜交加的地方。

在进入一楼的治疗室后，医生介绍了电疗前用于病人的四种药物，它们分别是阿托匹（刺激分泌物）、麻醉药、生理盐水及肌松（放松肌肉，避免痉挛的同时使得病人丧失呼吸能力）。据医生介绍，以前的治疗中没有使用这些药物会造成诸如骨折、肌肉拉伤等症状，在药物的作用下，病人原有的生理反应得到抑制使得这样的现象不再发生。具体的电疗过程是，首先将电磁贴放在病人脑部的左侧，同时在病人的右耳下部也放上电磁贴。这两处电磁贴可以有效地监测病人脑部异常放电情况。

在进行电疗时，病人在药物的作用下完全丧失知觉，甚至于呼吸都因为肌松的作用而停止，如果没有医生的主动供氧，病人在此时就会完全丧失生存能力。可以说在整个过程中病人被医生所摆布，直到治疗的疗程完成。值得注意的是，似乎在这个过程中，医生为病人进行了非常细致的照料。如在整个过程中帮助病人进行人工呼吸（给氧），打气的过程也很有讲究，首先要把气道拉近，并且在病人逐步恢复后才能完全脱离；以及用麻醉药使得病人的痛苦降到最低，肌松使得病人避免痉挛，牙套防止病人咬舌等。整个治疗完成后，医生将病人的头倒向一侧，使得病人的口水等分泌物不至于倒流到呼吸道内。头部的电磁体在特定的仪器上显示的波纹揭示了病人脑部的实时情况。

关于电疗的用途，医生作出的解释是通过电疗可以大大减少病人的情绪波动，降低病人作出极端事情的几率。形象的例子就是，当一个抑郁症病人有自杀倾向时，抗抑郁药物要等到七到十天才能见效，在这期间病人发生意外的几率很大，而电疗可以在短期内就产生效果，从而降低了病人自我伤害的几率。一般而言，电疗的时间可以是一天一次或者隔天一次，完全视病人的情况而定。就其副作用而言集中表现在记忆力明显减退，对以前的事情不记得，不过是可以恢复的，一般需要两到三个礼拜。病人对治疗的全过程也完全不记得，也存在部分病人会有心颤和头疼的现象，但是不明显，最明显的是记忆力减退。

在观察电疗后，王医生带我们上楼到了示教室。他问我们是否了解幻觉妄想。胡子恒同学讲起了自己的幻觉经历，同学们开玩笑说他应该留在这里。据子恒自己交代，他曾经一直认为家中有一条狗，但是实际上没有。他还举例说："我正在想我现在坐在学校里。但后来我把'我正在想'忘记了，于是我就以为真的坐在了学校里。"王医生介绍，某些幻听是生理上的，真正感受到；有些是假性幻听，是身体内的某种器官感受到的，而非真正听到的。就被害妄想而言往往是时间越长，病症越强。

对于假性幻听患者，堵耳朵其也会听到声音并被认为是真实的。病人一旦堵住耳朵发现不正常，也无法认识到这种不正常所在，就会更加痛苦。据了解，一些精神病学家可能也得过精神病，在治疗后把病中的现象描述出，从而形成了各种治疗方法。为此，我们还讨论了划分人的三部分：思维、情绪、行为。三者互相影响，情感、情绪方面的病人，如躁狂症患者，经常自我感觉良好，有一定强迫性，思维较快速；抑郁症患者就比较安静，思维较慢，病人有自我怀疑问题。其中精神分裂症病人没有干预的话，很难自愈，一段时间内情绪高涨，一段时间内情绪低落。同时，发病间隙病人的行为和心理较为正常，回到社会进行正常工作没有问题。而长期发病的病人，社会功能不断减退减少，不依赖于他人亦可生活在自己的世界之中，由此就变得非常孤僻，和亲人的关系变得非常疏远。总之，情感病人不发病和正常人一样。

至于判断一个人是否是精神病，或者归属于哪类。医生讲到，首先接触家属，了解病人的各种病理情况以及病情的程度；随后直接进行医疗检查，通过判断病情表现得出治疗方案，如情感病人，先消除躁狂和妄想；分裂症病人就先消除幻想。但是精神病人多数有离不开药物的问题。王医生介绍道，一般病人发病都是在青壮年，而精神病药物对女性怀孕有重要的影响。女性病人在孕期的难处只有家属才能体验到。而且一旦婚前隐瞒病史，婚后发病查出后法律上婚姻是无效的。同时，婚姻对于女性患者的影响具有十分明显的差异，家庭和睦、婚姻生活和谐可能有所帮助；反之就有可能造成伤害。而且，精神病有家族史，一般问三代，患者、父母、祖父母，但是精神病实际上遗传几率不大，具有家族史的病人大概为 1/10。虽然有对家庭进行对比，但到目前为止精神病的发病原因仍不清楚。精神病从一个人出生开始就可能受到各种因素的影响而造成病发。

对于一些病态行为，在认知上出现问题，一般属于人格障碍，像马加爵这种都是属于人格障碍。现在的学生逃学、偷窃、打架、过早性生活的，18 岁以前是品行问题，如几年前就有个 14 岁小女孩，不上学并且与社会人员同居，叫老公，18 岁以后依然如此就是人格问题。正常人在认知上可以知道自己的行为，但是精神病人就可能因为人格上的缺失，做出一些损人不利己的事情，并且可能对社会造成非常大的影响。目前儿童病区 16 岁以下的儿童在其医院一楼接受治疗，前段时间有位 4 岁小孩子被怀疑是情绪障碍。而且，就精神病的目前情况而言，小孩子教育方面问题越来越大，原先没有儿科，现在有了儿科。而且，儿科治疗以心理治疗为主，同时也会有医师的药物治疗。在经过治疗后，一部分病人可以回归到社会中，发病一次，治疗一次；进来后，一直无法控制的，就必须长期住院。在医院的病人中反复复发、反复出院的也有一定比例。

二、病区探访

在进行交谈后我们进入了病房。医生特意叮嘱我们，虽然是女病区但是也需要注意安全问题。病区就在医生办公区的右侧，远远望去只能看到一个大大的铁门。在进入之前，我们看到墙上的宣传板上，一些主治医师中有几个是中山大学毕业的，感觉亲切了不少。在进入病区后，我们首先看到很多病人在打麻将和打乒乓球，也有几个病人在走廊中不停地走来走去。出乎意料的是，精神病人都热情地和王医生打招呼，我们看到其中有一个怀孕5个月的躁狂症病人，她告诉王医生，说她不想被绑着，不想被人当作精神病人，希望尽快出院。这位女病人为自己辩护，称自己是正常的，只是家人不放心才让她进来，她表示自己在这里很痛苦。原来她的家人要保住这个孩子。当然这是很有难度的，因为精神病药物对胎儿是有影响的，况且虽然遗传性很小，可也毕竟存在着遗传的可能。我发现病人很听王医生的话，王医生也问及她的生理状况如何，是否有肚子痛等问题，并告知等她安静后就可以出院了。整个过程中，病人表现得仍然有些急躁，只是开始讲话时表现得平静（在病人病情严重时，只要在认识并没有完全失去作用的情况下，医生的权威还是以未知的方式嵌入到病人的生命中，为何病人此时仍然会选择相信医生，这一点非常值得我们思考）。

王医生安慰她后，我们离开第一病房。我们发现，在女性病区有三个病房，第一病房用于监护刚刚进入医院的病人，并且有数名护士和医生进行照顾；第二病房主要负责常态观察；第三病房负责观察要出院的病人。病房都有带有人工锁的门，只有医生的钥匙才能打开门，即使一个病人在摆脱控制后也无法逃出病房。临近的病房并非由一堵墙来相隔，而仅仅是一面厚厚的玻璃，三个病房之间的状况完全可以在其中一个知晓。进入第二病房时，我隐约闻到一种身体排泄物的味道，可能有尿液、汗液或者药物的味道相互混杂。在病人的宿舍区内，我发现病人竟然是集体住在一起的，因为床位十分有限。王医生告诉我们，他们医院住宿条件算是比较好的，所以来的病人比较多，排号都很不容易。同时，有部分病人配备专门的护理人员，可能是家人出资聘请的。接下来，我们回到了示教室，王医生将为我们带过来两位病人进行具体的接触。病人未来之前，我在脑中努力地思考，病人描述的究竟会是怎样的一幅场景呢？会不会有医务人员强制看着病人呢？病人会不会不配合呢？这些问题在病人进入后都烟消云散。

三、患者细访

王医生给我们介绍的是两名患有精神分裂症的病人，二人都伴随着轻度的幻想和幻听，甚至是幻嗅。其中一位还有不少的物理影响妄想、被迫害妄想以及嫉妒妄想。

第一个病人在进入示教室后，医生介绍我们是中山大学的学生，病人很开心，并且祝福我们学业进步。病人甚至开玩笑地说王医生就快当主任了。王医生让其做自我介绍，病人就非常“正式”地说她是广州市第一人民医院小儿科护士，发病时间是1993年，几月份忘记了，只说大概也是这个季节，阳光明媚。她介绍道：主要是上班的时候回家睡觉，发现合不了眼睛。客厅里面有很多人，有李某和梁某，病人看见后就问他们为什么不走，而他们的态度也不是很好。在情急之下病人拿东西砸“他们”后他们才消失。病人说，她一个人在家有多么可怕，她在诉说过程中表现出女性固有的敏感。随后病人在客厅里面发现有很多的鸡、鸭、老虎、豹子等动物，还有蛇，病人说最怕蛇。然后，病人就跑上床睡觉，此时，她发现蚊帐上有很多的人和东西，有臭牙齿、月经、精子等秽物，很多人的头都贴在蚊帐上。病人讲到家中的很多东西都是她结婚的东西，她的很多家私都被

“他们”（幻觉的人）搞坏了，他们非常可恶。据了解，病人看到的人很多都是她的亲戚、单位的人和老百姓。病人举例说，有个人钻进她的衣柜里，把衣柜搞坏了。当医生问她这些人是否是真的，病人非常确定地说是真的，确定是看到的。当医生问这些人是否有身子时，病人说身子不明显，头比较明显。并且病人说，此刻在房间、走廊中就有各种人在跟着她，在她旁边。主要是李某和其他的一些人。病人说，有时在她冲凉时，也会有一些人在和别人说话。女患者坚信她前夫有外遇，并且她亲眼看到他们已经有了孩子，都两三岁了，而且是在他们家里面看到的，就在她妈妈给的四方桌子旁。之后她在她家中反复看到。当医生问，他们是怎么进入患者的家中时。患者回答道，患者的爱人到患者的单位去找患者拿钥匙，说自己累，要回家。患者就叮嘱她的爱人回家休息，因为其脸色不好而且还没吃饭。后来患者要他回他自己家，而后患者感觉其爱人眼色不对，就老老实实地把钥匙给她爱人。后来又感觉她老公的行为不对，患者就跟踪他，一到家门口的楼梯处就发现有人说话，为此患者就趴到门缝，看到三个人，一个女的、孩子和她老公。患者强调那个女人很凶。当医生问是否认为她老公真的有外遇时，患者称自己眼见为实。她看见之后就想进入房间，敲门开门。开门后，那个女人和孩子都在其中，患者本来想骂她老公，之后看到小孩子很可怜，就拿东西逗小孩子，但是那个女人和她老公都很凶地看着患者，所以患者就跑掉了，回单位就给老公的父母打电话，要他们接他回家，让他滚蛋。据患者说，现在她仍然可以看到。只有睡着了，半夜才不会出现。患者强调在她身边就有一个人，并且在和她对话。

病人说什么那个人就在说什么。但问及她那人长什么样时，她说她是一个很漂亮的小女孩。当问到是否是李某时，病人回答是她的同学，以前在一个宿舍内住，并且那个同学很关心病人，以前给病人猪脑吃。病人说她自己整天在宿舍睡大觉，不喜欢煮饭，不喜欢厨房里的油烟，不按时吃饭，她起来后就下面条再加个鸡蛋。她的同学觉得太单调，就炖猪脑给她吃。杨老师问其好不好吃时，病人坚决地回答道“当然好吃啦，还放了天麻”，“这个人还是挺好的”，同时比画着拳头大的形状，那是猪脑的大小。随后老师问道，你同学还是小女孩吗？病人说这个女孩喜欢旅游，以前病人还和她一起去过桂林旅游，好像二者之间的关系十分亲近。当被问到现在这个女孩在哪里时，病人说就在她的后面。当有位同学问她现在没有结婚吗？她出乎意料地回答，说喜欢她老公。同时不停抱怨道，那个老公有屁用，没有文化，小学毕业的水平。当老师问道，为什么你老公不好还喜欢他时。患者回答道：“我不喜欢他，但是他追我，然后带很多人来我们家。”后来患者认识了另一个人，她在中山八路图书馆看书时碰见一个人踩她的脚。患者就跟踪他，奇妙的结缘之后就称为好友，经常带去家中玩。但是一段时间后被患者的姑姑发现了，也没有发现什么异样。并且患者强调她马上就不喜欢他了。可后来患者称现在还很喜欢这个男孩。随后第一个案例的访谈顺利结束。

在患者离开后，同学们就开始讨论真假的问题。我们急切地问医生是否是因为真的外遇而导致了这个人的疾病。医生解释道，患者的前夫并没有出轨，患者有嫉妒妄想，怀疑自己的老公对自己不忠。1993 年时，患者的父母、兄弟姐妹为其老公证明其是非常正派的一个人。医生解释道，病人看到那个女人和小孩都是飘进去的而非正常地走进去的。并且，在她怀疑她老公之后，就一直跟踪她老公。她首先是幻视刺激了嫉妒妄想，之后要和她老公离婚。她老公起初不同意。她已经持续的有20年的治疗历史，她在结婚不久后就发病，其间也没有生育子女。值得注意的是，如此顽固的病人，在长时间治疗后就会出现精神损伤、呆滞。但是这个病人在叫来前还在打麻将，情感和思维比较好，有20年的病史可能是因为早期干预使得她的情感还非常不错。目前都是她的兄弟姐妹在帮助她。患者和医生的关系也不错，并且很主动地和医生进行交流。

这个病人主要是嫉妒妄想。医生讲到治疗药物时，特意地说氯氮平是主要的治疗药物。精神病治疗就是用药，用不同的药品尝试是否对治疗有效。氯氮平很便宜，效果好，但是副作用明显，会造成流口水，骨髓异质，体型变胖等问题。现在医生很少直接给病人开氯氮平的药物。这个病人主要是幻听、幻视、幻嗅这三种，并且是非常顽固的精神分裂患者，通常而言2－3种药物治疗无效之后，就已经是顽固的精神病患者了。什么药品都不能控制后，就必须用氯氮平。有时候，在发生幻觉之后，患者会用力踢床造成骨折等问题。但是对病人而言其感受到的感觉是十分真实的。当然，有同学在讨论，是否她的幻想是自主加工的，而非一种简单的，直接听到的。真实是什么成为我们争论的焦点！我们讨论了虚拟世界和真实知觉之间的关系。对于一些电影的讨论也在不断进行，《楚门的世界》《黑客帝国》《预见未来》等电影都在我们的讨论范围之内，甚至对于一些基本的信条等都讨论得非常深人。在这个过程中，医生为我们带来了第二个病人。

第二个病人来了之后，首先向我们打招呼说“你们好”，这点让我有些吃惊。据介绍，这个病人说她能感应到蓝牙星人，蓝牙星人和正常人类差不多，并且经常来，来的方法不是很清楚，但就是已经来了很多人。在来的时间上，也不确定。更多时候可能是探病的人冒充。病人称，当蓝牙星人念经时病人就可以感受到，而且病人坚持认为蓝牙星人是用一种仪器来使得这种信号能够被患者接收到。当然，这个过程中，患者不停地改变说法，有时说是使用了仪器，有时又予以否认。

我想这和我们的人数较多以及问的问题较为急迫有关系，她极有可能变得非常紧张进而不知道如何回答。总而言之，蓝牙星人念经时对着病人，让病人感到心脏血管紧缩，非常难受。病人想什么这个外星人并不知道，他们想什么病人也不知道。此外，病人听到声音是通过大脑感应到的，而非耳朵确实听到的。至于外星人使用的仪器是一种小小的东西，病人坚持认为外星人是想害她，同时坚定地认为外星人和她有深仇大恨，认为以前住在一起的时候外星人要侵略我们的国土。当医生问到外星人是否可以控制她时，她指出并不能，只是能使自己的心脏不舒服。念经的时候病人不能和外星人进行交流，也没有有效的方式进行交流。只能用力地拍东西，手痛可以缓解这种情况。有时候病人也会在地上滚来滚去。病人一直在强调她的手不怕疼，她的手好硬，拍床很响。只有拍的时候出现的声音才能缓解念经时的痛苦。医生也向她询问是否每天打针的时候才能够平静下来。病人说安定剂比较有效果，能够避免烦躁。

有同学在自由提问时就问病人：“你是如何知道蓝牙星人的?”病人回答蓝牙星在很远的地方，至于为什么知道是蓝牙星人，病人回答是她老公告诉她的，并且她老公对她很好。当被问到“你想他吗”时，病人只回答道“想”。之后病人就被医生请回去吃饭，临走时，病人急忙回头说“你们好好学习”。

接着医生解释道，她现在 50 多岁了。在结婚不久后就发病了。她有一种假性幻听，不是耳朵听到的，是大脑感应到的。这样的病人是非常顽固的，并且是非常难以处理的。当其进入躁狂时，就会很难处理，堵耳朵也不会产生什么效果。并且她还伴有物理性幻想，幻想心脏内存在一个仪器针使得她非常难受。她的生理上没有问题。至于每晚的安定剂注射，其实都是为了起到一种安慰作用。医生告诉她打了安定剂，但实际上是生理盐水，注射可以使其心理上得到安慰。不打安定她就表现得很焦虑。打了针似乎可以使得她的症状得以缓解。她有没有老公也无人得知，只知道她的妈妈是其监护人，而且她没有子女。在我问到现在多数精神病人是否都是处于在婚状态和有子女时，医生给出了肯定意见。并且指出，在现实生活中，尤其是在患病时，男性比女性的境遇往往要好得多。女性的离婚诉求没有男性强，这和男性在社会上的地位有关系。并且当男性患病时，家人的求治欲望和女性患病是不一样的，这种社会现象很明显。

男性获得的治疗比女性更多，而且男性患病会比女性患病的离婚率低很多。女性患病之后对于其想要结婚生子有着非常关键的影响。在患病期间，药物和情绪都会影响患者，而产后抑郁问题和遗传问题都困扰着女性患者。当被问及是否可以通过行为治疗帮助患者而非只是通过药物治疗时，王医生介绍道，国外是非常先进的，美国在发现之后都是强制治疗的，但是在恢复之后不能强留病人超过两天，并且在大医院治疗之后需要转到社区医院，归属于社区管理。但是国内的社区管理都限于形式，有很多社区医生来这里培训，实际上进修之后的水平也很低，只是形式上跟着医生查访而已。很多时候医生无法干预到家庭治疗、行为治疗等。在有限的资源下，通常只做电话回访。目前国内也在积极地建立社区管理模式，对其效果还不能做评论。据王医生介绍，芳村脑科医院目前也在提供电话咨询，同时也在为芳村地区社区做防治。每年有2—3次，形式有，但是效果如何不得而知。目前精神病仍以防治为主。中国对于精神病人的关心是非常不够的，人们在很多时候对于精神病都是有羞耻感的。家中有病人被看成是非常不光彩的事情，往往病情很严重也不会来就医。但是现在情况好了很多，许多人已经知道了一些精神病方面的知识，开始主动治疗。国外比较先进，但是国内和国外的情况截然不同，不能把国外的情况直接拿来作为参考。精神病人前期都是依靠药物治疗，只有到后期才能采用心理辅导和行为治疗。很多时候国内的落后状况都是因为目前的医疗模式有问题，医疗设施和资源都集中于大医院，导致了看病难的问题，而且诸如住房、教育等都发生了类似的问题，我们的社会形成了恶性循环。但是目前没有办法改变，医生有心无力，有些病人家庭困难，病又难以治好，常常会有六七十岁老人照顾年轻人的情形。

在结束会谈后，我们走出医院。一路上我一直在想着医院门口的文明单位和创新单位的标牌以及第二个阿姨最后说到的“想”和“你们好好学习”。

第二章 2015年脑科医院实习报告

广州市脑科医院实习报告

邱梓豪

2015年6月17日，星期三，下午一时三十五分我们从南校出发，大约两点到达广州市脑科医院。本次我们的医院实习将同学分成两组，分别进入医院的明爱楼6楼和10楼对情感病区的情况进行实践学习。我被分配到第二组随着杨玉昌老师前往10楼的情感病1区见习。

一、医院环境参观

广州市脑科医院的设施相对于中山大学的六所附属医院来说是陈旧的。医院内的采光照明也没有中山大学六所附属医院好。但是据接待我们的孔医生介绍，广州市脑科医院的设施在精神病科医院里面已经是属于上游水平了。从一楼乘坐电梯前往位于医院10楼的情感病区。刚进电梯时有一种昏暗压抑的感觉，如果不是和同学们一起乘坐电梯，而是与陌生人一起乘坐这个电梯，可能这种压迫感会更加明显。

明爱楼的建筑平面是类似一个Y字形的构造。电梯位于Y字的下部分，从电梯出来，左手边就是隔离的情感病区，而正对着电梯的是医生办公室。Y字上半部类似V字的区域是病人的隔离区。由于精神病的特殊性，病人有时候不能自我控制，所以要设置一个隔离区让病人在隔离区中活动，以免病人外逃给病人造成伤害以及给社会造成安全隐患。病人隔离区的门是由雾面玻璃建造的，门两边的人都不能清楚地看到对方，只能看到对方的影子。这样的设置给人一种压抑的感觉。而且玻璃门有些地方是没有经过雾面处理的，所以有些病人会站在门口透过这些缝隙向外张望。隔着玻璃门我隐约地看到病人的走路姿势就像那种呆滞的人，没有自己的思想，换句话说，就像电视剧《行尸走肉》里面的行尸一样。这是我对隔离病区的第一感觉。

14 时 44 分，我们先进入病区的会议室进行简短的培训，医院的孔医生给我们大致介绍了病区的情况，听了她的介绍之后我们才逐渐放松下来。据孔医生介绍，这些病人都是情感病患者，大多数都是焦虑症、狂躁症、双相障碍患者，得这些病的人不会影响到智力或者判断力，所以他们还是可以跟正常人一样交流，只是在某些方面会有所不同（具体的表现我会结合我的观察在下面的报告中表述出来）。接下来她把我们分成两组分批进入病区参观学习。

我被分在了第一批，只带了一支笔和笔记本进入病区。我是在医生打开门之后第一个进入病区的，在我进入病区的那一瞬间，在病区大厅走动的病人的目光都投向了我，并且都开始走过来靠近我，我下意识地交叉双臂放在胸前保护自己。但是这些病人靠近到离我约 20 厘米就没有再靠近了，而是用他们的目光在观察我们，有的人想用手过来摸我们，但是快接近的时候又停住往后退了。病人们的这些举动都让我们感到恐惧，由于大部分病人的眼神都很空洞，肢体动作僵硬迟缓，病服破旧，有的人上衣还不扣纽扣。病人们的这些举动很难不让人联想到一些恐怖的画面。

医生开始带领我们参观病房，我们第一个参观的病房是一级护理单元，这个病房里面大部分都是刚入院的病人，有着自杀暴力倾向，或者别的冲动的倾向，也有一些是年老容易摔倒的需要特别照顾的病人。一级护理单元病房都是有铁门隔着的，这相当于是隔离病区中的一个小隔离区。在 10 楼的这个病区一共有两个这样的隔离病房，这两个病房虽然不是相连的，但是两个病房中间是由一个玻璃墙隔开的，而第一个一级护理单元病房还有一道门直接与护士站相连接，护士医生们可以直接在护士站观察到这两个房间内的情况。我透过铁门可以看到病房内有的病人的手和脚分别被绑在了床的四只脚上。还有的病人躺在床上把两只脚抬起来放在空中晃动不知道在做什么。一个一级护理单元病房里面有 9 张床，而普通病房床数从 6 张到 9 张不等而且床的摆放位置也没有具体标准，感觉就像是随便一排放进去的，床与床之间的间隔也不是标准固定的，有的床之间的距离比较小，有的床之间的距离比较大，有的甚至是两张床连在一起的。具体也不清楚是不是患者自己移动了自己的床铺。另外，可能由于是病种不同，我们参观的病房内的床就是那种很普通的床，而不是一般医院里面的那种病床。在这次参观的过程中我着重观察了病区内的设施状况。

随后我又跟着第二批同学一起走进病区参观，在这次参观的过程中我着重观察病人们的反应，这一次我是在队伍后面最后一个进去的，一进去我就尽量跟我们的同学保持距离，试图从一个旁观者的角度去观察病人是如何对我们的同学产生反应的。这一次我看这些病人并没有那种行尸的感觉，而更像是一个长大了的婴儿，对什么都感兴趣，行为举止都像是放大了的婴儿。后来我了解到这些都是刚从一级护理单元转到普通病房的病人，病情得到了初步的稳定，但是自己却对其行为没有什么意识，或者说等清醒之后他们会完全忘记自己有过这样的情况。其中有一个病人的脚上和手上都绑有布条限制他的活动幅度，可能这位病人有着暴力倾向。而且我发现部分病人有着触摸同学的倾向，我们的一位同学就被病人触摸了，或者这也是好奇心的一种表现。当同学们还怀着一种恐惧心理的时候，我看见里面的男医生和病人们有说有笑，还搭着病人的肩膀。这其中透露着一种病人与医生的友好关系。

二、病人访谈

参观完病区之后，孔医生选择了一位情况相对乐观的双向障碍狂躁症患者与我们进行交流。病人是一个日资企业的高管，由于工作压力的原因引发狂躁症，有着被迫害的幻想，曾经有过狂躁病病史，这是第二次入院，已经住院 20 天。病情恢复较快，但仍未完全恢复。

这个病人给我的第一感觉是他精神状态比较好，头发比较整洁，眼睛也比较有神。但是在谈话的过程中能够明显地感受到他的目的性，就是为了向医生展示自己病情已经好转可以出院了，在谈话的过程中并没有丧失理智，但是对于话题的控制欲很强，表现的欲望也很强。一开始打开话题之后，他并不表达自己的病情，而是谈论自己的工作，讲他自己的感受。在整个交流的过程中他的讲话比较有逻辑性，而且也能够很迅速地了解我们的问题，同时也存在把我们的思路往他的方向靠拢的意图。有些女同学就被他的思路牵着走了，慢慢就偏离了原来的话题。从这一过程中我还是能够感觉到他有很强的控制欲。而且他的谈话逻辑还是有漏洞的。我有问他是不是自愿前往医院看医生并且是自愿接受住院治疗的，他明确地告诉我说是。但是过了一会儿另一位同学问他还记不记得自己是怎样进到病房的，会不会有断片的现象。他的回答是他能回忆到的就是，看医生前在酒店一个晚上都没有睡觉在收拾东西，而下一个片段就是入院十多天之后的记忆了。这两个回答一对比就能够看出前后矛盾，首先说自己是自愿接受治疗的，但是随后又说自己只记得入院前一晚上的事情。这里大概有两个原因，一是他想隐瞒一些东西，可能是太过于痛苦或者发生了一些不方便告诉我们的事情，二就是他在撒谎，想向医生证明自己是乐于接受治疗，积极配合的，希望早点出院。然而这两个原因我们都不太好去追问分析到底哪个才是真相，毕竟如果不顺着病人的意思去交流很有可能会造成病人的病情复发，带来不稳定的因素。

还有一个细节就是，我发现这个病人始终都处于亢奋的状态，医生在回答我们问题的时候他就会经常变化肢体动作，双手交叉胸前或者摸头发，把手放在椅子背后，唯独没有抖腿。同时自己的表情也是保持克制的状态，但是一到他发言的时候就会感觉到他说话的目的性和控制欲。

三、总结

这次脑科医院实习主要有以下几个遗憾。(1)事先没有料想到有和病人直接聊天的机会，没有准备好问题和把握好聊天的方向，很容易被病人带着话题走，问不到一些比较深入的东西。(2)很多同学在和病人的交流过程中，向旁边陪同的实习医生问了太多问题，没有把握好问题的主次，问题多集中于为什么没有一个准确的鉴定方法和一个有效的治疗途径。而这些问题由于实习医生并不是脑科专业的，并且因为病人在场的情况下也不方便直接回答我们。所以建议下一次应该把这两种问题分开问避免浪费时间。(3)和医生交流的时间比较少，不太能够完整地了解医院情况。以后如果还有机会应该多点时间分配在病区观察和与病人的交流上。

总之，这次脑科医院的见习是一次与监狱实习不同的令人难忘的见习。

疯癫与自由

王夕心

2015 年 6 月 17 日，我们在广州市荔湾区脑科医院见到了穿着病服的 C 先生，他是一家外企的高层管理人员，工作忙碌，频繁出差。2010 年因抑郁症入院治疗，出院后服药治疗病情保持了两年稳定，到 2014 年逐渐停药，2015 年 5 月脾气变大，因小事发怒，担心遭到同事排挤，经常说要把领导打压下去，说话滔滔不绝难以打断，被诊断为双向情感障碍，到 6 月 17 日已经入院接受治疗 28 天。

一、病理学初探

在进一步分析与C先生的对话以及我的思考之前，我将首先尝试解释双向情感障碍，以及心理障碍、精神疾病与神经病三者的区别，以便对他的病情进行准确的定位。

“双向情感障碍”是一种常见的精神疾病，也叫躁狂抑郁症，患者身上躁狂与抑郁症交替发生或混合发作，而在抑郁发作严重时会有自杀念头。目前双向情感障碍病因未明，生理、心理与社会环境诸多因素参与其发病过程，然而这些因素并不是单独起作用的，目前强调遗传与环境或应激因素之间的交互作用，这种交互作用在双向情感障碍发生过程中具有重要的影响。

心理障碍几乎人人都可能遇到，如失败、落榜等造成的情绪波动，在一段时间内不良心境造成的兴趣减退、生活规律紊乱甚至行为异常、性格偏离等，这些由于现实问题所引起的情绪障碍，都称为心理障碍，心理障碍与精神疾病有非常密切的关系，但心理障碍绝不等同于精神疾病。

精神病属于严重的心理障碍，是一种以精神无能、行为异常为主要特征的疾病，患者的认识、情感、意志、动作行为等心理生理活动均出现持久的明显的异常，不能正常地学习、工作、生活，动作行为难以被一般人理解，在病态心理的支配下，病人有自杀或攻击伤害他人的行为。常见的精神病有多种类型，不同类型的精神病具有不同的临床表现，精神病的致病因素有多方面，但出生缺陷、先天遗传等基因因素被医学界认定为致病的主要原因，外部因素如人际关系冲突、压力、失恋等可能是诱导因素但并非决定性的。

神经病是神经系统疾病的简称。是指中枢神经系统和周围神经的器质性病变，表现为感觉、运动的异常，并可以通过医疗仪器找到病变的位置。常见的神经病有：脑炎、脑膜炎、脑囊虫病、脑出血、脑梗塞、癫痫、脑肿瘤、重症肌无力等，患者应去神经科寻求诊治。

精神病与神经病有很大的差别，精神病属于心理疾病范围，神经病则属于器质性病理范围。然而在很多人的头脑中，常常存在一种错误的观念，就是把神经病和精神病混为一谈。每当听到人家说“神经病”，马上就会想到“疯子”“傻子”。其实，精神病和神经病是两种完全不同的疾病，不能混为一谈。

然而神经病与精神病之间有时也存在着联系，例如脑炎、脑肿瘤、脑外伤、癫痫等神经科患者常伴有精神症状，有的还以精神症状为突出表现。但结合病史及全面躯体检查，鉴别它们是不困难的。神经病应去脑系科诊治，而精神病则应去精神病专科医院诊治。

在脑科医院接受治疗的C先生，是一名精神病患者，其所患的双向情感障碍属于严重的心理疾病。

二、对话辑录——疯癫与理性的界限

C先生穿着蓝白相间的病服走进休息室时看起来情绪高涨，精神状态良好，说话礼貌且周到。

读过《天才在左，疯子在右》的人可能都对精神病患者有着很多想象，读者会发现精神病人有着自己的逻辑，圆融且清晰，并且他们坚信自己是正确的。我们与 C 先生的谈话持续了将近两个小时，整个过程他的逻辑也是非常清楚，乐意与我们交流，如果不是那一身病服，很难让人想到这是一个精神疾病患者。

坐下后，杨老师首先问了一个问题："能先和我们说一下你的病情吗？你这次是因为什么原因过来的？"

"我在一家日资企业上班，公司总部派我到合肥分公司接管新的项目，手下有几个工作人员不干活，还收礼，我作为管理人员把他们打压下去；到广州分公司这边我担心他们告状，合伙打压我，因为我已经把自己的底牌亮出来了。"

杨老师引入话题后大家都开始有条理地向他提问了。

"入院将近一个月了，你现在能回想起发病时候的状况吗？"

"发病之前可以，但在酒店发病后就完全断片了，我的记忆是慢慢恢复的。"

"你对自己的病情是如何认知的呢？你认为自己是正常状况还是需要接受治疗？"

"当然需要接受治疗了，我想我的家人和医生不会害我，我的病情有时候是无法控制的，所以需要接受医生的帮助，至于能不能出院也不是我能够决定的，要看医生对我病情的诊断。"

"那以后会考虑改变一下生活方式吗？让自己的生活节奏不那么快，减少压力，比如安排旅游之类的？"

"会的会的，这次生病也让我思考了很多，之前的很多年我把太多时间和精力放在了工作上，这次入院治疗也算是一种休息放松吧。"

“那医生是如何对你进行治疗的呢？”

“一个是电疗，再主要就是药物治疗，然后是与医生交流，进行心理辅导。电疗一般是在情况比较严重的时候进行，我自己对电疗过程是没有什么记忆的。”

这个时候卢医生补充说：“电疗就是通过外部刺激对大脑神经进行调节和重组，就像将电脑格式化一样，精神疾病虽然表现为患者精神的异常，但主要还是认定为基因所决定的大脑构造导致的，因此对精神病的治疗会采取物理手段。”

我们接着提问：“你认为得病会影响你的工作吗？是否会担心你的病情会影响出去后别人的看法？”

“不会影响我的工作，虽然我现在负责的项目很重要，但我已经将它交接给了其他的人负责，至于出院以后别人对我病情的看法，我也不会担心，别人不会太多地打探我的隐私，工作和生活是分开的，真正亲近的人我会告诉他，同时我相信他也会理解的。”

“也就是说你认为自己的病与普通感冒的性质没有区别？”

“是的。”

由于文章篇幅所限，笔者选取了对话中关键的几个问题和回答，不难看出，整个过程C先生都是主动积极的，他乐意表达自己的想法，并且情绪稳定，与我们平常的谈话并无差别，甚至比我们的想法更加具有“正能量”。

从与C先生的对话中可以总结出几点，未必具有普遍性，但应该有一定的参考价值：

（1）虽然很想出院，但病人在心理上是接受自己的病情的，愿意接受治疗；但也有许多病人（如《天才在左，疯子在右》中描述的）坚定地认为自己没有问题，不愿意接受治疗。

（2）目前对于精神疾病的治疗可大致分为物理治疗和心理引导两方面，以物理治疗为主，心理引导辅助。

C先生对于自己病情的认知情况是较为积极和客观的，我认为这个情况比较特殊，因为大多数精神病患者对待自己的病情还是会有或多或少的抵触情绪。

精神病人发病时会表现得行为异常、记忆紊乱等，但精神疾病本身并不会影响患者的智力、情感、记忆，在与C先生交流的过程中我们也可以看到，处于较为正常状态的患者的表现与一般人是没有区别的，有同学甚至觉得他没有问题完全可以出院了，但医生告诉我们病人最终能否出院还要通过一系列的观察和测试，而不能仅靠一两次对话就做决定，经验和表象是会欺骗人的。

同时，我们从医生处得知，他在发病时还写下了自己所负责项目的计划书，涉及战略分析、形势分析等多方面，内容非常丰富，而他对此事毫无记忆。

我不禁思考，C先生为何能在发病时即我们认为是处于疯癫状态时写出如此翔实的计划书？他在那个状态下到底是受理性支配还是错乱的精神支配？疯癫和理性有明显的界线吗？它们可不可能同时存在？

在与我们交流的一个多小时里表现得理性、得体的C先生会在发病时非常狂躁或极度抑郁；伟大的哲学家尼采在生命的最后时刻进入了疯癫状态；著名经济学家、博弈论创始人、天才数学家约翰·纳什教授是精神分裂症患者，理性与疯癫像是共存于人的两种力量，当一种力量占据上风的时候人的行为就处于正常或异常的状态，它们似乎界限分明因为是两种完全相反的精神状况，但又似乎很难有明确的界定，因为两者的转换没有任何征兆，医学界目前认为基因缺陷是导致疯癫的主要原因，基因若是不能改变的，那么为何处于疯癫状态的人又会有十分理性客观的时候？纳什教授为何能在其患精神分裂症的一生中做出如此伟大的贡献？

我认为，理性与疯癫就如同善与恶一样，是共存于人类心灵的，人的精神世界是最为神秘复杂的领域，人类认识和探索自己的步伐永远在路上。

三、对话再析——疯癫者就应该完全失去自由吗

当我们问到 C 先生对于自己病情的看法以及出院后如何面对别人的眼光时，他表现得很坦然。他的态度开始让我反思自己和社会，一方面，我会提出“如何面对他人的眼光”这个问题本身就表明自己给精神病患者贴上了标签，认为这是一个特殊的群体，因为如果一个人由于感冒或癌症入院，他（她）是不会遇到“别人如何看待自己的病情”这种困扰的；另一方面，正是这个社会对待精神病患者的现实态度，将精神病患者视为危险的甚至是“有罪的”，导致了社会成员以至患者本身对待自己的病情有超出疾病自身的偏见，然而对于这些困扰他们本没有义务去承担。

C 先生对待自己病情的坦然态度，可能是由于他自身的经历

和受教育水平，让他能够较为客观地面对，也可能是他想通过在医生和我们面前表现出积极的态度让自己早日出院（前面提到精神疾病不会影响智力，且病人会伪装自己），但这种情况在精神病患者中属于少数，绝大部分患者和家庭是排斥或抗拒的，我想除了精神病自身所具有的难治愈性和反复性以外，更多的原因正是来自社会的压力。

孔医生提到，基本上每位患者都认为自己没有任何问题，C先生也说在医院的每位病人都希望自己赶快出院，我们通过病房的设置所看到的也是对病人行动的严格限制，固定的活动范围、医生刷卡才能进出病房……总而言之，病人的自由受到了束缚。

本文想要反思的不是对于精神病患者行动自由的限制，因为他们由于意志错乱和精神无能的确具有一定的危险性，可能会做出伤害自己或他人的行为，所以医院的设置有其合理性和必要性，同时医生对待患者也是关怀和冷静的；真正伤害病人的，是社会构建起来的形象，给他们贴上的种种标签，他们被认定为疯癫者、危险者，这种禁锢不是身体上的，但却更折磨人，那是对人的精神自由的压制，他们由于被外界加之于身的危险形象失去了作为一个人被平等对待和尊重的自由，甚至根本没有为自己辩护的机会。

这种形象的构建是如何一步步发展起来的呢？福柯在其《疯癫与文明》一书中探讨精神病院的诞生时提到，精神病一开始被认定为罪恶，因为它具有危险性，对于患者的治疗也被当作一种惩罚，在精神医学发展的一百多年间，“惩罚观”有所减少，然而罪恶、危险的界定却深深地烙刻在了精神病患者身上。

然而，社会因为精神疾病自身的危险性而对患者有偏见真的合理吗？这种偏见导致的不是简单的不愉快，而是对病人自由长期且深刻的影响。社会应该做的，是采取防范措施对精神病人伤害性的规避，而并非一种集体偏见所造成的巨大压力。

由于思考疯癫与自由的问题，我重温了一遍《飞越疯人院》，这是 1975 年的老电影了，40 多年过去看来仍叫人唏嘘。主人公墨菲因为犯罪被送进监狱，他假装精神异常被移送到精神病医院，本以为在精神病医院能够解除束缚，然而却发现精神病院比监狱更禁锢人的自由，护士长和其他看护人员以“正常人”的高傲姿态对“不正常”的精神病患者进行理所当然的管教和控制，患者不是罪犯，他们并没有犯错，但却连许多最基本的权利也失去了。我国的精神卫生法规定，在病人非自愿的情况下不能强制将其送进医院，除非其有了明确做出的伤害行为或倾向，我们这个社会不管是将精神病人构建为危险的，抑或是搁置他们，将其弃置于边缘地位，都是不公平的，这两种态度是过分警惕和过分忽视，都是极端。精神病人有危险性这是事实，但我们应该做的是针对事情本身，采取防范和救助措施，在情感和心态上保持客观中立的态度，精神病患者首先是人，一个记忆、智力、情感等在正常情况下都未受影响的自由的人，其次才是一个精神病患者，这种疾病与感冒或癌症的本质是一样的，都是人的机能出现问题，他们就是需要医疗援助和理解的病人。

电影中主人公假装精神异常被送入精神病医院也引起对另一现状的反思，目前没有任何仪器可以客观证明个体是否患有精神病，只能依靠精神科医生根据客观症状标准进行主观判断，但症状是可以捏造的，同时精神科医生的主观判断也不总是完全正确的，那么“被精神病”的情况如何避免？语言和文字不能完全抵达一个人的内心，但却是交流的唯一途径，患者可能通过语言和行为伪装自己，那么他们的病情判定如何保证总是准确和客观呢？

小时候，我家的院子里住着一个精神病人，或许是当时条件有限，又或许是担心“别人的看法”，他没有被送到精神病医院接受治疗。他总是站在窗前，很多时候不说话，有时候说一些别人听不懂的话，那一角铁窗，像是某种莫名的惩罚。

我爱站在窗外，看着他或学他说话，他的家人总是很生气地让我走开，那时候小，不懂这种出于好奇心的行为对于一个患者家庭的伤害。回想两个月前对智障儿童进行家访时，小乐费力但努力地一字一句说出小区的其他小朋友因为他的病不和他玩，欺负他，这两个家庭，他们的无奈、无言的愤怒，是一样的。

我想还有许许多多这样的家庭经历这样的艰难，而他们所承受的对待也正是这个社会对于精神疾病的态度，他们向我们袒露人类精神世界的种种可能，并且让医学在犯错中不断反思，但是他们的苦难却被漠视或被形容成最不堪的危险，被毫无善意、毫无悲悯之心地对待，就好像我们自己从来没有体会过什么是绝望一样。我不再对行动不便的人或患有精神疾病的人产生任何异样的情绪，因为我不知道人群中有没有一个因为被嘲笑而会感到刺痛的家庭。

这所有的不幸应该得到尊重，因为他们道出的，是我们心底的沉默。

脑科医院见习记

崔云逸

2015年6月17日，是难得的万里晴空，我们选修福柯课程的一行人来到了位于广州芳村的脑科医院。医生简单介绍了精神病症的分类以及一些常见的精神症状，我们获益良多。但是我们并没有获得许可进入精神病人的病房，医生给出的理由是由于病人的情况不稳定，可能会对我们的人身安全造成威胁。患者情况到底会波动成什么样子？我们都很好奇，直到医生给我们讲了一个小时之后，她终于从门外领进我们期待已久的患者。据医生介绍，她是一个智力发育迟缓（俗称“弱智”），并发有精神分裂症的患者。

那是一个肤色苍白，体态臃肿的中年妇人，咧起嘴笑时门牙处的寂寥黑洞格外引人注目。在医生和她的对话中我们才知道原来她只有36岁，然而这前36岁的人生里，竟有一半是于此度过的。在她的自述（其实毋宁说是对医生提问的回答）中，我们似乎感觉到的只是一个年少时不喜学习、在学校常常和同学们打闹，并拥有多段罗曼史的不幸少女的故事。虽然15岁就到社会找工作，但并没有一份工作能持续超过三天。尽管如此，短暂的时光却总是充满美丽的邂逅，据她自己所说，买冰激凌的人都格外喜欢到她所在的柜台埋单——尽管她只是第一天站在那里。她着重回忆了在麦当劳做店员时的一段甜蜜爱情。她15岁，那个男孩13岁，两人谈了几个月的恋爱，并且已经到了见过家长谈婚论嫁的地步。这段感情是如何无疾而终的，她并没有详细谈及。到了病院之后，仍然有许多人在追求她，她会收到鲜花作为礼物。关于自己为何入院，她的发言躲躲闪闪，最后终于承认是自己捅伤了父亲。然而让人咋舌的是，她觉得自己的身旁终日存在着另一个人，在耳边不断重复着她伤害别人的事情。而对父亲拔刀相向的原因，也是因为那个人控制了自己。

但是从医生的口中，我们却听到了截然相反的另一个版本的故事。她从小就被发现智力发育迟缓，七岁读了一年的普通小学之后便转入了特殊教育学校。这时候的她跟以前不同，还出现了厌学、烦躁等情绪波动，在烦躁时，起初会以头抢地，她的牙齿就是因此磕掉的。后来发展到经常殴打同学。因此，她很早便离开学校，家人见她有基本的自理能力，也试着给她找了几份工作。然而由于她的情绪波动每份工作都不能持续几天便被辞退。所谓的甚至连顾客都爱上了她，也全是她自己一厢情愿的幻想。在 14 岁、15 岁时，她就开始在街上随便带男人回家发生关系，她觉得这并没有什么，不过是男生和女生玩游戏而已，人人都爱慕她，她也就顺水推舟而已。最为可怕的莫过于她所谓的和那个小她 2 岁的男孩的恋爱，真相竟如此残酷：所谓的谈朋友，不过只是她单方面地对别人的死缠烂打；所谓的见家长，不过是纠缠到人家家里去被家长报警。而在入院之后仍然年年收到的没有中断的红艳的鲜花，不过是家里人在每年中秋节来看望她时带来的而已。值得一提的是，她的家人也仅仅只在这一天来看望她一次。

听到真相之后，我在最初听病人自述时的强忍住想嗤笑的感觉消失了。其实她和我们，所谓的正常人，之间划界的界线究竟在何处呢？我们不仍然是同样地在歪曲记忆，改造自己的认知，来满足自己吗？而我们对事实的加工，也已经根深蒂固到我们自己都无法发现。不同的是，陪她演戏的只有她的主治医生，而陪我们演戏的，是同样在欺骗着自己的大家而已。从出生开始，我们按照父母的规划做一个好孩子，亲慈子孝；在学校里，做一个好同学，团结友爱；在恋爱中，做一个好伴侣，海誓山盟。但是这些真的都是真实存在的良好关系吗？我们也难以获知，也不想获知，宁愿被含情脉脉的面纱蒙蔽双眼，自我欺骗。我们在自己的世界里，戴上至高无上的冠冕，别人都是可有可无的他者，招之即来，挥之即去；我们或以为自己被上天垂青，怀抱天命，渴望建功立业；我们或者自暴自弃，觉得被全世界抛弃，流荡于无凭无依的浩浩江海。但这些，说到底，不过都只是内心的妄执而已。所有观察之物必经过了我们认知的改造，我们真的有可能达到和客观事实的一致吗？如果我们不再把这个病患看作 36 岁的大人，而是看作一个 5 岁的孩子，那么她的自我欺骗便显得如此正常，我们正常人只是自我欺骗的能力比她高明了些许罢了。

最后我们听医院相关负责人介绍，医院计划在 2018 年将重症病房完全迁出现址，迁往远在白云区的江村，而将现在的芳村脑科医院功能调整为行政主管机构以及社区服务医院为主。从这一点我们仍可以看到民众对于精神病的普遍的恐惧情绪。精神病内部的复杂性被民众所忽视，而将其中病症最严重的那部分病症所体现出来的症状作为精神病症这一笼统称呼，从而完成了外界对精神病患者的污名化，同时也使得精神病患者自我代入并认同这种被污名化的概念，双方都加深了精神病患者复归社会所面临的裂隙。

离开医院大楼的时候，隔着病房大厅门口的毛玻璃我们看到了那个患者呆滞伫立着的身影。一个同学好奇地过去看了看，回来说被她的眼神吓得毛骨悚然。其实又何必害怕呢，她只是一个有着36岁皮囊的5岁小孩，在注视着、期待着永远不会到来的爱。

暑假脑科医院实习报告

郭晓霖

距离脑科医院的实习结束已经一个半月了，不过对实习期间发生的事情大多仍然记忆深刻。我想自己以后不可能再有这么一段集中的时间去近距离接触和了解精神病人这个群体了，大概在以后很长一段时间，我都会慢慢去回味这段经历，同时庆幸自己曾有过这么一段回忆。

7月20日到8月24日，我和陈萍同学在广州市脑科医院实习。头两个星期在康复科，末两个星期在心理科。康复科设立的目的是帮助即将出院的病人提早适应重返社会的生活，设置了陶艺、园艺、茶艺、室外运动、书画、卡拉OK、小卖部等项目。不过病人把到康复科参加康复训练称作参加“工（公）娱”，我想病人们来这里大多是为了消遣娱乐而不是适应社会，毕竟整天被锁在病房的确无聊而压抑。在康复科，实习生的主要工作是协助护工和医生管理秩序使得工娱活动顺利进行，不过实际工作就是陪病人聊聊天、解解闷。每天会有三批住院部的病人到来，早上两批，下午一批，每批一个小时。在心理科我们接触到了更多的非住院人士，有些是前来看病的人，有些是家属，他们前来做心理测试、压力检测、心理咨询等项目，虽然因为隐私原因我们这些实习生无法到心理咨询室实习，但是在压力检测和心理测试科室的实践操作也让我对精神病医院的心理科这个设置有了更加实际的认识，也正是在那里，我读完了整本的《天才在左，疯子在右》。在压力检测科室，实习生的工作是替前来的人员准确佩戴检测压力的仪器设备，在心理测验科室则负责心理测验问卷的分发、回收以及结果的录入，因为大多是来去匆匆的看病而非住院的人，所以也没能和他们聊聊天。然而，现在回想起来，在康复科我更多的是在参与，跟病人们互动；在心理科更多的是在旁观，在一旁看着来来往往的人们，这两样，或许都是在实习中，乃至其他的经历中必不可少的。我还记得在以前某位老师的课上，听到过古希腊的哲学家就是一群观众，他们在观看经验世界，也在观看理念世界，他们坐在奥林匹克的观众席上观看运动员的比赛，观看商铺的繁忙，这是一帮人世的旁观者，到了近代，时代更加要求哲学家们参与到潮浪翻滚中来，要求亲力亲为，即便精神中有一座思想的高楼大厦，也要把它建造到现实中去。当然参与中也有旁观，就像我现在在思想里回头去再看一遍在脑科医院实习时候发生的事情；旁观中也有参与，好比我总会为心理科室的忙碌感到痛心，在闲暇时则希望这种状态可以持续得再长一些，或许这样有点偷懒的心态对于实习生来说并不应该，但是我想唯有在医院实习是可以被接受的，因为我很久以前就把曾经听说过的一句话认作死理：医者的理想应该是让自己失业。

以上我简单说了一下我在实习期间的工作内容以及大概感

受，接下来我想从我在实习中遇到的那些人们为线索，去铺开讲讲这段时间的所闻所感。在上学期的精神病医院的报告中，我向自己提出过这样一些问题：精神方面的疾病是身体疾病还是心理疾病？单纯依靠物理治疗能否让这类疾病痊愈？一些物理指标是否能真的界定一个人得没得精神疾病？为解决这些问题，最好的实习地点应该是住院部，因为在那个地方，可以直接接触病历、跟随医生查房、从医生处了解到一些治疗方法及其原理（即便这个原理我作为门外汉或许一个字也听不懂），但是谭老师考虑到我们作为非医学专业的学生，到住院部根本什么忙也帮不上，再者这个暑假在医院实习的学生有点多，所以将我们派到康复科和心理科去打打下手。

我的思路也在康复科实习的日子里有所转换，虽然无法与住院部的医生进行对话，但是我可以从病人那里了解到他们的治疗，从而思索那一直困扰我的问题。当然这并不是我一开始就想到的，这只是我写报告需要的思路，整理实习期间的笔记的线索，如果我一开始就抱着目的去接近病人们，我想我会后悔的。因为正如我在期末报告中说，我希望从一个人的立场去与他们交往，而且，单从一个问题的角度去入手了解整个精神病人群体实在是狭隘的。所以我在与他们交往时，放任自己对目的的遗忘，只是纯粹地跟他们东拉西扯，虽然这样的做法使得我现在回忆起自己的任务及当初深刻困扰自己的问题的时候，对整理手头上的记录感到力有不及，但那份与精神病人（虽然在康复科我们能接触到的只能是病情稳定的病人）谈天说地侃大山的纯粹，以及发自内心的那份喜悦却让我惊喜万分。如果单单只有旁观，以我的能力并不能观之全部，倒不如跟来康复科的学员们（康复科的护工们都把病人称作“学员”）一起喊口号：参加康复，重返社会。

同样地，我的思路也在心理科的实习中再次转换，从病人身上转到判断精神病的一些规则上。明尼苏达（MMPI）多相人格测试、宗氏抑郁症量表、卡特尔16项、艾森克（EPQ）等我从前闻所未闻的词汇现在居然可以倒背如流，我自己也做过这些问卷，问题往往十分直接：近段时间情绪低落；感到悲观；认为这个世上存在鬼神……有些量表用1至5来表示程度越来越深，有些量表只有“是”与“否”两个选项。问题看似易懂，并且要求来看病的人独自填写。但是我总对量表中的用词感到疑惑，别人觉得我情绪低落，但是我不觉得自己情绪低落算不算情绪低落？我觉得自己是乐观的但是别人都说我很悲观呢？正是因为人们不知道自己的情绪低落到一个什么状况，是不是已经到了抑郁症的地步才会来医院的，现在问他们情绪有多低落是不是有点奇怪？所谓的鬼神又是指什么？再翻看测试结果，如果在认为存在鬼神这个问题上填写的是“是”，在这个测试中会被归类为有幻想症倾向，可以猜测这份问卷有无神论倾向，为什么精神正常偏向无神论是被允许的呢？想起之前一个心理系的实习生回答我说，因为大多数人都是这样的，心理测验的准确性都是建立在这个基础上的。

福柯在《疯癫与文明》开头就说过：“疯癫不是一种自然对象，而是一种文明的产物。”我想对于以大多数人的正常来衡量少数人的疯癫有多么不正常这个话题不必细说，回到我的问题上，用数据去判断人的心理健康与否的依据是什么？心理学是一门实证科学，它往往会将大多数人的实验数据当作结论，然而，一项数据始终是物理性质的，无论量表顶头上的名称与心理问题有多么相符，或者数据的来源是人参与的实验，它已经从主观感受转变为外在数据，数据正是因为其不涉及主观层面而被认为具有准确性，才能被人信服，当这个外在的东西反过来作为评判人的内在是否出了问题的标准时，如何不会出现断裂？

对判断标准的疑问只是我在实习期间众多疑问中比较头疼的一个，但这并非我最想写下的，前面说过，我想写下的是在医院遇到的那些人们。

1. 实习生们：从另一个角度看待精神病人

实习期间，我和陈萍遇上过两拨同期的实习生们，一拨是中山大学社工系的，一拨是南方医科大学应用心理学专业的，在康复科的时候，三组人马一起工作，后来心理系的同学跟我和陈萍两个人转到心理科，再遇上社工系的同学就只能点头打个招呼了。

虽然跟心理学系的同学相处时间更多一些，但是有一次跟社工系的同学谈天留给我的思考意义倒是更大一些。这次聊天的起因按下不表，不过在康复科工作期间十分清闲，护工们倒是都很鼓励我们实习生之间多聊聊天，也多跟病人聊聊天。广州市脑科医院的康复科是中山大学社工系的实习基地，我问他们意义何在，他们说社工是联系精神病人和他们社区的一个纽带，来康复科的病人大多是即将出院的，他们住院很久，对于出院后的生活或许还不能太适应，社工的工作就是帮助他们重新适应社区生活，同时也在社区做一些精神病方面的知识宣传，让精神病人能够在一个不歧视的环境中生活，有时候也跟居委会协商，先让病人们在居委会做一些清闲的工作，逐步适应以后再转到外面的工作环境去。

其实我自己更加习惯从身心问题思索精神病及其患者，他们则带给我现实问题的考量。精神病人是一个生存着的群体，在医院的治疗使得他们与社会大熔炉相对独立开来，治疗需要这样相对独立的环境，然而这终究治标不治本，待到病情稳定以后，他们终归还是要回到社会中去的，毕竟他们的病发源于社会生活，而不是医院生活，如果一味留在医院中，那难免有点自欺欺人的意思。只有病情稳定以后再次回归社会，才有可能痊愈。就如那位告诉我她被工作和家庭压力压垮而被诊断为抑郁症的音乐老师，如果她不回到工作岗位和家庭中去，心里面的阴影就难以完全消除，在哪里跌倒就在哪里爬起来，不过这的确需要适当的前期准备（比如抑郁症的治疗）和磅礴的勇气。记得有位护工跟我说过精神病不可能痊愈，病发了就只能一辈子依靠吃药治疗。我想这不太对，虽然我并没有专业资格去质疑他的话，但是我想只靠吃药的确不能治愈这种病，因为这本来就不是纯粹的身体方面的病痛，而是精神方面的问题带出的身体方面的问题，比如全身的或者局部的抽搐、大脑信息传递受阻、胡言乱语等，或许能够依靠药物、理疗和化疗医治，但是更深层的疾病却不是这些外在因素能够治好的。

之前有一次我被分派到心理咨询的岗位，不久有一位学员过来跟我聊天，这是一个很有意思的人，他问我什么样的人生才是有意义的。他因为二十几年的人生过得太过失败而有点自卑，想知道我们这些大学生是怎么想的。我是一个毫无大志的人，我回答他以后他也觉得跟他自己认为的没什么两样，其实我也不觉得我们这些大学生跟他们在思想觉悟上会有多大差别。他告诉我他几乎全家都在公安局工作，而他自己却是在黑道上混的，他有很多运毒贩毒的朋友，有些被捕了，有些则没有。又问我如果他是卧底我会怎么办。他的逻辑有点混乱，但是很健谈。我以为他有妄想症，因为他的话中有点矛盾，一会儿强调他是卧底，一会儿又说他很想念黑道上的朋友，想帮他们和自己摆脱黑道背景，但是这趟水很深，进去容易出来难。第二天社工系的一个师弟跟我聊天，发现这个病人又到心理咨询处聊天去了，说的还是同样的内容。我问师弟怎么看，师弟说这个病人家里大概发现他在做违法的事，恰好家里有些门道，他的脑袋也真的出了点问题，于是就送到了这里，总比送到拘留所或者监狱里强些，师弟不认为他有妄想症，脑袋有点问题倒是真的，但是并不严重。

我想我明白自己错在哪里了。我总拿他们当精神病人，潜意识中就认为他们有精神病，所以总是从有病的角度去思考与他们相关的话题，于是难免将他们说的话判定为不可信，不是先找到他们话中的矛盾再判断是否正确，而是先判断对错再寻找理由，这样的做法轻易地就会错过很多本来易明的东西，比如那位“卧底”阳光的笑容。我想师弟分析这位学员的话比我更加贴近现实，师弟能够从另一个角度鼓励他，他混黑道的确是错的，应该从中吸取教训，而这些教训也是一种人生经验，可以让他以后的人生少走弯路，而不应该让他如此自卑。我却因为妄想症的断定而无法给他更多的建议，因为我不知道妄想症怎么治疗。从这个事件我进一步反思自身，如果我先一步知道他的身份背景，我就总是会在交往的时候被这种背景束缚，我知道这是一种自我保护，是明智的却并非是自然的。虽然我不清楚怎么去定义“自然的”，但是这样的自我保护机制却令我难受。我能感觉到它是社会教导我的，孩童时候的大无畏渐渐被消磨，最糟糕的是我不知道这种教导是怎样发生的，这种保护机制是怎样形成的，否则我会极力阻止它，因为如我前面所说，它会让我忽视掉一些我本应察觉到的东西，对它们视而不见。而且，我不认为这是本应该存在于人与人交往之间的一种机制，无论双方是否被认为是正常的。就好像司法机关在司法审讯时的无前提认定，嫌疑人在未被判罪之前是无罪的，更深一层说，被判罪以后也可能是无罪的。那种有前提的交往我一直不喜欢，我认为那是一种非人的立场，但是我已习惯了这么做，一不提醒自己，就会忘记去认真地观看面前的人的“面容”。另一方面，护工们又要求我们在交往的时候要时刻认清对方是精神病人，保护好自己，虽说康复科让我们接触的都是病情比较稳定的病人，但是你不知道他们什么时候又会发病。就如在去住院部接送病人到康复科的这段路上，每个关口都会有一到两个实习生或者护工站岗，以防病人逃走。我知道需要保护自身，但是对身体的保护与对心灵的保护，二者的分离却让我不解。当我需要保护身体的时候，我告诉自己他是精神病人，当我需要保护心灵的时候，也就是我希望我能够不被身份意识束缚的时候，我告诉自己他不应该被看成精神病人。我知道这样的矛盾是有问题的，却想不通问题出现在哪里。

2. 病人们：认真地接受治疗

每逮着或者被逮着与病人聊天，我总会对治疗过程提提问题。几乎每位病人都告诉我主要就是吃药，在病房里会有护士准时叫过去吃药。后来有一个大姐姐告诉我吃药会有后遗症，她觉得自己的记忆力变差了。这个我很有体会，我记得第一天去实习的地方是软陶室，那时候室内除了医生和实习生外就只有一个病人在做软陶，医生叫他朱仔，他来康复科一年多了，每次来都到软陶室去，是医生的拥趸。他做的软陶成品很多，有手榴弹、香蕉、番薯等，虽然都不太像。他说话不怎么清楚，但是跟他玩玩软陶还是挺开心的。后来一两次再见面他还能认出我来，会挥挥手，道声好。再后来遇上他就不记得我了，我跟他打招呼他也会挥手道好来回应，却没了那份认得我的脸的时候的欢乐的感觉，倒不如说他记住了医生教导他的一些待人的礼貌比较好。不止他一个，几乎所有聊过天的都会这样，包括那位“卧底”。所以大姐姐说如果以后见面她没有跟我打招呼，并不是因为把你忘记了，而是药物导致的。后来她果然没有认出我来，不过她说过的一些话倒是深刻停留在我脑海里：看见你们这些充满青春活力的实习生们我就觉得高兴，想跟你们多说话，我已经不再青春了。其实她看起来没到30岁。这是一个有双相情感障碍的患者，说话的时候滔滔不绝，能感受到她跟我们说话是真的开心，说完话后安静地坐在一旁，我想她是在思考，她说她总会想很多很多的问题。有时我会觉得她悲观，但她又对治疗抱有乐观的态度，她说虽然现在医患关系很紧张，但是她很相信医生，相信自己能够重新回到丈夫和孩子的身边。一个从19岁查出患有人格分裂直到现在59岁，换了3间医院，其间50多次进出院的奶奶也跟我说过同样的话，她坚持吃药治疗只是为了早些出院，回到女儿身边生活。

病人们都十分听从医生们的话，当然我指的是清醒的时候。这并非源于患者大脑出问题、无力判断，恰恰相反，他们选择了相信，甚至全心全意地相信医生、家人，才会如此乖顺地听话，毫无怨言。医生叫集中就集中，叫走就走，叫停就停，叫进电梯就进电梯。这种真挚无芥蒂的信任又有多少正常的人能做到？这种对医生抱有的信任感十分单纯，这种单纯也表现在跟我们的交流中，跟他们聊天很自在，与跟其他人聊天时候的那种不踏实的感觉迥然不同。我想起很多这样的事例，人生病了之后会变得比较脆弱，那是因为他们此时更加真心付出，希望能换得关心，而真心往往是比较脆弱的，感动来得真诚，伤害也来得真实。如果真的是这样的话，我想精神病跟其他病在心理上并没有太大差别，只是身体上出问题的部分不同，治疗方法不同罢了。大概我这么想也并不全面，因为我接触过的只有病情稳定的病人，倒是医院的治疗是值得肯定的，虽然药物、理疗、化疗的副作用不少，而那些发出嘶哑尖叫的病人、那些恋物癖的病人、那些智商超高的病人，我都没有接触过。

3. 医生与护工们：学哲学的怎么会跑到这里实习

正如我之前所讲的，我并不打算带任何目的与精神病人接触，所以面对医生们的问题——学哲学的怎么会跑到这里实习——我几近哑口无言。第一个跟我们提这个问题的是谭老师，之后在康复科、心理科，遇上的每个医生都会问一遍。陈萍说是体验生活，我首先想到的是帮助病人，谭老师说你们不是医生根本帮不了他们什么，我只好搬出一套官方答案：这个学期学习了福柯的课程，福柯研究的方向是精神病患者、残疾人、同性恋等边缘人群的社会状况，加上上课的时候我们班组织过来这里观察，我们想要更加深入了解，所以通过老师联系，就来这边实习了。虽然我知道这并非我心中的答案。

我想到他们问这个问题的理由，医生们都觉得哲学跟医学没有一点联系，学社工的、学心理学的同学就不会被这么提问，正如一个负责生物治疗的护工，在我问及生物治疗如何进行及其原理的时候，直言这些我肯定听不懂，他说了也白说，不过他可以跟我这个不是学医的简单说说。他的简单说说我不敢说我听懂了，但当他问及我们为何来这里实习、哲学与医学有什么联系的时候，我也挺想按照他的思路反驳他说你也是哲学的外行人，说了也白说。不过到底我不敢这么做。当时的回答我已记不太清楚了，没有将这事放心上，想来有些惭愧。现在想想，其一应该在于对基本概念、基本问题的回答上吧。医学上的一些基本概念，比如身体、健康、病、精神，都是需要哲学对其进行阐释与梳理的；再说，何谓医德，医德应该是怎样的，什么样的标准才有理由成为医德的度量衡等，如心理学一样，医学也是实验科学，它们往往默认某些前提来进行研究，实验过程准确，结果便是可取的，但是某些前提往往是模糊不清的，比如对生病与健康的界定，交由数据去确定是否合理？为何身体与精神的双重健康才是人的健康？这个健康标准中是否遗漏了一些其他的关于人的什么内容？其二则从学理上转到操作上，我想哲学与医学都需要细致的观察，都是离不开“观”“看”的学科。哲学家看本质，医生看身体，或许我说得不太周全，二者都在看人世，我总觉得它们还是有相近的地方。

还有很多人和事没有写下，患有社交功能障碍但还是会努力回应我们的小弟弟、自称慈禧太后的高大的婆婆、跟我说神仙故事的老爷爷、每次来康复科即使下雨也要跑步的老爷爷、心理科那个很亲切的关师兄等，虽然没能详说，但是他们都留给了我难忘的回忆，简单自在，越陈越醇。

暑期脑科医院实习报告

陈　萍

2015 年暑假，我在广州市脑科医院实习了四周，前两周在康复科，后两周在心理科，对于一个非心理系或医学系的学生来说，这次的实习经历十分独特。这个暑假，能够到广州市脑科医院实习，主要是因为“福柯研究”这门课的课程老师为我们提供了这次学习、观察、实践的机会，所以每次在医院里有人问我和郭晓霖同学为什么来这里实习，晓霖总会先跟他们讲福柯这个人。当然除此之外，我对脑科医院里的工作、精神病人怀有好奇心，也希望能收获别样的生活体验。不过由于时间有限和专业限制，我们没有去病房，而是在康复科和临床心理科，康复科也是中山大学社会工作系的实习基地，在那里我们结识了中山大学社工系和南方医科大学应用心理学专业的实习生。

康复科

一、所见所闻

康复科（工娱部）的训练对象是病情相对稳定的康复者，

一般上午有两批休养员过来工娱，第一批 8 : 30—9 : 30，第一批送走后紧接着就是第二批，下午有一批，14 : 30—15 : 30，每次都是由工作人员将康复者从病区带到康复科。在康复科，有好几个功能不同的活动区，卡拉 OK 室主要是供休养员唱歌娱乐，而且还会定期开展小百灵合唱团的活动，在阅览室里休养员可以看看杂志或报纸，另外还有一些精神疾病类的书，有助于休养员了解自己的病情，在阅览室外面的白板上还有一句话："休养员们在阅读书刊之余，有什么灵感、心得、体会，写在此，欢迎欢迎，热烈欢迎！"在生物反馈治疗室里主要是进行生物治疗，通常病人们头戴特定的仪器设备，观看视频或听音乐，仪器会记录下收集到的生物信号，工作人员由此观察病人们能否有效控制自己的情绪、反应；在室外空地可以打篮球、乒乓球、迷你台球，有个小花园可从事园艺劳动，休养员还可以自己动手制作软陶、硬陶、手工艺作品。一位休养员制作了一件有趣的硬陶作品，老师让我们猜它的用途，我们猜不出，结果老师给我们看那个作品是如何发挥作用的，原来是放蚊香的器具，底部有点像砚台，旁边似乎有条龙，蚊香刚好可以挂在"龙嘴"上，蚊香灰烬掉在"砚台"里，很有创意。在书画室里可以画画或者练书法，墙壁上挂着休养员的作品，其中有一幅画的是一个人的头发竖起，末端有许多舌头、嘴巴，老师解释说这是由于病人总有一种别人都在说他坏话的妄想，还有一幅画的是一个人的身体一半处在黑暗、一半处在光明中，她想奔向光明处却被一只黑暗中伸出的大手抓住，眼里流下泪水，根据老师的解释是病人总以为别人要害他。在电脑室里休养员可以通过玩一些应用软件增进自己的认知能力。另外还有小卖部，休养员可以进行简单的交易并从中学习遵守秩序、与人合作的行为规范，在一块公示小卖部商品价格的白板上写着一段话："有句话曰：好卖唔见钱。相信经过商的都会明白，做买卖时，秩序乱，买者催，付假币等，个别人不诚实。到曲终人散时，也是缺钱货少之时，怎办？自掏腰包补缺，长年累月怎受得了？所以呼吁，希望休养员们自尊、自重，做个诚实的消费者。"目的是希望康复者在简单实践中掌握最基本的社会规则。小卖部的商品不会很贵，交易时除了用现金还可以用奖卡，每张奖卡相当于五角，白板上面写着："获得奖卡目前有五种途径：参加书画组活动、软陶活动、硬陶活动、园艺活动、手工艺活动，每次可获一张奖卡，其中软陶特别优秀可获一张以上奖卡，欢迎大家踊跃参加！"此外墙上还贴有小卖部购物须知，将普通人默认的规则再次明文提醒。在卫生间前面有一块白板，上面写着今日新闻、天气预报、体坛及娱乐动态，最底下还有一两句鼓舞人的话，例如："行动是治愈恐惧的良药，而犹豫、拖延将不断滋养恐惧。""有些事不是因为看到希望才去坚持，而是坚持了才有希望。"除此之外，还有心愿墙，大部分休养员都写着希望早日出院、家人健康幸福，有些人写着"世界和平""热爱生活、重返社会""将住院的好习惯带回家""在平凡的日子里，认识自己"。

康复科制定的2015年康复活动一览表中，几乎每个月都会有一次大活动，1月陶艺创作大赛，2月新春游园会，3月三八节活动，4月问题类竞赛，5月劳动节活动，6月卡拉OK大奖赛，7月书画作品创作大赛，8月软陶作品大奖赛，9月中秋国庆活动，10 月园艺技能大赛，11 月手工艺创作大赛，12 月计算机技能大赛。这也是对每个岗位的工作人员的工作要求，即一年内至少组织一次大型活动。

在接送病人的路上，会有几个工作人员站在路边看守，以防病人逃跑。在病人自由活动之前，如果有什么事情要交代，总是会让他们在唱歌的活动室先集中，例如提醒他们饮料瓶回收可以放在门口的塑料桶里，并且老师会带领他们做希望的鼓励，大家一起说“参加康复，重返社会”。工娱时间快结束时，休养员们先在空地上集合，等工作人员清点完人数再按顺序被护送回住院楼。有时候，下午工娱结束后，仍有个别病人与社会工作师或者心理治疗师进行单独会谈、聊天。

二、那些事，那些人

第一天，我认识一位儿少科患者，丘扬，她还是中学生，还有她的两个年纪相仿的朋友。丘扬比较外向，她主动跟我们说话。她问我们是不是实习生，然后得知我们是中山大学的，就说之前这里也有中山大学的实习生，不过已经走了，还说到她爸爸在中山大学读过 MBA。我们问她是因为什么来脑科医院，她说是因为自己跟宿舍里其他人相处得不大好，她的情绪有时候会大起大落，甚至会做出伤害自己的事情来。她介绍她的一位朋友，一个戴着眼镜的男生，她说他之前对陌生人有种恐惧的心理，不敢跟人讲话或者有身体上的接触，现在已经可以跟别人握手和正常交谈了。在聊天过程中，这个男生说到他自己的问题，就是有些东西不愿意去想可是偏偏摆脱不掉，他说到墨菲定律，就是越担心的事情越有可能发生，比如说你想着不去想大象，但是这样一来大象就会出现在你的脑海里，于是自己的头脑变得很复杂、痛苦。这时旁边一位老师就说，何必非要去想复杂的东西呢，简简单单的，不去想太多，不是很好吗？这个男生只说，说得容易做起来难。我就说，你可以转移注意力啊。他说，我知道，可是这对他来说也不是很有效的办法。丘扬几次在男生面前提到"姐姐"，似乎故意要刺激他，不过是以一种开玩笑的语气，说："好吧，我可不想让你想起姐姐那件事了。"似乎"姐姐那件事"对男生来说就是一个心病。无论如何，丘扬跟那个男生是挺要好的朋友。

第二天下午在康复科举办了卡拉 OK 歌唱比赛，参加者都是休养员。在卡拉 OK 活动室，前面是休养员活动唱歌的宽敞地方，后面的小隔间是工作人员帮病人点歌的地方，想唱歌的病人可以透过玻璃窗跟工作人员说，也可以把想唱的歌名写在纸上递给工作人员。中午实习生们打气球布置比赛的活动室。丘扬参加了歌唱比赛，唱的是《隐形的翅膀》，她说希望大家都能像歌词里唱的要坚强，她唱的时候面对观众，还配上相应的动作，很投入，她那位戴眼镜的朋友之前原本跟随其他青少年病人离开了活动室（应该是活动时间到了），等到丘扬唱歌的时候特地回来听她唱歌。参赛的休养员发挥得都挺不错，其中让我最感动、印象最深的是有一个参加者唱张国荣的《似水流年》，那首歌缓慢伤感，被他这么一唱，似乎变成他自己的心声，那个时候大家都在安静地听他唱歌，仿佛在听他诉说自己的故事，只觉得他唱得特别动人。后来我脑海中一直在重复着这首歌的旋律。歌唱比赛由康复科四位医生、老师当评委，他们评分后的结果是基本上每位参加者都获得奖励。不过比赛过程中，观众里有一个女休养员，她有时会跟着大声唱，而且还站起来，后面的老师示意她保持安静，但是她控制不住自己，那位老师就过去捂了一下她的嘴巴，告诉她不要唱，还把她带到后面去，她就有点不高兴。

平时在活动室里唱歌的主要就是一些爱唱歌的人，其他人大部分只是安安静静地坐在椅子上听别人唱，有一次看到一位老人目光呆滞，半张着嘴，低着头，其他人也是默默无语地围观，爱唱歌的人会多点几首。还有一次，一个人在唱《漫漫人生路》的时候，我注意到有一个女听众在拍手，表示出自己很喜欢那个人唱歌，说他唱得很好，另一位女听众的身体也左右摇摆，显示出沉醉的样子。一个人唱完之后屏幕上会有打分，一个婆婆唱完之后是一百分，她就像小孩子那样高兴，说“太好了，一百分”。还有一次，一位男休养员唱完之后屏幕上显示着一百分，刚好有位老师看到了，就以一种鼓励性的口吻说“哇，一百分，明日之星”，就像家长表扬小孩子那样。

有一次在书画室，那里的氛围舒适安静，有时冼老师会放点轻音乐，并且在休养员绘画过程中加以引导。时间快到了，冼老师让我帮个忙，把奖卡分给在书画室练字、画画的休养员，然后我就默默无语地把奖卡放在他们的桌子旁边，以为这样就好了，结果老师笑着走过来对我说：“你太可爱了。你分奖卡的时候应该告诉他们说：这是奖卡，是你练书法或者画画的奖励，可以拿去换点零食吃，欢迎下次再过来。你再回去跟他们说一下吧。”这时我意识到自己做得不好，觉得很窘，幸亏老师没有责备我，于是又重新回去跟每一位休养员解释了奖卡的用途。过后我问冼老师，康复科是不是有书画培训和合唱团培训，她说有，不过合唱团的老师由于怀孕了要生小孩，近期没来，等会儿第二批病人过来时会有一位年纪挺大的书法老师过来上课，她们都是义工。接着老师就问我，很好奇我们学哲学的将来会从事什么工作。我说我想去流浪，可能毕业之后先去参加美丽中国当支教老师吧。她说，流浪，这种理想很好啊，但是我看上去似乎不太喜欢同别人交流，这样会不会比较有难度？在她的印象中，我好像总是沉浸在自己的世界里。我说，我知道在与人交往方面，我不够主动、勇敢，因为我害怕被拒绝，比如在康复科，虽然有许多和病人接触的机会，但是我会担心我和他们的差距太大，无法理解他们的世界。冼老师就说，其实是我先把自己的世界封闭起来了，这样的话别人也会觉得我的世界很难进人，就不敢接近。她还说，你不要小看自己的影响哦，你的一句话、一个微笑都会影响着身边的人，包括她在内，不过也不需要勉强自己，因为人和人相处最重要的是舒服，总之她给我的建议是多尝试，变得勇敢一点，而且还说如果我能够做到与这里的病人顺利地交流，以后到社会上和其他人交流也就没太大问题了。然后我又问冼老师，是不是一开始就想好将来要从事这方面的工作？她说，不是，她是跌跌撞撞经过许多尝试，加上一些机缘巧合，最终选择了这份职业，她觉得她的自我成长比她周围的同龄人慢了十年，因为当身边的人清楚地确定自己未来的目标时，她还不知道自己真正想要什么，之前她当过老师，接触过学生，但是觉得当教师没什么发展前途，于是就辞职了。后来她考上了美术学院，读了三年，而且她从小就接触社工，之后又考了个社工证，现在这份工作正好可以把她以前学过的心理学、美术、社会工作方面的知识技能结合在一起，所以说，她一开始也并不能够确定自己的人生目标，经过一番艰苦的摸索和尝试之后，才慢慢明白自己想要什么，最重要的还是听从自己内心的声音。我问她，你是不是一直都是充满热情的人？因为每次带领休养员做希望的鼓励的人总是她，而且她脸上时常带着笑容。她说，其实以前她是一个很偏执、很自我的人，做什么事都很少考虑别人的感受，很容易伤害别人，同时也是在伤害自己，而现在她是一个基督徒，讲爱的本质，她开始学会去关怀别人，而且她跟我说，你看，活着的每一天不都是奇迹吗？说不定某一天一场天灾人祸就夺走一个人的生命。我想也是，看似每一天要做的事情都差不多，可谁知道今天会发生什么事呢？比如今天我和冼老师的交谈就是个预料不到的奇迹。她接着说，在她人生充满苦闷、找不到方向感的阶段，她就一直求告上帝，直到现在，她拥有一些令她觉得幸福而满足的东西，你不会知道上帝在未来为你准备了什么，也许是一份意想不到的礼物呢。

冼老师对我说的话给我很大的鼓舞，而且那一天似乎真的很奇妙，后来我在卡拉 OK 活动室，一位男休养员主动与我聊天，他属于特别健谈的类型，看上去精神状态非常好，眼睛明亮有神，面带笑容。他说自己是湖北武汉人，这次已经是第三次入院了，不过这一次是他自己主动要求入院治疗的，第一次是警察绑手绑脚地把他送进来，第二次是家人送他进来。我问，是因为什么问题住院呢？他说了一串：精神分裂、双相情感障碍、抑郁等等，不过现在情况已经好很多了，他问我，他看上去是不是和正常人没有什么区别？我说，是啊。他就说，他保持这样不错的状态已经第十天了，现在即使偶尔晚上做噩梦也不会觉得害怕，相信他很快就能出院。这位休养员还跟我聊起他之前的经历，他以前是做医药代表的，向医院推销药品，但是现在呢，却在吃自己以前推销过的药，比如安神补脑口服液。他大学时所学的专业是工商管理，知道我学的专业是哲学，又说他读书时期也很喜欢哲学，特别是关于婚姻、爱情观方面的，他觉得学了对自己很有价值，以前老师上哲学课时的笔记他都会完整详细地整理，他还说其实哲学与任何行业都是相通的。问道我将来打算从事什么工作，他还会帮我出谋划策，提供建议。他说自己什么都懂一点，但就是样样不精，他的理想是读万卷书，行万里路，他以前走南闯北的，各种美食都可以尝尝，不好吃的就只尝一点，其实生活也是一样……我觉得跟他聊天很愉快，虽然是初次交谈，他也很放得开，感觉他是一个热爱生活的人，我想即使是在住院病人身上，也有值得我学习的地方。

之前我在篮球场也遇到过一个特别健谈的女休养员，她看上去挺年轻，面带笑容。一开始她就走过来对我和晓霖说，看到我们这么年轻特别高兴，我们说其实你看上去也很年轻啊，她说尽管如此，却已经不是和我们相同意义上的年轻了，她的心态已经不同于我们，她知道再也无法回到过去。她提到一些难以表达的情绪只能借助音乐来传达自己的心声，这些情感也只能在音乐中得到共鸣，所以刚才在唱歌活动室里听到一首歌顿时觉得不能自已。她告诉我们，住院一段时间，除了公共厕所让她难以忍受之外，这里一切都好，她对医生护士的工作都予以很大的理解和支持，觉得医院里的工作人员都是想救人，并且相信周围的人实际上并没有恶意，虽然她也接触过一些小肚鸡肠的人，但是本质上完全坏的人是很少的，所以她相信医生们都是为了病人好，即使对一些不听话的病人绑手绑脚，她也可以理解，这是为了防止病人丧失理智伤害别人、伤害自己。她说，如果有机会的话，她希望能够跟她的家人、朋友坦诚相待，把所有的问题开诚布公地讲清楚，不要藏着掩着；有些东西看上去是障碍，但说不定也可以把它转化成一种优势，关键是看一个人的心态如何，还有处理问题的方式。就好像她自己的处境，虽然看上去是低谷、是障碍，但是在这个阶段中她也领悟到很多东西，所以现在她可以与我们分享许多她的人生感悟。在与她谈话的过程中，对面住院楼里有一位大妈，一直对着窗外喊一些奇怪的话，这位女休养员就对我们说，她认识那个乱喊的人，觉得她很有喜感，如果我们有机会到病房里去，一定不要错过好玩的景象，还说尽管病人在窗口乱喊，但医生一般都不会管，除非遇到重大情况。

心理科

一、所见所闻

在心理科的日常工作一般分压力评估、智力测试和心理测验，还有心理咨询、团体治疗等。每当有人来做压力评估的时候，我们会先请他坐在沙发上，将三个测试脉搏的贴片分别贴在测试者身体上相应的部位，还有一个夹手指的仪器夹在平时惯用的食指上，让他放松，等他心率稳定之后，测试五分钟，结束后把报告打印出来。这项测试应用国外的软件，价格比较贵。测试报告会显示一些图表和数据，比如假如是零的话表明贴片贴在了准确的位置，生理压力指数是指最近的这段时间压力对测试者的生理平衡的影响，心理压力指数表示在过去的一段时间里压力对测试者的精神健康的影响，如果都是在正常值范围内，表明压力的负面影响是小的，不过住院部的测试者相比起门诊部的测试者，这两项数据通常都是爆表的，此外报告还显示自主神经的平衡状态，这反映在一张图表上，中间的区域是自主神经平衡，如果测试结果中的黑点是落在这个中间区域，就表明测试者的情况良好，围绕在旁边的分别有松弛反应、应激反应、交感神经性肌张力障碍、自主性肌张力障碍、迷走神经性肌张力障碍、自主神经张力，如果落在松弛反应区域内，表明测试者偏向抑郁类型，如果是落在应激反应的区域内，表明测试者偏向躁狂类型，例如，我作为被测试者，图表里黑点是落在松弛反应的区域内，报告里显示：副交感神经的优势；自主神经系统不平衡；暗示副交感神经增加；可能是慢性自主神经功能障碍；放松反应，这是一个获得精神或身体休息状况的指标，如果相似的结果连续出现三周以上，建议进行全面的健康检查，维持一个健康的生活方式有利于改善自主神经功能的调节机制。报告的最后还有脉搏波速度分析，主要有射血弹性指数、重搏弹性指数、反射率等，反映心脏、动脉的各项机能。老师介绍说这项压力评估虽然不可能百分百准确，但准确率至少是百分之六七十。

在心理测试的房间，主要工作则是根据医生为患者开的单子找相应的量表给他们填写，比如抑郁自评量表、焦虑自评量表、卡特尔 16 项人格测验、明尼苏达多项人格调查表等，患者填写完之后由工作人员到隔壁办公室录入，电脑软件会显示出诊断报告，打印出来后由负责人签名再交还给患者，患者将把所有的报告带回去呈交主治医师作为参考。不过做心理测验时也会出现一些问题，比如有些患者需要填写的量表很多，题目一多他们就失去耐心，所以总会发现个别题目漏填或者填写不认真的情况，另外，某些量表仍旧依照的是 1989 年的标准，很难说是否已经过时。曾经遇到过一个特别较真的患者，她认为题目里可供选择的答案不足以囊括所有的情况，而她自己的情况是很难用如此简短的选项就能概括的，于是还在问卷空白处详细地写明自己的具体情况。有些患者思维比较迟滞，做题目时要逐字逐字地读出来，因此做得特别慢，有些患者理解题目有困难，需要家属或者工作人员在旁边解释题目的意思。智力测试的对象除了普通的患者，还有一些警察押送过来的犯罪嫌疑人。

二、那些人，那些事

在心理科，通常周五上午会有一位美国的心理医生与一位中国患者远程会诊做心理咨询，一次一个半小时，疗程为十几周，同时也有其他的医师、实习生旁听学习。在一次旁听过程中，我了解到那位美国医生主要采用的是认知疗法，其主要观点是一个人的认知过程、思维方式与信念是情感和行为的中介，不良的认知过程和信念可以得到纠正与重建，认知疗法常采用认知重建、心理应付、问题解决等技术进行心理辅导与治疗。医生首先向患者介绍 ABC 理论，A 代表诱发事件，B 代表信念，即对 A 的认知、看法，C 代表结果、症状，B 作为 A 与 C 的中介，很容易影响到当事人的情绪和行动，D 代表治疗，通过 D 来影响 B，认知偏差得到纠正，负面情绪的困扰也能得到很大缓解。接着，主要是结合患者的具体情况，与其进行更加深入的沟通。这位患者陈述自己的情况：她曾经有一个关系亲密如同家人的团队，在这个团队中充满友爱、温暖，她也从这些朋友身上学到许多珍贵的品质，特别是她还遇到了她的灵魂伴侣，但是如今这个团队变得四分五裂，关系不再像从前那样好，有的朋友进了监狱，有的朋友为情所伤，令她难以接受的正是这种世事的变幻无常带来的落差感，而那位可以称得上是她灵魂伴侣的男士，由于双方关系出现问题，现在这段感情也慢慢变淡。她觉得自己是一个比较羞涩、内向、不善交际的人，正是那群朋友接受她、关心她才令她格外依恋那个群体，但是现在有的朋友去寻找、发展新的朋友关系，这令她很伤感。医生说，面对同样难以接受的结果，你的朋友正是采用他们自己的应对方式解决问题，就是寻找新的朋友。患者说，她现在已经过了三十岁，在中国，过了三十岁的女人是很难结识新朋友的，而且她不相信还能发展出深厚的友情，她自己周围的朋友基本上已经结婚生子，更不可能花很多时间来陪伴她。医生就说，请相信我，不是只有在中国，过了三十岁的女人找朋友挺困难，在美国也同样如此，但是，困难并不意味着不可能，它只是意味着需要付出更大的努力才能得到。患者却摇摇头，似乎认为已经没有希望了，这种悲观态度显然把自己局限起来，医生则努力地说服她，纠正她这种不利的想法。医生还说希望下次见面的时候，患者能够向她列举出，在中国，像患者这样的女性有什么结交新朋友的方式。至于说到患者与她那位“灵魂伴侣”的问题，她说让她感到不舒服的地方是，由于那位男士是朋友里的中心人物，每当他情绪低沉的时候，就会有一群朋友围绕在他身边，给予他更多的关注，当然也是因为他本身就是极富魅力的人，不过患者自己很容易受到那位男士时常表现出来的脆弱情绪影响，因此觉得相处起来很累。医生说，可以尝试着不要那么看重自我的存在感，不要太在意所谓的自我，并且，不妨适当地与一个人保持距离，降低对他的依赖感，也是对自己好的一种方式。总之，在整个聊天过程中，医生会更关注患者的内心想法、信念有哪些不太合理之处，引导她往更加积极、乐观的方面想，我发现这位患者总是轻易地就否定生活中的可能性，比如过了三十岁的女性是不是真的没有别的办法结识新朋友，我赞同那位美国医生的观点，有些可能性小的事情不代表完全不可能，只是意味着你需要付出更多的努力促成它的实现，如果这位患者能够在内心先放开对自己的束缚，不要把自己的处境想得那么糟糕，改变并不是不可能的，哪怕只有一点希望，就不是完全的绝望，所以对我来说，可能性其实是一个很美妙的词。

在心理科还有另一件事令我印象较深。有一次快要下班的时候，一位门诊部患者过来做心理测验，等她填完问卷，工作人员请她稍等片刻，待会儿把报告拿给她，就去隔壁办公室的电脑录入、打印报告，不过她以为就在做心理测验的房间里进行，过了一会儿她发现那里没人，就很生气地在走廊里质问道：“人呢？那里一个人都没有，还叫我在这里等？”也许她的脾气本来就容易激动、暴躁，或者这是她的病症所在，总之她立即表现出气愤、狂躁的样子，正走到楼梯口准备离开，我急忙追过去说："录报告的人在这里啊！在这个房间！"指给她看，她就返回走进那个房间，有位工作人员目睹了事情的经过，让她先到办公室外面等，这位患者以一种故意赌气的口吻说："好，我出去，对不起！"然后我就听到这位工作人员在我背后说："发什么（疯）！"最后一个字虽然没有说出口，但我明白他的意思。然后我就想到在康复科，虽然工作人员面对的都是住院的病人，但是那些老师们更多的是以一种宽容、关爱、充满耐心的态度对待他们，就像父母对待年幼的孩子那样，给他们鼓励，让他们感受到温暖（虽然在福柯那里，家长对待未成年孩子的方式可能意味着严酷的管教、压制和权威，但是我感受到的却是比较温和的东西），正因为知道这是一些病人，所以对他们更加忍让、理解，然而在心理科，面对的大部分是门诊部的患者，尽管看上去和正常人没什么差异，但是说不定他们有着和住院部病人相同的病症，性格上有相似的缺陷，而且不可避免地会遇到脾气暴躁、控制不住自己情绪的人，为什么在心理科对待这些患者的方式不能像在康复科对待住院的病人那样温和、宽容？当然，大部分情况下这里的工作人员服务态度还是很好的，只不过这个细节让我有些触动。在我看来，原因在于，在心理科的工作人员对于来访者的心理定位首先是个正常人，而并非认为面对的是病人，既然把对方看作一个正常人，对他的要求就会比较严格，一旦对方表现出异常的举止或者某些病态，总之是偏离大部分正常人的行为，我们可能就会觉得难以忍受，内心也许会对他产生责备，但如果是把对方看作一个病人，采取的态度可能会更宽容一点。我记起康复科的冼老师对我说过，如果你能处理好与这里的病人的关系，再去接触社会上的正常人就不觉得有多大困难了。我想她的意思是，既然你能做到以一种包容、和善的态度对待病人，也就一定能够以相同的态度对待周围的人，因为有时病人更难应付。现在的问题是，面对生活中形形色色的人，我们不一定采取的都是同一种标准。在康复科的时候，我感到自己面对的是与我如此不同的一群人——住院的病人，他们能接受我吗？我能接受他们吗？但仔细一想，社工师、心理治疗师、实习生、病人，这些不过是身份而已，重要的是人与人之间真诚的交流，还有一个人对另一个人的爱与关怀，所以不如放下身份的成见，把这里的人首先当作正常人去交流就好。换到心理科，我不反对首先把来访者看做是正常人，但是应该提醒自己注意隐含在这一想法背后的一种连自己也难以察觉的习惯性思维，就是对待正常人要求自然会严格一些，似乎大部分正常人遵守的就是一套相似的行为模式，一旦逾越了界限，就会被认为不正常，而且我们不会尝试先去理解为什么那个人会如此行动就先对他下定论。说到底，无论在什么环境下，严于律己、宽以待人都是一条不错的准则。

第三章 2018年精神科和脑科医院实习报告

中山三院精神科见习报告

李铎淳

近几年，社会上由心灵困境导致的个体悲剧频频上演，抑郁症、自闭症等精神病症已经成为公共话题。精神病患者常被公众解读为危险的、狂暴的、恐怖的，在社会中处于被边缘化甚至妖魔化的状态，而精神病人可以得到怎样的治疗与帮助，却很少进入公众的视野。

杨玉昌老师的“福柯研究”课程为我们提供了走进精神科，近距离接触精神病患者的机会。通过与精神病患者的直接对话、医生的交流以及我们实际的见闻，我们得以观察、感受并思考精神病医院、医生、病人，甚至是我们自己。

一、第一次来到精神科

2018年6月25日下午，杨老师带领着哲学系本科生课程“福柯研究”的同学，前往中山大学附属第三医院（以下简称中山三院）精神科进行课程见习。

到达医院时，下午的阳光正灿烂。我们一行人穿过人来人往的服务大厅，精神科位于大厅的第一个拐角处，科室门口悬挂着“精神科”几个字。

此时是下午两点十分，精神科的科室门口已经排起了长长的队伍，我们在科室门口的人群中艰难地挤进去，到达了位于科室办公区域内的会议室，并在这里等待，这里就是我们本次见习的主要场所。在看到科室门口那几十人的长队时，我们一行人都觉得十分惊讶——此处的排队人数明显多于周围的几个科室。对于在这条长队中等待的人们的具体身份，当时我并没有细想，一度以为竟有如此多的病人（实际上，排队的基本上都是前来看望的家属，不过这也侧面说明医院中接受治疗的病人之多）。在我学习生活的这个城市，竟有这么多人来问诊精神疾病，难道生活压力真的有如此不能承受之重吗？我的心中充满了惊讶与疑惑。意外地，我在穿过人群时听到了几句家乡话，回头一望，是一位在人群中紧皱着眉头等待的小哥。

在开始本次关于精神疾病患者的见习之前，精神科的医生先为我们介绍了关于精神疾病的知识以及患者平常可能出现的情况，并阐明了见习的注意事项。本次见习需要保护患者的个人隐私，这一点也将贯彻于见习的全过程。医生强调，本次见习的两名精神病患者的症状各不相同，都是状态较为稳定的，因而无须过多担心人身安全问题。不过，由于会议室本身面积并不大，我们一行人落座后略显拥挤，患者在面对这么多陌生人的情况下，有可能会出现不配合的情况。因此，为了照顾患者的情绪，我们都穿上了医务人员的白大褂，等待患者的到来。在一大群人面前展示自己心灵上的问题，这对于任何人来说应该都是难以接受的吧。患者或许在医务人员面前，才有勇气说出这些问题。如此看来，我们身上的白大褂，倒是有了几分仪式感。

二、患者一：抑郁→躁狂

病史陈述[①]：该患者为28岁的女性患者，职业是一名教师，其表现为交替兴奋与情绪低落、话多与话少，发作两年余，于2018年5月23日转入中山三院治疗。

2年多前，患者在产后因感觉丈夫陪伴较少，开始出现心情比较差、经常大哭、容易发脾气的情况，胃口不好、睡眠较差。由于当时患者没有自杀的行为，也可以正常上班、照顾家庭，因而家里没有重视这一问题，但这一情况在之后反反复复出现。

3个月前，由于患者可能接触到传销组织，而后出现兴奋、多话、容易发脾气、经常打骂丈夫，而且有很多想法——想要赚大钱、想要交很多朋友。睡眠比较少，晚上有时候整晚不睡，有时候只睡两三个小时，但仍然感觉到自己精力很好。经常上网看跟鬼神有关的信息。这种兴奋多话的症状持续了20多天。之后又出现无原因的心情不好，感觉没有兴趣——不想说话、不想做事、不想出门，不能够正常工作，有自卑、自责的想法。全身乏力、胃口不好，睡眠不好。

入院40多天前，当地医院诊断为狂躁和抑郁双病，用药物进行治疗，多为口服药物，之后心情有所好转，可以正常工作，睡眠较多（神经科药物的镇静作用）。

---

① 本次见习过程中，医生首先与患者就病情以及生活等方面进行沟通，以此使我们了解患者的情况，而后我们就自己感兴趣的问题向患者提问，患者进行回答。在患者回到病房后，医生向我们陈述患者病史，就刚才的情况向我们分析其具体的疾病情况，之后我们再向医生提问，医生进行解答。因此，在我们直接接触患者之前，我们并不掌握该患者的病情，包括病史。

入院3天前的早上，患者用刀割自己的脖子和左手腕，同时割自己的孩子两刀。在一个多小时后被发现，当时神志清楚，出血量大，送至当地医院处理，被诊断为抑郁症。在医院住院的过程中，经常出现想跳楼的行为。

2018年5月23日，患者转入中山三院进行治疗，接受电休克治疗6次、药物治疗以及心理治疗。

交流记录①：

该患者较为开朗外向，交流的全过程话语多，声音大，态度十分积极。在刚进入会议室的时候脸上就带着笑容，见到我们一众人，十分惊讶地说道："进来的全是白衣天使啊。"在正式与患者交流之前，我曾设想过见面时各种可能出现的情况，但是这次见面的情况是我没有想到的——患者看起来实在平常不过，与平日里见到的普通人并没有两样。如若不是在精神科见面，我根本不会将她视为一位精神疾病患者。另外，她的外向热情也让交流的气氛变得轻松起来。回想起原先的种种顾虑，更多地源于自己对于精神疾病患者缺乏了解。社会上关于这个群体的信息是封闭的，这似乎成为社会生活中的"禁区"，任何人跨进这个"禁区"本身，就是一次冒险行动。匮乏的信息加上各类影视作品的影响，使得这个群体被"妖魔化"了。

（病发以及入院的过程。）

在问题还未问完时，患者就开始回答问题了。患者对于如何

① 交流记录将以几个问题为主要线索，用括号表示。由于患者回答时的思维较为跳跃，在实际交流中并不是严格以这一思路为导向，因而此部分是在笔记基础上再整理的。

伤害到自己和家人仍然有印象——当时全是血，家里只有自己和孩子在，但由于电疗①，发病的过程已经不记得了，自己的情绪等具体细节也印象模糊了。

以下是医生与患者当时的一段对话：

问：为什么当时会这么做（即患者的自杀行为）？

答：感觉懵懵懂懂，因为人生压力太大，想要解脱。

问：为什么会伤害到小孩？

答：家庭的原因，担心小孩会一个人孤单，得不到照顾。

患者提到：其他病人基本上都是由于第三方伤害而入院的，自己的情况并不是如此。患者认为自己之前的行为很幼稚，并多次强调完全是自己的缘故导致入院，使自己的孩子也受到牵连，因而对于这一事情十分自责。

（入院的治疗。）

目前，患者在中大三院已经接受电疗 6 次，这也是其关于病发以及入院的细节印象模糊的原因。对于电疗，患者多次表示：经过电疗后，自己才感觉到在世界上生活的美妙。

患者说，目前自己的情绪已经比之前好很多，但电疗还有后续影响（根据医生介绍，这种影响只是短期的），具体表现是容易犯困，走路有时会感觉失重。患者还提到，自己观察发现，医院其他接受电疗的病人走路形态奇怪，像是怕踩到蚂蚁。

值得注意的是，患者在交流中主动询问医生：电疗是否不适

① 患者所讲的“电疗”指的是“改良电休克治疗”，在通电治疗前先做静脉麻醉并注射适量肌肉松弛药，因而病人不会有明显的抽搐发作，在治疗中处于睡眠状态。

合于每个人？（医生回答：需要根据患者不同的症状而进行判断。如若有其他患者询问你这个问题，让其直接咨询医生。）

（现在的生活状态。）

患者感觉自己现在的状态是一身轻松，能睡能吃，而且在电疗后更加能吃了，体重也比原来增加了许多。但由于电疗，自己已经不记得什么时候状态开始好转了。由于自己一直十分外向，平时在医院会经常去各个病房串门，看到别人有困难就主动去帮忙。

具体来说，现阶段的生活一般包括睡觉、打针、出去外面正常购物（实际上，患者在住院期间是相当自由的，在家属的陪护下随时可以出门）。对于在购物时大量花钱，自己感觉到开心，因为这是一种带来幸运的事情。患者特别地说道："大家都是正常人。"

（自己的家庭。）

在谈及家庭时，患者提到了自己的孩子以及丈夫。

关于孩子：今年 2 岁了，现在恢复良好。孩子本来很爱妈妈的，在那次事件后，现在不敢让妈妈抱了。由于电疗，自己什么时候伤害孩子已经不记得了。

关于丈夫：丈夫是二婚，结婚时身边带有一个小孩。在自己入院后，丈夫还没有来过医院，不过相互之间常通电话，患者特别强调自己跟丈夫十分恩爱。

（医院。）

患者希望医生面对面交流，因为在病房中好像在跟喇叭交流（"喇叭"指的是病房广播，一般会播放引导病人进行放松治疗的内容），太过死气沉沉，没有心灵上的交流。

患者还主动建议，让医生常与患者握手，自己跟其他病人试过，这是一种莫大的鼓励与认同。

（现阶段的打算。）

患者两次提到自己很想出院（对于患者想要出院的迫切期望，医生回答说，治疗需要疗程，希望配合医生继续治疗），因为在医院里没事可做，只能看书。如果自己能出院，想回去带孩子，通过看心理学、教育学方面的书进行自我提高，努力弥补孩子之前缺失的母爱。

病症总结：

在患者离开会议室后，同学们向医生反馈了自己所认为的患者反映出来的问题：患者努力想让人认同其作为正常人的身份；患者在回答问题时会出现不切题的情况；患者在回忆自杀一事时态度十分轻松，甚至表现出自信与开心。

患者之前的问题是抑郁（即之前表现出的伤害行为），而现在带有一些躁狂的色彩。

这种轻躁狂表现在，患者会主动与大家交流，与医生的接触十分主动，语量较多（这种现象有专门术语“思维奔逸”——由于联想速度加快，出现思维活跃、语量多、话题跳跃的现象）。患者还提到自己经常去各个病房串门，看到别人有困难主动去帮忙，对于这一现象，则需要结合患者的性格以及之前的表现再进行具体评价。患者花钱没有节制，也是躁狂发作的一种表现。另外，患者的躁狂症表现在其十分自信。一般来说，躁狂症患者在发作时，自信心会明显增强，产生夸大妄想，比如产生赚很多钱的想法。

不过，患者目前只是处于轻躁狂。严重的躁狂症患者会易发脾气，比如该患者之前的病史中就曾有打骂丈夫、伤害自己与他人的记录。

而该患者的病是双向的，其自杀的事件反映出其有抑郁的症状。凌晨是抑郁症患者自杀的高峰期，该患者抱有让自己的亲人免予受苦、得以解脱的心态，在伤害自己之外，还伤害了自己的孩子，这在医学术语上称为扩大性自杀。

抑郁症患者的一般症状为食欲、性欲下降，睡眠不好，容易早醒，入睡困难，体重会下降。大部分患者会出现思维迟钝，头脑反应速度变慢，讲话慢且声音变小。在认知方面，患者会出现记忆力变差，注意力不容易集中的情况，对自己的认知出现负面的评价，容易出现罪恶妄想。

三、患者二：精神分裂症（待诊断）

病史陈述：该患者为 20 岁的女性患者，目前是在校大二学生，于 2018 年 6 月 19 日转入中山三院治疗。患者的主诉是自觉体内有虫 6 年，多疑念。

6 年前，患者没有明显原因而感觉到咽喉部有虫，而后活动到胸腹部，虫长约 3 厘米。当时患者前往南方医院就诊，诊断结果为双向情感障碍，并开具了口服药物。

服药 1 年多后，患者感觉症状有好转，服药开始变得不规律。在此期间，可以正常上学，偶尔感觉心情较好、全身充满能量，花钱比较多，喜欢帮助别人。

2017 年 1 月，患者病情出现变化，称在家里被别人强奸，不记得事发过程，但醒来后有性交的感觉（家属对此予以否认，称并无此事）。另外，患者凭空听到有人在耳边说话，有男有女，说话的内容同自己有关，内容有好有坏。患者称听到校园里有人被杀，并且听到有一男一女在聊天，男的承认自己是新闻上的割喉案凶手，女的听到以后尖叫。患者觉得有人在跟踪自己，自己的通信设备被人监听，心中的想法没有说出就已经被人知晓。注意力、记忆力下降，经常发呆，发呆的时候会自己笑，会思考很多问题，比如人为什么要活着。到南方医院就诊，医院诊断为双向情感障碍，肥胖导致血糖升高，并做了一些治疗（具体情况无记录）。经过治疗后，患者感觉心情变好，有一段时间特别喜欢唱歌跳舞。出院后，病情仍然反反复复。

3 个月前，到广州市脑科医院就诊，诊断为双向情感障碍，并开具了口服药物，但症状没有明显的好转。

入院前的半个月，到南方医科大学复诊，药物治疗后仍然没有改善。

入院前几天，患者感觉到有虫在体内各处爬动，称自己在家中被强奸，但不记得事情发生经过，醒来后有性交的感觉，因而转到中山三院就诊。

其他方面，患者 6 年前在玩耍时曾经摔到右边头部，当时没有昏迷，也没有做进一步的检查与治疗，2 年前曾经因甲状腺结节压迫到气管而做过手术，1 年前发现血糖升高。

交流记录[①]：

该患者显得有些腼腆，在交流过程中音量较小，且问多答

---

① 括号内为医生的话题引导。由于第二位患者的情况与第一位有所不同，交流上基本上是一问一答，且其回答的语量较少，因而需要医生更多的引导，交流记录会显得较为琐碎。

少，常常以“好”“还行”等简短的话语作答。在进入会议室时，患者有些吃惊，轻轻地说了声：“哇。”在与同学们交流时，有点紧张地说道：“感觉好多人在看我。”

医生与患者的交流：

（为什么来看医生?）

因为睡眠少，在父母的建议下过来，但自己并不想看医生。除了睡眠不好之外，没有其他问题。

（心情怎么样?）

还好。

（关于学校生活。）

目前在学校读书，读大二。生活方面还好，跟同学关系一般般，有一两个较好的朋友，没有不友好的同学。（停顿了一会儿）其实是有的，跟舍友闹过不和，发生过一两次冲突，冲突也只是因为日常的事情。

（是否跟邻居或者路人产生过冲突?）

应该没有。

（为什么会睡眠不好?）

两只腿的膝盖以下部分会感觉到痒，有想要冲水的感觉。

（其他身体不舒服的情况。）

除了这个之外，就没有了。这种痒的感觉最近一年才有，自己以为是高血糖问题。

（睡眠如何?）

睡眠情况还好，早上 10 点左右起床。

（睡觉时是否有嘈杂的声音在干扰?）

没有。在半年前曾经有过，听到有人说话的声音，分得清男女，有三四个人，听得清内容，内容应该和自己无关，具体内容不记得了。

（患者主动说道）大一的时候看过心理医生，诊断为目光散视，自己感觉这一症状是对异性所具有的不安全感。

（和异性在一起的具体感觉？）

跟异性在一起，眼神会乱瞟。虽然自己在看书，但是异性在旁边时，会用余光瞟一下，不敢正面去看。

（心理感受是怎样的？）

并不是想看一眼（沉默了较长时间），自己也不知道为什么。

（是否有人伤害过你？）

在大一的时候，在听到有人说话的声音之后，感觉有人跟踪监视自己，但实际上没有，这种感觉多发生在宿舍里。

（刚才说听到有人在谈论你，能见到说话的人吗？）

白天没有这种感觉，是在半睡半醒状态下听到的，感觉是外面传来的，但没有去看是否有人，也不会感到害怕、紧张。

（除了听到声音之外，是否有看到奇怪的东西？）

没有。

（医生再次问道：最近心情怎么样？）

还好。

（有没有过心情明显感到压抑的时候？）

近期有过，但胃口、睡眠不会受影响，也不会容易哭，只是心情不好。

（有没有心情特别好的时候？）

也在近期，但跟平常相比也没有其他特别的事情。

（刚才说感觉有人在跟踪监视你，那段时间会不会感觉隐私受到侵犯，感觉心中的想法没有说出就被人知道？）

不会。

（有没有需要医生帮助解决的问题？）

脚痒的问题，还有脸上长的小疙瘩，以及目光散视的问题。

同学与患者的交流：

（是否有异性的好友？）

有一个要好的男生。

（跟他交流会不会出现目光散视的情况。）

跟他不会，其他的就会。

（这种目光散视症是什么时候开始有的？）

大一下半学期，初高中学习压力大的时候有过一次，不过那时跟异性接触不多。

（跟异性接触除了目光散视之外，是否有其他反应，比如心跳、呼吸加快？）

没有。

（你经常说到“还好”，这是一种怎样的状态？）

就是一般般，没有好也没有不好。

（希望医生帮助解决的问题都是生理上的，心理上有没有需要解决的问题？）

有，跟异性相处时的不安全感。

（自己感觉最安全的地方。）

厕所和医院。一个人待着的时候感觉最安全。

病症总结：

该患者的情况是较为严重的。在全过程中，患者与医生交流时是被动的，许多问题需要反复询问与引导才愿意进行交流。而且，患者对病情有所隐瞒，只提到了自己的睡眠不好、脚痒，以及一些幻听的问题，隐瞒了病史中提及的被强奸的感觉，没有认识到自己的心理问题。（有些病人甚至会对一些病症予以否认，刻意隐瞒奇怪的想法，表现出较强的自我保护意识，这更说明病症的严重——自知力①差，对自己的疾病没有认识，掩饰自身情况或不认为这是问题。）

患者虽然说自己膝盖以下的部分感觉到痒，但实际上并没有检查出问题，这说明该患者具有幻触，即触觉方面的幻觉，患者的病史中也提到其感觉到有虫爬感、有性交感等。交流过程中，患者可能由于会议室中人员较多，警惕性较高，有些方面不太愿意进行深入的交流，显得比较被动。

对于患者提及的目光散视问题，需要注意这些方面：患者会不会有社交恐惧（具体表现为害怕公众社交场合，尤其是面对陌生人，会显得紧张与害怕，脸红、心跳加速，手会发抖，说话吞吞吐吐，表达不清楚，思维变得迟钝等）？从刚才的交流过程来看，该患者面对满屋子的人，并没有显得很紧张，说明其没有这一情况。还需要注意是否有强迫症？部分强迫症的患者会忍不住用余光关注别人，否则会感觉到不自在，而且担心别人伤害自

① 医学术语，指患者对其自身精神状态的认知能力。

己。但该患者的症状并不是在多数情况下会出现，而且这种感觉的核心特点是患者担心受到异性的伤害，该患者病症可能偏向于为被害妄想症，不过从程度上还没达到。

对于患者说到的特别开心与不开心的事情，其并没有特别地表现出来，这需要一段时间观察其情绪变化。普通人也会有情绪上的变化，但程度上不会有那么严重，持续时间也不会很长（抑郁或躁狂发作持续两周左右的时间）。

患者目前没有表现出明显的抑郁和躁狂的症状，因此医院对双向情感障碍的症状判断有疑问。目前，该患者的诊断结果还未出来，主治医生判断其可能为精神分裂症，需要进一步观察，目前采用药物治疗，控制血糖。

四、关于精神科的其他记录——治疗、诊断、病房

在见习过程中，我们还与医生交流了关于精神科的治疗、判断等方面的问题。

（1）电疗的具体情况是怎样的?

电疗的一个疗程理论上是8—12次，一般是隔一天做一次。电疗一般用于情况比较严重的病人，如有自杀行为或伤人行为的病人、木僵的病人（精神运动性抑制状态，患者经常保持一种固定的姿势）以及药物治疗无效的病人。电疗对于消除病人的自杀观念效果较好，但电疗是一个短期的治疗，还需要药物的长期治疗。

（2）如何判断病人是否具备出院条件?

从医生的角度来看，病人的症状必须大部分缓解，例如第一

个病人，虽然病人自己感觉良好，但仍然属于偏兴奋的状态，就需要继续接受治疗。另一方面，医院需要兼顾家属意见，因为精神病院实行的是自愿住院原则（自愿住院原则的前提是病人没有出现危险的行为，比如自伤、自杀或伤害他人的行为）。如果病人没有伤害的意念和行为，可以由本人要求，然后自主选择出院。如果病人有伤害的意念，本人不愿意住院，由家属帮忙做出决定，若家属也坚持出院，医院不强制留院，但需要家属看护好病人，预防其出现伤害的行为。如果病人出现了伤害的行为，公安机关会强制病人入院接受治疗。

（3）对于出现过自杀行为的病人，需要多久的观察才能判定其没有自杀的意念？

根据医生的经验来判断，没有固定的时间标准。病人在入院治疗一段时间后，由医生判断与评估其自杀风险的大小，也需要与家属进行沟通。

（4）如何判断病人是在伪装自己的情绪使医生认为其可以出院？

病人并不是我们想象的那样，可以根据自己的意愿进行伪装，病人有时候是控制不了自己的，在自己的病情发作时对自己的思维、行为难以控制。假如病人真的是在伪装，则需要一段时间的观察，毕竟短暂的交流很难做到准确的判断，另外还要参考家属陈述、病房观察、护士反馈等。

（5）患者出院后的正常生活是否会受到影响，甚至会因为不能正常生活而病情复发？

会有一定影响，但不一定会使其病情复发。因此，医院需要让病人家属了解其病情、可能出现的风险、如何应对以及出院后怎么对待病人。当然这不可能在住院的短时间内做好，需要社区宣教的作用。

会议室的交流结束后，我们跟随医生参观了病房。参观病房的时间很短暂，只是在走廊内参观了医疗设施，没有进入病房。

精神科的病房实际上同医院的其他病房并无太大差别，我们参观的区域由病房、康复区、配药房、多功能室以及面积不大的露天活动场所组成，康复室内有书法、沙盘等放松方式。病房区的办公室外贴着病人的每日作息安排表，每位病人手上都戴着一个环。由于床位不够，多功能室被临时用来增设病床。

由于当天下午下着雨，病房区给我的整体感觉是拥挤与潮湿的。不过，在这里我们没有见到太多病人，这个时间段病人大多出去活动，走廊里倒是有不少病人的家属。

参观完病房后，我们的见习就此结束。我们离开时，外面正下着大雨，而精神科的门诊室外，仍然有众多人排队等待着叫号。

五、思考

《规训与惩罚》讲述的是现代监狱的“发明”，《疯癫与文明》讲述的是现代精神病医院的“发明”，在这两本书里，福柯重点关注的是其中所蕴含的“权力技术”，以此视角揭示现代社会制度的制定与演变。书中提及的监狱、精神病医院等社会组织，都具备一套强化训练的机制，将不合于文明社会的理性秩序的人群吸纳进来，并按照文明社会的需要对这些人进行“规训”。

“疯人”这一群体，从古典时期与穷人、失业者、囚犯一同被关进收容所的“大禁闭”，到启蒙时期被视为“瘟疫”而隔离的“大恐惧”，直至将这一群体作为病人看待，与正常人隔离开的19世纪，对其实行治病救人的“人道主义”。现代的精神病医院由此形成。

而通过本次见习，我们走进了21世纪的医院精神科，近距离与精神疾病患者、精神科医生沟通。在其中，我们重新审视与界定着我们所认为的精神病医院，以及医生、病人，甚至是我们自己。

1. 医院

第一次走进精神科时，我的内心是十分好奇的，但没有恐惧，因为我在见习之前已经对精神科，包括精神疾病患者这个群体有过一定的了解。但在更久之前，当我只是在各种影视作品中进行了解时，总会不自觉地将这里视为封闭、恐怖的象征。

在中山三院，精神科位于大厅的第一个拐角处，并没有异于其他科室的地方，这使我感到惊讶。在我原先的设想中，精神科会位于医院的某个安静的角落，并且进行特别的隔离。但事实并不是这样，即使在精神科的病房里，病人们也可以在家属的陪伴下自由出入，例如报告中的第一位患者，便十分享受上街购物花钱时带来的愉悦感。精神科的门诊与病房，也与医院其他科室没有差别。至于报告中提及的拥挤感，一方面是由于那天来看望的病人家属确实很多，另一方面也在于医院位于市区，场地受到了一定的限制。

在与医生、病人的交流中，可以感受到在现代精神病医院中，医生是以平等尊重的态度对待病人的，病人具有充分的人身自由，家属可以登记看望病人，医生与病人处于平等沟通的状态。另外，病人在没有伤害自己或他人的危险的情况下，是具有出院的自由的，医院没有强制病人住院的权力。现代精神病医院坚持的平等尊重的医患关系，使得福柯书中所言图克休养院“代表社会道德的伟大连续性”① 的意味在一定程度上消解了。由此，现代的精神病医院努力摆脱其作为对精神疾病患者的道德统治工具的身份，代之以纯粹的医疗关系，精神病医院是为了治疗精神疾病患者的疾病而设置的。当纯粹的医疗关系取代了道德的驯化，精神病医院得以顺利融入现代医院的医疗系统之中。

2. 医生、病人

在医院，病人虽然不会像监狱的犯人一样被纳入层级监视、规范化裁决以及审查中，但在一定程度上还是接受着“规训”。在报告中我曾提到，在医院的病房里，有一张病人的作息安排表，这表明医院中的精神病患者虽然有很大程度上的人身自由，但其在医院的行动在一定程度上还是被提前设置的。

另外，这种“规训”是双向的，在时间表的规划下，由精神科医生、护士组成的医疗团队需要每天按部就班地与病人面谈、诊断、诊治，习以为常地与病人“朝夕相处”。

而更令我感兴趣的是精神病患者会怎样看待医生。在交流过程中，患者需要面对满屋子的陌生人，这势必会造成患者的不安与焦虑。因此，医生让我们统一穿着白大褂，以减轻患者的心理

---

① ［法］米歇尔·福柯：《疯癫与文明》，刘北成、杨远婴译，生活·读书·新知三联书店2007年版，第239页。

负担。从实际效果来看，虽然我们的表现不太像专业的医生，但“屋子里都是医生”这一设定显然是患者能够接受的。在交流过程中，两位患者都没有出现太多不适的反应（不过，第二位患者在面对众人时，可能对部分病情有隐瞒），这一定程度上说明了医生在病人心目中享有的地位。

对于病人来说，医生这一身份意味着一种医疗技术上的“神化”。福柯曾将“对医务人员的神化”① 作为图克和皮内尔的疯人院中的重要结构，“如果说这种医务人员能使疯癫陷于孤立，其原因并不是他了解疯癫，而是他控制了疯癫”②。相比于那个时代不具备专门医学知识的“医生”，现代精神病医院中掌握了专业医疗知识的医生，技术上的优势将使其更加能够掌握疯癫。由于精神病人无法正确把握自己的病情，甚至会面临完全失去对自己理性控制的风险，因而在医生面前，采用驯顺的态度应当是病人们最好的选择。

3. 他们与我们

南北朝人沈约所编的《宋书》中曾记载过“疯泉”的典故：“昔有一国，国有一水，号曰‘狂泉’。国人饮此水，无一不狂。唯国君穿井而汲，故无恙。国人既并狂，反谓国君之不狂为狂。于是聚谋，共执国君，疗其狂疾，火艾、针、药莫不毕具。国君不任其苦，于是到泉所酌水饮之，饮毕便狂。君臣大小，其狂若

① ［法］米歇尔·福柯：《疯癫与文明》，刘北成、杨远婴译，生活·读书·新知三联书店2007年版，第249页。

② ［法］米歇尔·福柯：《疯癫与文明》，刘北成、杨远婴译，生活·读书·新知三联书店2007年版，第251页。

一，国人乃欣然。”

当我们设想，若有一天，被我们视为“疯子”的人群占据了人数上的绝对优势时，那时理性将是他们眼中的“疯癫”，理性的人就会像“疯泉”中未曾疯掉的国王一样。国王不堪其苦，因而最终采取的策略是一起疯掉。这就为我们带来了一个问题，我们要怎么思考理性与疯癫之间的界限？福柯在《疯癫与文明》中说，在不断的隔离、建构、描述、排斥的权力支持下，疯癫才开始出现，并且被天经地义地放在精神病院里。

见习过程中，我们接触到的两位患者都处于未发病的状态，我们并没有实际接触到发病时的精神病患者。精神病患者与我们处于同样的理性状态的这一前提，是我们在见习过程中能够流畅记录并无须担心风险的前提。需要承认的是，我们在与病人沟通时，心中会更希望精神病患者表现出一种非理性的状态，以我们的理性去发现并分析属于病人的不理性之处。

这种期望，便根基于我们提前为我们与精神病人之间划定了理性与疯癫的界限。当病人未按照预期的设想，而是表现出理性的状态时，我们会对此感到惊讶并大书特书。在我们将精神病人“妖魔化”的同时，我们将自己所拥有的理性状态视为了理所当然。

本次的见习时间只有短暂的一个下午，没有机会与病人进行更为感性的接触，对我来说是一个不小的遗憾。在与病人的沟通交流中，我作为一个观察与记录者，书写下的语言是冷峻而客观的。而对于医生，在与病人实际沟通时，有着更多理性与感性的交融刺激，更需要去理解他们的内心世界。

让我感到惭愧的是，在与精神病人沟通的过程中，我们只能以外来者的身份去思考病人的问题，对于他们的内心世界仍然一无所知。象牙塔里的自己，对这个社会的复杂性仍然缺乏了解，对社会中的人与事仍然缺乏共情。

> 尽管人群拥挤，每个人都是沉默的，孤独的。对世界和对自己的评价不能正确地交错吻合。我们不是生活在被毁坏的世界，而是生活在错乱的世界。①

脑科医院江村分院见闻录

程斯晗

2018 年 7 月 2 日，正午刚过。一辆大巴载满前往见习的师生，驶离了市区。这个下午，有一次特别的会面。在郊外的某处寂静之地，等待着参访者的，是一群特殊的人。

一、“江村七病区，请进！”

行驶的车身一阵剧烈的晃动，黄白色调外壁的医院大楼随即映入眼中。哲学班的一行人到达了此次见习的目的地——广州市脑科医院，也叫广州市惠爱医院。这里是新建的分院，在偏僻的江村。

带队的是哲学班讲授“福柯研究”的杨老师，这学期我们正学习福柯的《疯癫与文明》，其中涉及大量与精神病相关的哲

① ［捷］卡夫卡：“随笔·谈话录”，载《卡夫卡全集》（第 5 卷），河北教育出版社 1996 年版，第 402 页。

学论述。出于理论与实践结合的初衷，也希望学生能借此课程对于精神疾病的治疗与现状有所了解与思考，于是本班组织了这次前往脑科医院的参访活动。在老师和医院的努力下，我们得此机会，来到脑科医院，直接和深入地接触精神病患者的治疗与生活日常，体验了一次令人难忘的见习。

下车后，白日光有些耀眼，照得眼前这片新建的院区有些清冷。这里是郊区，周边少有建筑群，没有车辆疾驰的声音，也不见往常围聚在医院里外的攒动的人群，院子里空荡荡的。进到一楼大厅，一排关闭的挂号窗口，座椅上数得清的几个人，叫人不免生疑，是因为新建院区的缘故，医护人员还未配置到位，病人大多未转入，所以才显得如此空闲吗？同学们一时间聚集在厅内，小声窃语，四处观望，我想他们大概也有这种疑虑吧。在老师的带领下，我们来到电梯口，一路上还是很少见到医生护士。电梯通往的世界，也就更加叫人心生好奇了。电梯口旁有每个楼层的分区指示，我们的目的地在七楼女病房。因为人多，男同学们主动留下等候下一次电梯，女同学们便先上去了。但我却也留下来了。是为何迟疑呢？我后来这样问自己。但现在也记不清当时究竟是什么原因了。

出电梯后，右转，我们被一重半透明玻璃门拦住，门上贴着一张白纸，上面赫然一排黑字：江村七病区，请进！

门半掩着，第一波上来的同学刚刚经过。我跟着队伍推门而入，来到一条走廊，就算进入病房区域了。人流向右，根据上一次的见习经历我们应该会被带进一间“示教室”，供医生和老师同学们交流，以及旁观医生如何示教用。我无意地向左一望，走廊尽头的半透明大门背后贴着的一个扭曲的身影，吓得我浑身一个激灵。虽然提前做好了心理准备，但是没想到接触到的第一幅画面还是让我猝不及防。我放慢步子回头仔细看了几眼，那个身影吃力地扒在门上，头歪着奋力往外看。我猜应该是看见医院难得来了这么多陌生的面孔，她感到很新奇吧。我并没有勇气一直盯着那具一动不动的黑影，于是快步跟上队伍，进了示教室。

这次的见习由一位年轻的李医师负责带教。她仪态大方，谈吐自然，对我们的到来表示了欢迎。我想她应该对于我们这种见习队伍很熟悉了。大家简单入座后，李医师便开始讲课了。

在讲授精神疾病相关的知识之前，李医师先介绍了医院的大体情况。目前这所广州市脑科医院江村分院收入了 940 位病人，占了整个医院的 1/3。由于这里的环境和设备相对总院更加优良，因此许多重症需要康复的病人会转过来。这里病区划分标准各异，有专门接收老年患者的一病区，也有针对有内科、急性病或并发症情况的综合性六病区，也有按性别划分的，如我们所处的七区女病房和九区男病房。当我们询问入院条件时，李医师回答医院通常是坚持自愿住院原则，但当患者出现自杀意愿时则可由家人带来强制入院，有严重伤害他人风险的也要强制入院。一般接收的是急性和重症患者，急性即两周之内起病的，有兴奋冲动现象，不得不控制。重症则比如严重精神分裂的，有自杀倾向这种。重症也可划分为急性和慢性。当然具体的入院资格还需结合实际情况考虑。医师一番介绍过后我才意识到，刚刚所见的只不过是医院的小小一隅，实际上这里居住着不少病人，精神病的治疗需求可见一斑。

李医师继续介绍，目前医院的治疗方式相对多样，有个体和团体治疗，除了常规的药物和躯体治疗以及培训、健康讲座外，许多护士同时有心理咨询师的资格，康复科的医师们也可以教授书法、乐器，总院那里还设有艺术治疗方式，如音乐治疗等。其中值得一提的是，江村分院这里特设有正念教育和八段锦操练的辅助治疗手段。

杨老师询问到，这里的正念治疗与佛教中的“正念”有什么关系。李医师笑了笑，耐心解释道：作为疾病治疗手段的正念是一种帮助病人解压的方式，讲求把注意力带到当下，是一种非评价的行为。人能认识到，但是不会掉进评价跟着它走，不想未来不念过去，不任由情绪深陷。我听后深感此种方法的玄妙与精深，病人真的能做到吗？这种方法有多适用呢？后来查阅资料我得知，正念既包括对外部世界的集中注意练习，也有助于维持内心稳定，是用接纳的态度觉察当下的体验，既不把注意力放在身体上，也不放在外界的感觉上，而是聚焦在培养特定的感受或洞察力上。然而仅凭这些术语定义仍然是深奥难懂的，而且正念据说也可能造成危险，因为这需要足够的心理稳定性，以防止冥想者精神崩溃。李医师也并没有再多说，大概也是因为这只可意会不可言传吧。除了静态修炼外，医院还设有日常的八段锦操练项目，医护人员和病人为了强身健体经常一起跳操。这听起来让画面突然多了一些温暖的色调。

接下来就是一些精神疾病领域的知识介绍了。我们从李医师那里得知，目前精神病主要仍是靠药物治疗，在急性期会用到针剂注射、无休克电抽搐治疗。后者会影响即时记忆，但是是可逆的，适用于木僵型患者，即不吃不喝不拉不尿不语，也适用于抑郁性的、紧张性的、器质性的各种类型的病人。提问环节时我想起门上那个身影，于是向医师咨询目前医院的管理模式，如是否是全封闭式，是否有家人陪同等。李医师表示，目前主要按照病情轻重划分是否需要封闭式管理，如有的病人必须有保护性约束。且一般没有家属陪同，全都由第三方照顾。这就和我们之前见习过的中山三院的全开放式管理、家人陪同模式截然不同了。医师分享到，有些病人存在攻击性，这里的医生基本上都被病人打过，他们很容易情绪激动，在病情发作时往往会使出全身力气攻击旁人，或者出现自伤性姿态。同学听到这里不禁追问医院是否设立了防爆小组，医师苦笑了下，说他们的护理都专门学习过防爆技巧，并坦言作为医护人员，职业暴露和危险性接触是很难避免的。后来李医师补充了这样一句话：精神科不可能永远是封闭的，半开放是一种趋势。我有所不解，但也没有再做提问。简单的授课很快就结束了。接下来李医师要带我们进入病房参观。我意识到，终于要走进那个刚刚观望着我们的世界了。

二、“我很忙的”

尽管跟着一群人一同行动，我还是僵直着身体，没有一丝放松的感觉。李医师和同事打了声招呼。那扇走廊左面尽头锁着的大门被打开，门后是空旷的，只觉得光线明亮，门口站着几个穿蓝白色病号服的病人。我们一群人稍显拥挤地通过了门，来到了女病区的活动大厅。

并没有什么可怕的感觉。

大厅宽敞干净，白色的地砖白色的墙，中间整齐排列着蓝色的方桌和长椅。那些我期待见到的精神病人，基本是中青年的女性。她们有些就安静地躺在窗户边的椅子上，时不时看看外面；坐桌子旁的病友们有的像小孩子一样交谈、触碰、相互拉扯，发出一些简短的单音节，有的在来回走动着，还有些就什么也不做只是站着发呆。大厅另一边有两三排病人排着不怎么整齐的队伍，对着墙上的电视跳着八段锦，一板一眼地学着，像极了公园里晨练的阿姨们。我看不清她们脸上的神情，但这一瞬我感觉自己如同来到了养老院，之前的防备心也卸下了不少。看来，我们这样一大群人的到来，暂时没有引起她们过多的注意。

李医师带来了女病区的护士长，让这位护士长负责带领我们参观病房，并介绍这里的情况。就在大家仔细听着护士长的讲解时，我发现有一两个病人也在人群旁围观着，凑进来，要挤到护士长身边。慢慢地，病人仿佛都察觉到了“外来人物”的存在，停下自己的“休闲活动”，逐渐围上来。步子很缓慢，有些似不明真相的小孩子，皱着点眉头，眼神疑惑，但更多人是面无表情。只是单纯靠近就已经让我开始感觉到紧张。虽然很不想这样形容她们，但是那一瞬间，那种空洞的眼神，摇晃不稳的身姿，围聚的压迫感很像丧尸包围。身边的女同学握紧了我的手，我用力地回握住，在给予她安全感的同时也告诉自己放宽心。护士长特别介绍了一位外国女病人，我们一进来她就好奇地跟着我们，个子矮矮的，头发剪得很短，眼神呆呆的，不说话但是很活跃地走来走去，头时常扭动着伴随着轻微的“嗯嗯”声，应该就是当时倚在门上的那个身影吧。据说她是阿根廷人，不知为何以及如何来到中国，目前患有认知障碍，不懂中文但是似乎也能听懂一些。在这里大家叫她阿冰（化名）。

我们走进病房参观。房间也都舒适整洁，并不局促，看上去条件不错。在病床休息的病人看到我们进来也并没有激烈反应，护士长向他们解释到，说我们是来看望她们的，她们反而笑得很开心。李医师和其中一位女病人聊起了天，询问她最近感觉如何，感觉上就像平时查房一样自然愉快。李医师告诉我们她是一位幻听患者，被脑中的声音困扰很久了。李医师让她向大家介绍一下自己的情况，这位可爱的阿姨特别积极地说了起来："一直有人要我回话，用意念回复。要我说话要我的感觉。我能听到声音。我四岁就有感觉了，一直在强迫我。我吃了五十多年的苦了，但是他（那个声音的主人）还是很心疼我的，真要我的命我早死了，最近好多了。我醒来后就没有停过。"医师补充道，这位病人的自我袒露是很清楚的，这是一种强制性的外力干扰，不受自己控制，其实挺痛苦的。"那你最近还听到声音吗?""最近有，只不过没以前多了。"她讲话的时候一直都是笑着的，即使是在讲述她奇异的痛苦的经历时，也像说神话故事一样慷慨激昂，"睡觉时听不到，一醒来就又有了。我很忙的。"大家都被她逗乐了，医师也跟着对我们重复了一句，"对，她很忙的"。其间阿冰也挤了进来，一脸好奇地穿来穿去，走到我旁边的时候看着我，然后握住了我的手，我的心一紧，但是她捏得很轻，手也是暖的，让我并没有很害怕。她指了指我手中的手机，我猜可能是想拿，便小声对她说不可以。她也没有回应，很快就又钻到房间那头去了。

三、康复之家

在了解完女病房后，我们下了楼，跟着李医师去往户外，准备参观医院的康复区。下午的太阳势头很盛，医院到处都是白色的建筑，白色的水泥地，衬得一片明晃晃的。路上我们遇见了刚从康复区回来的几队人，是男病房的。他们着装一致排着队不紧不慢地行进，其实就和学生们做完课间操回教室一样。越过了几个区，我们终于来到了专门用来康复的园区。

康复区分为三个大区域，室外有专门的园艺坊，还有用来进行矫正训练或者疾病诊疗的治疗区，室内是一些专门用来培训和娱乐休闲的场所。我们先去了专门康复训练的室内区域，院子外面种了许多芒果和黄皮。据李医师说这里刚刚举办过芒果节，我看墙上的活动海报还没来得及揭下，果树高高的枝丫上还剩下一些黄皮和青青的芒果，不由得让人联想到前不久举行活动时的场面，应该很热闹吧。进到院子里后，走廊两边是一个个独立的房间，门上挂着“销售技能培训”“糕点制作坊”“卡拉 OK 室”等牌子。康复区的一位负责男医师介绍道，病人出院后通常难以适应社会，因此这里专门用来训练他们的社会技能，有了职业能力训练，出院后就有能力就业、务工等。经过走廊走进里面，会发现里面还有书画室、图书阅览室、网络室，以及一个供病人自由活动的大厅。医师说这里平时用来实施健康教育，会播放电影，组织病人手工制作。玻璃展柜里陈列着病人们完成的各式各样色彩斑斓的手工皂，有蝴蝶、盆栽和小动物。大厅还有一片专门的缝纫区，病人们在这里学习缝纫技术，制作环保袋。大厅中央摆放着一些小凳子。墙上贴着四个红色隶书大字“康复之家”。在这个地方，的确让人感到一种童趣和温馨，但也让我不由得联想起幼儿园的感觉。正巧李医师和康复区男医师交谈时提到，现在医院取消了代币制度，表现好的病人不再发放代币，改为发放零食或者其他奖品了。李医师稍稍有些遗憾，说道：“为什么不准用代币了呀，我小孩上小学就是这样的，做得好的奖励代币，可以换零食，孩子们都很喜欢，很有用的。”精神病人和小孩子，在这一刻又同时关联了起来。

结束了室内的参观，我们来到园艺和种植区。一路上有秋葵、生姜、空心菜和各种叫不上名字的花，还栽种了柚子树、桃树等果树。平时病人们参与到这些劳作当中，既能锻炼身体、呼吸户外新鲜空气，也培养了动手能力，在培育作物和花卉的过程中，得到身心的调节。我想这种康复训练大家应该都很喜欢吧。七月的广州已经分外炎热，这一片种植园区因为植物茂盛却有些许清凉。

四、“我是神女”

回到院楼内，李医师给大家介绍了医院的药物试验项目，带大家参观了给实验者准备的运动室、起居室、阅览室等。之后大家回到最初的示教室，稍作休息，见习也即将进入尾声。我提出能否请医生和一位特定的病人做一个简单的治疗对话，让大家能对精神病人的病症有一个更为直观的认识。李医师欣然答应了。不一会儿，她带来了一位年轻的女病人。这位病人披头散发，看得出来染了些黄色，肤色暗沉，略消瘦，手里还拿着一本书。进门时她主动和大家打招呼，还做了自我介绍，然后很平和地坐在最前面，两手平铺在桌前。我们开始和她聊天。

> “你平时都干些什么？”
>
> “看书。”
>
> “你在看什么书？”
>
> “《简·爱》。我比较喜欢简·爱。因为她对爱情很执着，不会看对方有没有钱啊，样貌啊。歌德的小说像垃圾，不知道在讲什么。”（然后开始对空气说话，自言自语。）

接着在李医师的引导下，她开始讲述她的“传奇故事”。她的语速非常快，用连珠弹来形容一点儿不为过，而且口齿并不清晰，语调很低，带着口音，还经常夹杂几句粤语。她自称神在保护着她，但是一直以来被隔壁神婆“中青”（音译）陷害所以住院了。

> “我没有精神病，都是被中青害进来的，他们（其他病人）都是（被陷害），是无辜的。”

她自述有五个老公，从2013年开始可以听到一个声音，是她其中一个老公的，她能听到声音因为她是直接通神的。

> “他都和你说些什么，你看得到他吗？”
>
> “我看不到。聊我以后的生活，要我读两年大专，两年本科，回去复读考清华大学读理科做财务总监，要独立人格、积极独立，快速建立共产主义，最多等15年，你们都会有100岁。等我出去这个世界就会改变。”
>
> “你信吗？”

“我信了，我绝对相信。因为他幻想了我美好的人生。”

说到这时，她一脸的严肃和笃定。

“你还记得你脱衣服的事情吗?”

“都是中青逼我的，我不会这么不堪的。（脱衣服）那时候我不知道，我有精神分裂症，我带着灵魂出来走了一圈。”

当李医师询问她是否记得自己发狂的时候做了些什么时，她回答，记得啊，然后突然开始用右手猛拍桌子，弄得大家有些始料未及。我理解她这样做是想证明她记得自己发病时会做出这种行为。

“（等我读完书）到时候我会写教科书，我要写书。把我自己学到的，简单一些，教给人。小学六年级就可以学，明白易懂。人人都是发明家。”

“你自己问过自己都是真的吗?”

“我没有怀疑过，15 年后你们就知道厉害了。全中国都有车开，吃好吃的。我第一站会去西藏，先把他们救出来。没有一点夸大。神无所不能无处不在。但是我能力有限。你可以相信神也可以不相信神。基督要我们承受苦难，但是我们不要，我们要美好生活。”

其间她仍然会时不时地自言自语，据说是在和“中青”辩论，双手架在桌上，手指互扣，目视前方，眼神空洞，嘴里一直碎碎念叨。整个过程中，那一套理论被她熟练于心，不断反复强调和论证。即使我们各种刁难和质询，她也全然不紧不慢，以不容置疑的口吻回击。

> “你老公是神，那你是什么？”
>
> “我是神女。我的神要一千年后才回归我的肉体。我们会为人谋福利，不会害你们的。”

这样的交谈持续了半个多小时，之后李医师就带病人回去休息了。我想在场的师生大多是第一次接触到此种严重精神分裂的患者，对于这个信誓旦旦的“神女”刚刚的表现，大家都是一脸错愕，现场一片哗然。而李医师则平静多了，开始给大家讲解，这种精神分裂症患者，一般都具有顽固的幻听。医院目前也只能用稳定剂等药物治疗。同学询问为什么她会说出这样的话，医师回答并不知晓也不需要知道。现在的药物都是对症，具体是什么原因造成这些症状并不是很明确。

我承认有那么一瞬间自己曾设想她所说的会不会确有其事，因为她在讲述过程中并非全然毫无逻辑，甚至可以说论证较为严密，面对医师和老师同学们的质疑总是能在理论框架内补充回应。要是长期被她如此洗脑和灌输，或许真的会有人慢慢相信吧，就像邪教一般。当然其中也不乏很多明显的妄想成分，提醒着听众讲述者是一位精神病人的事实：

> “我六次的主治医生，是我老公。我自己也觉得很不可思议。”

五、大脑生病了？

最后李医师给我们科普了一些国内外目前的精神病治疗现状

和一些常见的精神疾病，一下午的见习就告一段落了。临别时我看到阿冰又抵在门后往外看。模糊的人影，扭动的身躯竟有了一些可爱，再没了初看到的那种诡异感。和李医师道谢与道别后，我们坐上来时的那辆大巴，踏上返校的路程。

精神病真的只是大脑生病了吗？在回程的路上我一直在思考这个问题，这在精神病学史上大概也还悬而未决，但医学和生物学取向始终是占主流。现如今对患者大脑的化学和解剖学研究技术已十分先进，但仍无法解释，患者大脑的确存在的失常部分究竟意味着什么，大脑异常如何引发精神疾病，这些异常是疾病的根本诱因或者说直接结果吗？真相尚不明确，但持默认态度的不在少数。正如李医师告诉我们的，现在的精神病治疗大多是针对躯体症状的治疗，大脑异常的生理结构被看作疾病影响所致，解决其引发的身体症状是对精神疾病治疗的主要手段。精神病神经成像研究所展现出来的所谓差异，告慰了不少研究学者，但其中的数据偏差、诊断区分度不足、研究结果的一致性差等问题也是真实存在的。精神病诊断和治疗最为明显的一个缺陷在于，正如我们在几次见习中能感受到的，医生在诊断病人病情的过程中，很少会结合病人曾经的生活经历，因为他们认为此类信息与犯病是不相关的，即使有关联也可能只是偶然。然而大脑结构的异常完全可能是由于曾经的非人经历或生存环境压力所致，忽视了这方面的考虑，是叫人遗憾的。如果医师不仅仅局限在关注诊断，或许能够看到患者的不幸经历是如何导致其出现相应症状的。洛伦·摩西尔在《给美国精神病学会的辞职信》中写道：“我们这个时代，已不懂得根据社会背景从整体上去理解人，而宁愿重组患者的神经递质。但问题在于，没有人能够与神经递质建立有意义的关系，无论其结构是怎样的形态。”在许多非传统的精神病学家看来，大脑功能异常并不是精神病的主要原因，他们提倡一种以患者主诉为依据，理解这些主诉的内在机制，结合外在社会环境对其进行解释而不是单独研究大脑的治疗方案。这或许是一条值得重视的新道路。

再进一步考虑传统精神病理论指导下的药物治疗措施，我们可以发现，药物治疗并不像人们通常想象得那般有效。通过见习中医生的讲述，我们经常能感受到药物治疗的一种无力感和无可奈何。因为目前人们无法确认真正的发病原因，因此只能先用药物压制各种不良的身体反应，调控各项激素分泌。多数药物其实更多的只是发挥安慰剂、镇静或助眠效应。也因为药物的效用与病情的真实关系并不明确，不同患者对于不同药物的使用结果都不同。如果一个患者最初用药无效，医师通常会尝试一系列不同的药物，或者同时使用多种药物，甚或加大剂量。但是这些精神病药物的副作用是显而易见的，患者必须经受恶心、失眠、焦虑、性功能障碍或者严重幻觉和妄想的可能。但是为了治病，病人不得不在接受精神疾病本身带来的痛苦的同时遭受药物治疗带来的身心虐待，一个不可否认的猜想是，患者的神经症状正可能是由接受的治疗引起的。尽管医师尽责地及时调整诊治方案帮助患者尽可能减轻负担，但如果治疗范式本身出问题，很多东西也还是不可避免的。我们当然也可以说对于高危患者来说，一些副作用似乎是可以接受的代价。

在见习时我们了解到病人有时会抗拒吃药或者自行停药，尽管他们的理由可能是非常合理的，比如症状已经好转或者副作用实在难以忍受，但拒绝药物治疗还是经常被看作病人缺乏自知力的表现进而需要更积极的治疗。不得不说，精神病患者相对于其他疾病的患者有着尤为特别的艰难处境。鉴于这些，我们也更加应该对传统精神病治疗的方式进行反思，至少不再坚持那种把药物视为绝对的精神病治疗方法的神话式论调。

六、治疗关系与康复模式

当我们第一次去中山三院见习时，一位女病人在和医生的聊天中多次提到，希望医生能多和病人交流，而不是让病人“和喇叭说话”，这样“没有走进病人的心”。他们渴望关爱，医生小小的一个动作可能对他们来说就是莫大的鼓励。而实际参观的过程中我们发现，医生通常是很忙的，不仅要负责许多位病人，还要应付医院的日常任务和各种科研项目，他们无法做到像私人医生那样“贴心”服务，没了病历，他们可能连患者的名字也难以叫全。对此我们并不能加以责怪，毕竟这并不是作为医生本身可以改变的事情，我相信良好的医患关系是众人所期待的。但是我们在这里仍然可以谈一谈治疗关系的塑造在精神疾病治疗当中的意义。

在心理治疗中有几个关于治疗关系的术语，分别是：共感、积极关注和真诚一致。共感即是理解患者的立场或理解患者感悟世界的方式；积极关注通常被定义为亲切对待和接纳患者；真诚一致是治疗师与患者真诚的交流令自己投入治疗关系中。国外的许多心理治疗研究结果也表明，治疗师与患者的人际关系可能在决定疗效的层面上也发挥着作用，一个糟糕的治疗环境下的治疗效果要远远差于良性环境下的患者，包括治疗关系在内的治疗联盟的治疗能够直接影响患者的生活、住院质量、社交能力及配合治疗的意愿。这一点在心理治疗领域得到较为广泛的关注，而在精神病传统治疗中总是被忽略。因此我们会看见医师在面对着血肉丰满、有各种生活故事的患者时，仅仅将其看作是某个疾病的载体。对于被诊断有精神分裂的患者常常扣之以“毫无逻辑”的标签，并不打算做到共感和积极关注。所以示教过程中我们能感受到一种压抑话语的治疗和对话，医生单方面掌控主导权，带着先入之见去评判病人口中的“疯言疯语”。这样一种威权式的传统贯彻在整个精神病的治疗当中，它总是假定医生知晓患者的最大利益，这一点在其他医学分科内或许可以成立，但在精神病学这里，恐怕并不能如此断言。

再者，精神病患者也常常是危险的象征，他们的确可能对别人和自身作出暴力行为。但就像李医师的讲述所体现的那样，这种行为的出现他们也无法解释，那么我们也可以说精神病与暴力行为并没有证据表明存在直接关系。但是在这个特殊的领域，一旦出现这种行为便容易被大众被媒体放大、夸张，精神病人由此被污名化、危险化。于是等待着精神病人的是更加强有力的镇压和管制措施。曾经被当作暴力实施者的人同时也接受着暴力的管教。但这也许像英国临床心理学家理查德·本托尔所说，采取更强有力的措施以控制“不识抬举”的精神病患者的做法或许能带给我们内心的安宁，却无法带给世界真正的安全。

总体来说，尽管我们尚不能完全肯定良好的治疗关系在精神疾病治疗中会发挥怎样的正向作用，但是构建良性健康的治疗联盟无疑会影响治疗的效果。除此之外，康复作为治疗重要的一部分也应当给予一定的重视。以集体照顾的方式运作的传统精神康复服务模式使得患者大多长期住院，被公众边缘化、标签化，尽管各医院也有专门设立比如“康复之家”这样的康复区，但出院后病人的自我身份及个人能力仍未得到充分的认同及发展。20世纪初美国精神健康服务领域发展出一种复元模式，此模式重点不仅在于消除康复者的病症，还在传统模式注重改善患者社交、工作能力的基础上，着力重塑病人的自我认可和接纳，在服务者与患者之间建立平等互动的关系，结合患者本人、家庭、社区等多方努力，发挥医疗服务团队和社区支援服务团队以及自助组织的作用。而李医师授课中提到的精神病治疗的开放化，或许正和这个有关吧。此外，提及康复，公众精神健康教育的推行也不容忽视，消除社会偏见和歧视，这将为患者重新走向社会营造友善的环境。

七、精神病治疗的反思与愿景

在20世纪60至70年代，在精神病学领域出现过反精神病学运动，最终以失败告终。这一运动的兴起不管是因为精神病治疗方法着实令人生畏，抑或是一些精神病学家对患者的强迫治疗有违伦理，还是心理学和社会学等人文科学的影响力逐渐强大等，这一反常现象的出现本身就足以叫人深思，我们对于精神病的认识存在多少正解多少谬误。

的确有科研人员及专家学者的研究证实传统精神疾病治疗手

段其实并未给人类带来明确的好处，由此不免开始怀疑精神病学是无效的。但随着我们对精神疾病背后原理的了解逐渐加深，以及精神药理学在理解大脑功能的改变是如何影响心理功能方面取得进展后，不只是药物使用会更加合理，对于治疗的个人维度被忽视的问题也会开始得到重视。不少人提出希望改变传统的威权医学模式，不再先入为主地话语压制和覆盖，而是寻求更富有同情心的治疗方式。如面对所谓缺乏自知力的患者，医师是否可以不再首先就怀疑他们对于症状的解释，而是理解为什么会如此解释，对患者为理解自身经验所作出的努力表示尊重。同时适当让患者也能参与到治疗方案的选择中来，结合多方努力，建立良好的治疗联盟，控制治疗风险，提高康复质量，或许还可以让更多精神病学家开发心理治疗的技术，减少药物治疗依赖。

精神疾病的治疗领域不可谓不复杂，可以说是融人性关怀和部分暴力、弊端为一体。这又让我回忆起江村分院的场景，一个诡谲而集合矛盾的地方，宁静的田园，随处上锁的房门。安全又不安全，安静又不安静。喧闹的叫声、撞击声。躁狂分裂跳跃的思维，不断吐出的话语，脑中喋喋不休的人；安静的走廊，冷清的门诊区，规整下的生活，呆滞的矗立，对着天花板或窗外的无言……

中 篇

监狱实习报告

第四章 2014 年监狱实习报告

第一节 2014 年女监实习报告

5 月 26 日，我们哲学系和法学院的二十多名同学来到女子监狱实习。讲课结束后，便到了咨询环节，法学和哲学专业的同学分别坐在教室的两侧，然后犯人们自行选择人员进行咨询。法律专业的同学负责法律知识的解答，哲学专业的同学则主要负责心理咨询。

第一个向我咨询的是一个年轻的女生，身材瘦削高挑。她一坐下来就小声跟我说，自从进监狱以后，她遇到不公平和委屈的时候，就喜欢自残，问我应该怎么办才好。我听了以后，第一反应是有点愕然，因为我不是专业的心理咨询师，所以面对这样的问题，不知道应该怎么解决才是最合适的。我尝试引导她提供更多的信息，从她口中得知，她本身就是性格相对内向的人，在监狱里面并没有交到什么朋友，所以遭遇不公平和委屈的时候，没有人可以诉说，也不知道如何排解，只能通过自残的方式来解决。我跟她分析了这样做的危害性，然后尝试给她提供解决办法，建议她多开发兴趣，把不安和压力转移到其他事物上去，而不是选择伤害自己的身体。

第二个向我咨询的对象，同样是一个年轻的短发女生，身材微胖。她一坐下来就跟我说："我是吸毒的，我在白天的时候很清醒，可是一到晚上就想出去玩和吸毒，我吸毒跟别人的状态不一样，我吸完毒并没有飘飘然的感觉，还能够保持清醒的状态，正常地发信息和写字，虽然我认识到吸毒是不好的，但是我无法控制自己，我觉得我是一个矛盾体，所以我在想我的心理是不是有问题。”女孩所提到的“出去玩”并不是单纯地出去玩，而是到酒吧、桌游室等“灯红酒绿”的地方和朋友喝酒和吸毒等。我建议她拒绝和这些朋友来往，并且晚上早点休息或者找其他的事情来做，分散自己的注意力。

听完我的建议，女生才开始讲起了自己的人生经历，她是华南理工大学的一名体育特长生，曾是国家一级运动员，在她过去的二十多年经历里，有 14 年是用在体育训练上，为了训练，她从小学开始，接触教练的时间比接触妈妈的时间还要多，每天坚持不懈，起早摸黑地训练。她为了体育付出了自己的青春、汗水和心血，甚至落下了身体的伤痛——由于过度运动，她的腰椎已经严重劳损并移位。付出终究有收获，她练就了属于自己的打球风格和打球技巧，开始收获各种各样的奖项，并逐渐获得了国家一级运动员的称号。在人生的巅峰时期，身体条件和现实年龄迫使她选择退役，也意味着她将放弃自己的体育事业。对她而言，这是无法接受的，她拒绝做手术修复腰椎，因为这需要在她腰部钉上几颗钢钉，以后不能再做剧烈运动。退役后，尽管得到了稳定的工作（在事业单位中就业，类似于公务员职位），但她无法适应如此平静安稳的生活，因此她自己开了一家体育俱乐部，自己也担任体育教练，从中既获得了从事体育事业的满足感，也收获了相应的物质报酬。

随着年龄的增长和腰椎条件的恶化，她又面临着一个选择，她必须进行腰椎手术，而且只有这样才能正常怀孕，但同时意味着她不能再参与体育运动，在这样的压力之下，她逐渐走上了吸毒的道路。从她口中得知，在她刚退役的时候，她每天把自己关在家里酗酒，通过喝酒来排解内心的痛苦，到了后来，就开始结识各种各样的朋友，并慢慢开始吸毒。她坦言，自己因为吸毒已经进过一次戒毒所，尽管吸毒给她带来了肥胖等其他疾病的困扰，但她还是无法戒除，甚至从吸毒所出来以后，她一接触到以前的朋友，就重新开始吸毒，因为她相信自己既然能够经受和坚持 14 年的艰苦训练，简单的毒瘾也是可以克服的，所以容许自己吸一口，但是往往因为这样，就有了第二口、第三口。实际上，从她的描述来看，她吸毒更多的是为了排解自己内心的压力和不快，并且对自己过度自信，相信自己一定能够战胜毒瘾，给自己的放纵找借口。

在咨询的最后，她向我提了几个问题。第一个问题是，她这个人是否太过于自信了，因为她本身就喜欢高调做事，尽管她知道谦卑的重要性，但在面对很多事情的时候，她还是会选择以高调的方式来完成。对于毒品，她永远都觉得自己是可以克服毒瘾的，但实际上并非如此。第二个问题是，她问我是不是需要找一下人生的目标，她说，很多人在出狱的前一个月都会担忧出去以后能够干什么，需要干什么，所以她觉得自己也需要找到一个近期比较明确的目标，以便她出监狱以后可以迅速正常生活起来。第三个问题是，她问我是应该选择做腰椎手术还是继续她的体育事业。我给她的回答是，她的事业并非只有体育，虽然最为热爱体育，但是有时候不能太过于执着某一样东西，应该尝试挖掘自己的其他兴趣，发现不同的自己，所以，没有人能够只从事某一种职业，除了从事体育事业外，也可以尝试其他行业。此外，结婚生子并不能代表自己的事业就完结了，不能代表一个女人从此只能依靠家庭和丈夫，作为女性，结婚生子以后依然可以做很多其他事情。

最后，咨询时间到时，她跟我说了最后一句话，她出去以后要考一场试，而且会赚一笔钱，然后拿着这笔钱去旅游。

事实上，这个咨询对象很清楚自己的问题所在，对于一些疑惑也有着自己的答案，她的倾诉和询问，内心早已经有了答案，较之其他人，她对自己本身和未来的了解更为清晰，所以，我需要做的只是倾听，在面对她的提问时，做出简单而尽量客观的建议。

个人总结如下：

（1）对于知识的怀疑。从警官那里获悉，在入监组有很多大学本科生、硕士生甚至是博士生，对此我表示惊诧，在先前的认知里，我以为知识水平应该是和道德水平相关联的，但事实并非如此。警官进一步跟我解释，无论是什么教育背景的服刑人员，他们大都有着一个共同点：在心理或者精神方面存在着缺陷，主要表现为，他们往往会认为是社会的不公等导致了自己被法律惩罚，而很少从自身找原因。在我的咨询对象身上，这一点尤为明显，而且我发现高学历的服刑人员，由于他们自身具备一定的知识水平，清楚了解道德伦理和人生道理，甚至比我们的体会更为深刻，所以，我们进行心理辅导时所说的很多客观评判或者道理，他们自身已经很清楚，面对这样的咨询对象，我们其实很难为他们做出一定的解答或者指导，更为重要的是，他们往往不能看清自己的缺点和不足。与此相反，对于一些知识水平相对较低的服刑人员，我们的回答或者建议，往往可以给他们带来相对较大的影响，从大家的案例中就可以得知，她们更容易被鼓励或者指导，而且能够清楚了解到自己的错误，并且努力地去改造。针对这个问题，我的思考是，知识水平高的人并不代表着道德水平就高，更为重要的是，往往很多知识水平较高的人，当心理或者精神发生扭曲的时候，更加难被矫正过来，常常会陷入自己的圈子里而无法自拔，与之相反，对于知识水平较低的人，他们更容易接受正确价值观的指导，也更加容易接受他人的正确建议，并且努力改正自己的行为。所以，我对知识产生了怀疑，从这样的维度上思考，知识究竟是好的，还是不好的呢？

（2）法律与人情的问题。当我询问警官，这样特殊的工作是否给她们带来了精神上的困扰和压力的时候，我得到了一个意外的答案，那位警官认为，其实更多的不是压力，而是无力，因为她们经常会因为一些特殊的案件而感到无力。其中一个较为典型的案例是，入监组有一位年轻的母亲，长期受到丈夫的家暴，而且无法寻求法律和警察的帮助，因为目前我国法律没有明确规定对家暴行为进行制裁，迫于压力和绝望，这位母亲选择与儿子一起跳楼自杀，最后儿子不幸死亡，但是这位母亲被抢救过来了，最终还受到了法律的制裁。很多人都同情这位母亲，但是法律与人情不相容。作为一个维护公共利益，维持社会秩序的工具，法律应该是给社会集体以保障，但在很多关乎伦理道德和人情的事情上，法律往往给出一个相反的答案，这仅仅是因为我国法律法规不完善，还是一个法律本身无法消弭的局限？而面对社会伦理道德的时候，法律是否是相悖的？这就回归到最基本的问题，设置法律的真正目的和标准又应该是什么？（李潇）

关于我们讲课展示的哲学内容，我相信服刑人员会受益匪浅。虽然我们不敢说什么样的三观才是最正最好的，但是我们知道理性思考才是获得幸福生活的途径。我们都是不知道未来的人，但清楚自己是幸福的必要条件。在咨询环节接触的服刑人员中，很多人都是因为迷茫无知而犯下了一些错误。而关于法学这一方面，我看到法学与哲学还是有共同之处的。学法学的同学思维很是缜密，关于婚姻问题的各方面几乎都有涉及。按照高中政治评分标准可以说，要点都囊括在内。法学和哲学的同学还是可以相互学习的，可以多多切磋。

我想说说我此次接触的两个案例。我的两位咨询对象继承了去年的风格，都悲苦得很，上来几乎就双眼一红，两行清泪。我还未从震惊中恢复过来，又变得特别窘迫。第一位是个年轻女性，她大致是因为帮助“朋友”做了违法的事入狱的。她有个偏男性的朋友观：以前我看过一些调查研究，女性的朋友圈是多层同心圆，最中心的是挚友，也就是所谓的男女闺密，再外围一点是关系比较好的，以此类推，最外围的就类似于点头之交。而男生就是个圈，没有等级没有层次，都是朋友。只是有些朋友是一起打球的，有些则是一起玩游戏的。这位服刑人员就是对朋友定义很模糊而且没有原则，即使是泛泛之交要求她做的，她也会帮他们做。我当时只告诉她男女思维不一样，建议她可以试试女性的朋友划分方法，并劝诫她无论是什么程度的朋友，对于违法或者伤害自身权益和安全的都不应该去做。

我的第二位咨询者是卖淫入狱。这是位 40 多岁的大妈，而且形象也不是很好，据其只言片语判断应该算是低端街头卖淫。我特别同情她，因为她真的是没有文化。她有位男伴但未结婚，双方均是离婚带有子女。没读过书、日子过得苦，再加上男子生病了，想出了卖淫的法子。结果，男子后来又嫌弃她，对她辱骂甚至拳脚相加。她在最近的一次扫黄中被逮捕。看得出来，她交际圈非常窄，再加上没有文化，想不出有什么出路，便低价出卖自己的肉体。对于这位跟我妈年纪相仿的大妈，我只能与她共情，并且鼓励她多与人交流，接受扫盲教育，还要对自身的权益多加保护。现在想来还是有点难过。她们本性上都不坏，却都缺乏理性思考。

也许法学可以告诉她们如何保护自身的权益，但我们哲学可以告诉她们为什么错了，又如何能重拾自己，适应生活。我为哲学感到骄傲，哲学真正关心的是人的精神生活。我内心的小期待也是，监狱除了其特殊管理外，多加些人性化管理。有罪的人仍然是人，希望她们能够于其中得到的不是循规蹈矩，而是正确看待人与事。（柳成雅）

咨询一开始哲学系这边“门可罗雀”，好像没什么人愿意对我们倾吐心事。但后来我们发现情况并非如此。可能是因为她们都是刚刚进入监狱，许多服刑人员在与我们沟通的时候都声泪俱下，可见她们心中有着不少的郁结。以下是我对一位服刑人员的谈话内容的基本概要：

李某某，23岁，因为吸毒而入狱。她自小生活在错综复杂的家庭关系之中。重男轻女的父母育有包括她在内的四个兄弟姊妹，据她透露她有一个姐姐。兄弟姐妹中只有她一人自小跟随祖父母长大，所以她自小缺乏与父母的交流。后来父母离异，她的抚养权被判给母亲。然而母亲对她的态度还是不闻不问。不过母亲在改嫁给继父后与其生活了一段时间。据她讲述，继父在表面上对她千依百顺、爱护有加，尤其是当她母亲在场时更是如此。但当她与继父单独相处的时候，她认为继父实际上对她有非分之想。同时她也认为母亲对此有所察觉，因而对她的态度也愈发恶劣，她认为自己成了他们之间的夹心人。

同时，她对母亲的诸多做法感到不解与厌烦。她之前有一位男朋友，但因为相处有问题而分手。同时她的继父亦有一个比她年长几年的儿子。母亲就逼迫她，要么嫁给已经分手的男朋友，要么就嫁给她继父的儿子。她自己则觉得不可理喻。另外，因为她16岁初中毕业就没有继续学业，又没有一技之长，母亲就对她放出狠话："你又不漂亮，又不温柔，不如去当妓女算了！"她向她母亲表示这样的话很伤她的心，但母亲却多次在她面前说出类似的话。

至于毒品一事，她讲述了一些家人与她吸食毒品之间的关系。首先家中的长辈叔叔也是吸毒人员，她从小就明白吸毒是怎么一回事。后来她认识了一群和她一起"玩"的朋友，某次这些朋友带上吸毒工具于凌晨时分来她家找她，说服她直接向她父亲表示自己与朋友要进行吸毒的活动。而父亲的话却让她震惊：“警察也是要睡觉的。”

最后，她表示自己被捉获是因为同伙把毒品放到她的包里，她的同伙全部成功逃脱，只有她一人最终被捕，她全部都招认了，而且并没有把她的同伙供出来。

这位服刑人员由始至终都带有这些疑惑：为何家庭关系会如此恶劣？为何母亲会对她要么是不闻不问，要么是恶语相向？为何自小没有人对她进行是非对错的教育？

在她表示这些疑惑之时，我在表现出同情和理解的同时，亦明白这毕竟是她的一面之词，便马上试探她对于自己行为的看法。她的回答似乎并没有故意隐去自己在家庭关系中的位置，她认为在家庭之内，自己的行为并没有过错（这里并不是指吸毒），甚至其他亲戚也认为错并不在她。所以这就是她一系列烦恼的根源。

作为一个被咨询的对象，我理应给出建议。但很无奈的是，我还比她小三岁，我也没有经历过让人深受痛苦的家庭关系，即使我把她的问题切实地当作我自己的问题，我也难以体验那种切肤之痛，于是一时语塞。最后我也只能俗套地劝告她要对生活保持最根本的信念和乐观，尽量撇除家庭关系对自己的不良影响，过自己想要的生活。（蔡倩榆）

和我交流时间最久的是一个很有活力的年轻女孩，不像一般犯人那样面带愁容，从外表上看起来她并没有被入狱这件事打倒。她是因为贩毒而被抓进来的，她男朋友在她被抓后不久也被抓了。她告诉我她陷入一个两难的问题，这个问题就是她应不应该检举她的男朋友。她原本 10 个月就可以出去了，最近有警方为调查他的男朋友又开始重新录她的口供。警察告诉她如果她供出一些证据，那么她男朋友就可能从 10 年被判到 15 年，但她自己不会减刑；而如果她不配合警方，她男朋友依旧有可能被他人检举从 10 年被判到 15 年，与此同时她自己可能因为包庇罪被加重量刑。我虽然不是法律系的，但根据正义原则，我其实也应该让她去检举。然而，这就是博弈论中的囚徒困境，既然她有疑惑有摇摆，另一种选择对她也有明显的吸引力，出于取得她信任的考虑，我没有直接告诉她去举报她的男朋友，而是继续和她聊天，更深入地了解情况。她告诉我她不忍心举报她男朋友是因为她男友对她很好，不让她碰毒品，是她自己坚持碰毒品才被抓的。她还告诉我，她男朋友比她大 20 多岁，已经结婚了，女儿跟她差不多大。在没进监狱前，她是期望他和妻子离婚，然后他们两个人在一起的，当时她男朋友已经在谋划这件事了。而现在，她已经知道她和她男朋友是不可能在一起了，因为她大约 10 个月就可以出去，她男朋友却要在监狱待 10 年。对于这件事我告诉她，我的建议是举报她男朋友，但真正的选择要由她自己决定。随后我问她 10 个月出去后有什么打算，她告诉我她在入狱前报了一个学化妆的班，已经交了钱，在 1 年之内都可以去学，所以她打算一出狱就去那个班学化妆。假如最后她没有选择检举男朋友而因包庇罪被增加量刑的话，她也决定开始新生活，不再与过去的朋友往来。虽然我不能预料未来她到底怎样，但还是可以看出她对未来新生活是充满向往的。随即她又跟我说，等她出去了，她是不会联系家里人的，只会给家里打钱。我问她为什么，她告诉我她家在新疆，她从小和爸爸关系不好，只和妈妈关系好，每次打电话只和妈妈打，她不回家的原因是怕家里因为她坐牢这件事受到别人异样的眼光。她说她从前其实根本顾不上家，她还有一个姐姐和她一样也是不怎么听话的那种，有一次难得在家，听到她母亲说“她姐妹两个只给她带来无尽的眼泪”，那一刻，她才觉得很对不起她母亲，从此以后，她开始尽量给家里汇钱。而这次进监狱，她没有收到家里一封信，感觉家人已经不管她死活了，所以也就不想出去后和家里联系。我告诉她，无论怎样，家都会是最后的港湾，既然妈妈那么爱你，更不能不和家里联系，这是对他们最大的伤害。结束对话的时候，她告诉我她决定听我的话，今天就申请和家里打个电话。那一刻，我突然觉得我们的对话是有意义的，也许最后她无法做出我们眼里正确的选择，但是，至少我让她和家里联系，能够帮她弥补家庭关系吧，更希望她能在和她妈妈的交流中最终做出正确的选择。（何楠）

第二位阿姨也处于中年，因为与工头的纠纷而入狱。听她介绍说自己是个文盲，大字不识一个。她来自农村，家里有个刚满五岁的女儿。听口音，她不像是本地人。她主要有以下几个问题或者说心结难以放下：首先就是她年幼的女儿。孩子虽然已过了哺乳期，但却处在最需要母亲关爱的阶段，因为五六岁正是儿童心智、思想发育的重要时期。这令阿姨十分牵挂。其次，她感到社会充满了不公平。她同工头同时入狱，但工头刑期却比自己短很多。她认为自己属于弱势群体，应该更多地受到国家、社会和法律的关爱，而不应该谁有钱谁就能摆平一切。再次，她对自己文盲的身份在监狱中的生活感到担忧。监狱每天都会安排他们学习，不识字带给她很大的困扰。说到动情处，眼泪开始在她眼眶里打转，阿姨不时用手擦拭。之后，我针对她的几个担忧给出了安慰、建议和鼓励。我告诉她家里人肯定明白她现在的处境，所以他们一定会好好抚养孩子；社会在任何时候都会存在不公平现象，这是谁都改变不了的现实。在一些情况里我们可以通过某些手段维护自己的利益，在那些超出我们能力范围的情况中我们只有默默承受，但我们应该记住教训，避免下次再栽在同一类事情上，所谓吃一堑、长一智；不识字可以慢慢学，最重要的是明白课堂上讲的道理，一定要多了解法律知识，增强法律观念。最后，阿姨在我的劝诫下微笑着回去了。

法律意识欠缺和淡薄是多数人入狱的主要原因。上面这位阿姨本性善良（至少在跟我交谈时表现出来是这样），并无意犯罪，只是在自己不能忍受时爆发出了过激行为，且不知道这种过激行为已经触犯了法律。如果她事先接受过法律教育，具备一些基本的法律知识，兴许就不会做出过激行为。虽然我国接受高等教育的人数每年都在增加，但在国土范围内的部分地区特别是农村，文盲和低文化水平人群仍占有相当比例。加之当代社会人口流动频繁，许多农村人进城务工，如果他们缺乏法律意识，一旦遇到委屈，以农村人耿直率性的性格极有可能发生犯罪。所以一方面，国家需要在扫盲工作上加大力度，提高国民的文化水平；另一方面，在城市和农村基层要广泛开展普法教育活动，增强人们的法律观念和法律意识。监狱除了做好上文提到的法律援助服

务工作外，还要加强服刑人员的法律知识教育工作和心理疏导工作。（杨翠云）

第一个服刑人员询问的第一个问题是：“我在这边参加了自学考试，怎么办理证书？”这位服刑人员年龄并不大，而且很好学，只是她是外省人员，因此她担心办理不了自学考试的证书，又担心如果能办理是不是也很麻烦。所以我告诉她等她出狱之后，可以先打电话到她户籍所在地的教育局咨询清楚，她们那边是否承认她在这边考试的成绩，以及考试合格之后是否还需要到那边进行面试以及证书的办理是否需要到户籍所在地的认证中心办理。如果需要回到户籍所在地进行证书认证，就把相关材料带齐，在回家办理身份证的时候，顺带把自学考试的成绩进行认证，领取资格证书。如果可以直接在广州办理，问清楚需要什么相关材料，然后把资料带齐，直接到广州的相关认证部门办理证书。由于她还要回家办理身份证，所以事先咨询清楚证书认证的地点和所需资料就可以避免来回奔波，减少不必要的时间和路程。其实我觉得自己的回答并不是很好，但是她却一直很有耐心地倾听着。

之后她又问了我第二个问题：“我在被抓的时候身上有一些首饰和钱，派出所把它们都收走了，之后我被送到了这边，但是我看到这边的资料没有把那些首饰和珠宝备案。我应该怎么追回它们？”

我告诉她：“你可以向这边的狱警反映一下你的这个情况，让她们帮你询问一下，这里的警察都很好的，相信她们都是很乐意帮助你的。因为我是学哲学的，相关的法律知识不是很清楚，如果你还想更加深入地了解什么法律能够帮助你的话，你可以再去咨询一下那边的法学系的同学。”

听了我的回答她笑了，然后说了一声“谢谢你啊”就走了。

之后有段时间一直没有人过来咨询。后来我就看到有个女孩过来坐下了。

她笑着对我说：“其实我是被推上来的，我也不知道应该问些什么。”

我说：“那我们就随便聊聊吧，你想问什么就问什么。”

于是她问了我哲学是什么。我回答道：“哲学啊最重要的几个问题就是我从哪里来，我要到哪里去，我为什么活着。其实哲学是无处不在的，就比如你和人相处其实也是一种哲学。哲学就是你生活中会遇到的许多奇怪而又富有思考意义的问题。”

接着她又问：“你对监狱的印象是什么样的？”我想了一下说：“还没见到你们之前，老实说我一直觉得监狱对我来说是恐怖的，在来的路上我一直有点担心和害怕。但是见到你们之后，我却觉得监狱其实没什么，你们看起来也和正常人差不多。”

听完我说的之后，她笑了笑，说：“这是因为我们是即将出狱的人，所以心态什么的都比较好。你觉得我们俩谁大？”

看着她的样子，剪着男士的发型，秀气的脸庞，看起来年纪比我小。于是我对她说我比她大，当我们俩互报年龄之后居然发现她比我大。她很开心地对我说：“我到这里来之后，大家都觉得我年龄比较小，后来了解之后发现我比她们大，都说我长得年轻。哎，没办法，我就是长得年轻啊。”

在和她的交谈中我发现她的心态很好，就对她说："你的心态很好啊。"她笑着对我说："因为我在这待的时间也不长，犯的事不是很大，判刑是判了10个月，我在这边待了5个月，下星期六就可以出去了。所以我心态还是比较好的。""你猜我犯的是什么事?"

看着她的样子，我很肯定地对她说："你是因为打架吧。"她很惊讶地对我说："你居然说对了，我刚进来的时候，大家都不知道我是因为打架进来的呢，有的问我是不是因为贩毒进来的，有的问我是不是经济犯。你是怎么看出来的?""因为你跟我一个妹妹很像，她性格也比较像男孩子，很讲义气，经常会因为义气和人家打架。"她感叹地说："我就是死在了义气上的，那个男的欺负了我朋友，所以我气不过就打了那男的，谁知道那个男的打不赢我，就把我告了。"

我问她："你出去以后有什么打算吗?"她很肯定地告诉我："出去了之后先把那事情处理好，之后再找事情做。"其实她对于自己的事还是很有计划的。(杨雪亮)

女监服刑人员的年龄一般在20—50岁。根据同学的反馈，一些入监组的服刑人员急需心理和法律方面的援助，由于她们刚刚入狱，还需要一段心理调适期，情感上相对于出监组的服刑人员显得更加脆弱，也更加需要有倾诉的对象来缓解自身的心理压力。通过她们自身的陈述，了解到她们的遭遇都很悲惨，有的女性是因为自己从小就受到父母的粗暴对待才走向了犯罪的道路；有的是因为受到自己的丈夫或周围人的教唆才犯罪入狱；还有的女性是因为生活所迫卖淫入狱。她们一般都存在家庭问题，有的女性因为自己入狱了，丈夫就选择离婚的方式和她断绝了关系，而这一般还牵涉到孩子的成长和教育问题，她们大多数希望出狱后能够获得孩子的抚养权，和孩子一起生活。她们询问的问题基本上都是与孩子的抚养权、减刑出狱相关条例、出狱的身份证办理等相关的。有同学之后询问过监狱的狱警，其实关于这些具体的减刑和出狱的条例他们的工作人员已经强调过很多遍了。而且有同学反映一些服刑人员所陈述的情况并不属实，部分内容有夸大和编造的嫌疑。事后通过和一些同学聊天，了解到她们对于这次实习的基本感悟主要是：一方面，同学们自身对于有关法律和心理的咨询知识储备不够，可能对于一些问题由于事先没有预料到，显得有些措手不及、招架不住。同时一些同学认为我们现阶段可能不具备给予她们“咨询”服务的能力，更多的只是作为一名“倾听者”和她们聊天，引导式地帮助她们对自身的问题进行思考。另一方面，一些同学认为我们在给予她们安慰、理解和同情的过程中，除了给她们树立对未来生活的希望外，还要帮助她们更多地直面自身现实的问题，让她们认识到犯罪的严重性，认识到未来的道路同样艰难，也许她们出狱后会遇到和入狱前同样的人生命题，生活可能更加充满坎坷和荆棘，促使她们犯罪的问题同样存在，而我们能做的就是让她们认识到并逐渐纠正自身的错误观念，因为有时促使我们在关键时刻做出行为选择和决定的一念之差，往往是长期日积月累所沉淀的习性的结果，总之我们的初衷都是希望她们能够通过监狱的改造，在未来出狱之后好好做人。

通过同学的描述，我觉得女子监狱和我去过的男子监狱的情况有很大不同，女子监狱的罪犯大多文化程度低和学历低，自身在法律知识和文化素养方面都有欠缺，相比于男子犯罪人员，她们很多都是属于无知犯罪，由于自身对于法律条文和规范不了解或者受他人教唆犯罪。而根据我在男子监狱见习的经历来看，男子犯罪更多的是出于有预谋的高智商犯罪，我采访的男子监狱的两位大叔都是高学历的知识分子，他们对于法律条文有很清楚的了解，对于自己如何减刑、什么时候出狱都了如指掌。而且在关于自身犯罪责任的归属问题的认识上，男女罪犯也表现出很大的不同，根据我去男子监狱的实习经历，我发现他们能够很清楚地认识到自己的犯罪事实，也能够平和地接受自己的行为所带来的惩罚，勇于承担责任。而根据女子监狱实习的一位同学的描述，她所负责的那位女犯人更多地将自己的犯罪责任归于自身的家庭阴影的影响，她们对于自身的状态表现出更多的担忧和恐慌，她们在感情上更加细腻，也更加脆弱，她们往往担忧孩子以后的成长和教育问题，这也反映出女性在社会中相对处于弱势的地位，她们很容易受到情感的支配，她们往往会以受害者的身份去寻求他人的安慰和理解，所以我们就不难理解为什么监狱的狱警反复强调过的问题，这些女性服刑人员还要不断地反复地询问；我们也就不难理解为什么一些女性不愿意承认造成犯罪入狱的因素是自己本身的缺陷，而选择将大部分的责任都归于其他人或者周围环境的影响，甚至我们也不难理解为什么一些女性选择渲染和夸张自己的悲惨经历以凸显自己的受害者身份来博取其他人的安慰和同情。这些行为的背后都折射出她们内心真实的恐慌不安和对安全感的渴望，因为女性本身就是偏向于感性的，她们更多地关注于家庭、丈夫和孩子，大多数女性更倾向于将自己内心的不好的情绪通过倾诉的方式讲给别人听，并以这种方式来释放压力，即使是很简单清楚的问题，她们都会反复地询问，以获得更多的安全感和自信心，所以我认为女性犯罪人员相比于男性更加需要心理和情感上的帮助和疏导。除此之外，我觉得监狱方面还要帮助她们多读书，帮助她们多对自己的经历进行反思，增强她们的自我认识，特别是对自身最大的缺陷和问题的清晰的判断和解决能力，现阶段除了给予她们安慰和希望，更多地还要帮助她们正视自身的问题，最令人担忧的是如果她们出去了，是否还是会因为自身习性的弱点而重蹈覆辙呢？因为很多女性服刑人员在社会上的地位本身就处于相对被动的弱势地位，如果没有对自身清晰的认识，她们出狱之后还是会面对同样的人生问题、同样的困扰，是选择继续随波逐流，还是选择直面困境，承担责任，重新掌握自我生命的主动权？这可能很大程度上取决于现阶段她们在监狱中所受到的改造，我觉得对于大部分女性服刑人员来说，改造不仅仅是文化知识上的，更多的是心理认知上的蜕变和成熟。（周元媛）

5 月 26 日，我跟随哲学系“福柯研究”课程的老师和同学们第二次走进女子监狱参与女监实习参访活动。相较于第一次参加活动时的兴奋、忐忑，此次再走进女子监狱，感觉自己内心要平静得多。

同样的，在进行了讲课环节之后咨询环节开始。哲学系的同学与法学院的同学分坐两排，很快，法学院同学的前边坐满了服刑人员。看来，她们想咨询的法律问题实在不少。第一位来到我面前的服刑人员一坐下就跟我说“我想咨询婚姻和孩子的问题”。她自述道，在她入狱之后，她的丈夫要求与她离婚，她不愿意，现在她的丈夫向法院起诉要求离婚，她担心自己在监狱里无法应诉，会不会导致他们“自动离婚”。说出“自动离婚”这几个字之后，她就哽咽了。我跟她解释道不存在“自动离婚”这种说法，按照法律的规定，既然你现在在监狱里，法院应该将应诉通知等送到监狱，再由监狱方面转交给你，法院不会在你不知情的情况下就判决你们离婚。她继续问道，那法律上说“夫妻感情不和分居满二年”可以认定为夫妻感情完全破裂，我在监狱待的时间会超过两年的，法院是不是就可以判决我们离婚？我进一步跟她解释道，法条里所说的分居满二年是指因感情不和引起的，这与你是因为在服刑还有一定的差别，所以最后法院可能再结合其他情况来判断你们的夫妻感情是否完全破裂，不会单独针对分居两年这一事实。最后，她问的是一个关于孩子抚养权的问题。她的女儿今年 12 岁，她说如果离婚的话她应该怎样争取抚养权，并且她强调女儿是希望跟她一起生活的，但是她出狱之后又不可能马上有经济来源。我告诉她，法院在这一方面会考虑怎样才能更有利于孩子的成长，所以是否有经济来源这一点是很重要的，但是相关法律也规定对于 10 周岁以上的孩子，在判决时要尊重孩子的意见，所以，你还是有很大的优势的。

在听完我的解释后，她似乎稍微地安心了些，真的只是那么稍微一点点。我知道，在我给她的回答中，包含着大量诸如“按照法律的规定”这样的用语，不确定性太多了。

在第一位服刑人员咨询的时候，另一位服刑人员一直坐在她身边很认真地听我们对话。在第一位服刑人员咨询完离开后，她把位置挪到我的正前方，向我确认“是不会自动离婚的对吧”，在我又一次告诉她“不会自动离婚的”之后，她说：“我想问关于财产和孩子的事。”她自述道，她的丈夫现在也向她提出要离婚，而且已经在转移财产，把他们婚后共同办的厂转到她的公公名下，而此前那个工厂一直是由她在操办的。她问我，怎样才能在离婚的时候得到她应该得到的那部分。同时她还说，在她与丈夫结婚之后，他们一直住在她公公名下的一套房子里，如果离婚了，这套房子她有没有份。我告诉她，如果情况像她所说的一样，若能够找到证据证明她的丈夫是为了逃避离婚之后夫妻共同财产的分割而进行财产转移的话，那个工厂还是应该当成你们的共同财产来进行分割，并且你的丈夫会因为这种财产转移行为而在分割中少分甚至不分。她向我强调，工厂的登记都已经改了哦。我跟她说，只要能够证明你的丈夫是为离婚而转移财产，你还是有份的。而至于那套房子，是属于她公公的财产，离婚之后她自然不享有对房子的权利。我这话说出来之后看得出她的心沉了一下。进而她说道，她的孩子今年6岁，现在由爷爷奶奶带，其实也就只管孩子的吃喝，没有怎么教育他。她希望出狱之后孩子能够跟她生活，可是她没有经济来源，如果房子也没有的话，那法院会不会将抚养权判给她的丈夫。我只好实话告诉她，照这种情况来看的话，你要争取抚养权会比较困难，因为要有利于孩子成长，有经济来源还是很重要的，而且现在孩子也是由爷爷奶奶这一方来带，这也成为对男方的有利因素。但是，如果你出狱后能够振作起来，尽快地让自己的处境好一点，还是有机会的，抚养权也是可以发生变更的。她问我："那这样婚姻法不就对妇女没什么保护吗？"我只好跟她说，法律也是希望能够给孩子一个更好的成长环境，可能就现在的情况来看，很多事情都没有办法规定得很完美，但你还是要振作起来，还是有机会争取到抚养权的。

在她满面愁容地离开之后，我突然感觉到尽管她说自己想问关于财产和孩子的问题，但其实她的问题只有一个，就是关于孩子。之所以那么担心她的财产，在很大程度上是因为她担心没有经济基础会导致她丧失抚养权。如果她这样心心念念自己的孩子，又是为何让自己走上歧途以致骨肉分离呢？

第三位咨询者看起来比前两位要开朗一些。她问的是关于借条的问题。她说："我在 2012 年 12 月借给了一个人一笔钱，那个人也写下了借条。但是法律上不是有什么关于两年期限的规定吗，如果等到我 2015 年 2 月出狱，那张借条会不会失效了？"我问她你们有没有约定还款日期，她说没有。我跟她说，没有约定还款日期的话，那张借条在 20 年内都是有效的，你可以凭这张借条向对方要钱。你所说的两年是指从你第一次要求对方还款开始两年内你能够向法院告他，而且只要你有向对方要求履行债务的话，这个两年的诉讼时效就会重新计算。她又说道："可是现在那个欠我钱的人找不到了，打手机也没人接，这个怎么办？"具体到这个层面上的问题我无法为她解答，只好告诉她，我把你的问题记下，回去之后我们再寻求一个比较确定的答案，到时再反馈回来。她点头说好。于是我在本子上记下了她的监号，同时对她的问题简要地留下记录。本着只要我能看懂、能够想起她的问题就可以的想法，当时针对她的问题我只写下“2012 年 12 月——借条，2015 年 2 月——出狱”这样的字眼，她看到我只在本子上写下这么几个字，问我：“我的问题没记下来吗?”我说：“记下了，这样我就能够想起你的问题是什么了，我们回去会再整理的。”她又重复了一遍：“哦，这样就记下来了。那麻烦你了，我有点担心这笔钱。”但其实，她的反反复复、不断确认已经表明这种担心不是“有点”，而是“十分”担心。

第四位咨询者看上去应该五十岁出头了。一坐下来，看得出她是在强忍着自己的眼泪。第一句话，她说：“我的普通话不好。我是外嫁女。”就这两个句子，她重复了三遍我才终于听清楚，一则周围的咨询进行得很热烈掩盖了她的声音，二则她的普通话的确很难听懂。看着我将身子往前倾，重复着：“你可以大声一点吗?”她的眼泪流了下来。大概在那种没有人倾听的环境下，她突然觉得有一个人可以信任，并且愿意听她说话，她实在害怕这个人不能听懂她说的话。好在在她放大声音之后，我还是能够勉强听清她的意思。她说，她家里有五个姐妹和一个小弟弟，她排行老二，当时家里分地的时候她分到了一块土地，她结婚之后辛辛苦苦在上边盖了两间平房和两栋楼房（以我的理解，大概是说这块地是分到她的娘家这一“户”，她再从一家人当中取得那块土地的使用权，后一个环节并没有办理相关的手续，没有房产证之类的证明）。近些年地价上涨，她的家人就想收回这块地，所以她的父亲和姐妹逼迫她签下一份协议，授权他们卖掉两间平房。她被逼得没办法，只好把协议签了，现在两间平房已经被父亲卖掉了。那两栋楼房，她父亲曾经写了一份协议说“归她使用”，她把协议改成“归她所有”，双方也都签字了。她问我，这两份协议有没有效。我告诉她，如果能够证明你是受到胁迫才签字的，第一份协议无效，至于第二份协议，既然你们双方都自愿签字，那就是有效的。她问我，要怎样才能证明她是受到胁迫的。我说：“这要看他们都有怎样的胁迫行为，有没有邻居或其他什么人知道这些事情，或许他们可以做证人。”她说有，为了逼她签下那份卖房子的协议，她的父亲和四个姐妹上她家里来打她，当时都闹得报警了，去了十几个警察。我说，那警方的记录就可以作为你受到胁迫的证据。她说，可是当时是“他们”报的警，说是“以为”她儿子要打他们，而且当时他们确实都去了派出所，但警方说都是一家人不要闹得太不像话了，也没让我们做笔录。我向她解释，警方会有出警记录，会记录出警的原因，能够证明你们之间有冲突发生，可能就能够证明你受到胁迫，毕竟当时是他们上你家来，他们五个人，你们两个人。我又问她当时有没有邻居在场之类的，但她一直答非所问，说自己是被逼得没办法，凭什么自己辛辛苦苦建的房子要被他们卖掉，而且现在还十分担心他们是否会惦记着剩下的那两栋楼房。她一再问我关于剩下的那两栋楼房的协议有没有效，她的父亲会不会又出什么招数，她应该怎么办。我只好告诉她，那份协议按道理说是有效的，至于她的父亲会出什么招数，她应该怎么应对，我现在也没办法回答她。如果说之前她还强忍着泪水，现在她已经陷入那种情绪中，不停地说：“他是我爸爸，她们都是我的姐妹，我能怎么办？现在那两间平房我也不要了，只希望他们不要再动我那两栋楼房。要不是因为他们逼得我没办法，我也不会进来。”我尝试拉了拉她的手，希望能够安慰她，但是很快她将自己的手收回，但口中还是说着这些话，直到咨询时间结束，她被叫了回去。

在咨询中我会很谨慎地尽量避免提及“家人”这个词语。这些夫妻反目、骨肉间自相残杀的例子让我害怕触及她们的痛处。但是，我也在思考，如果坐在她们面前的我并非一个参与一项课程活动的学生，而是一名检察官、一名狱警，与她们处于一种相对对立的位置，我又会怎样？是不是因为坐在她们面前的我知道她们处于控制之下，并且觉得自己能够置身事外，所以才可以忽略她们的犯人身份而把她们仅视为需要帮助的弱势群体？

在咨询环节中，每回答一个问题，我几乎都会加上“如果是像你说的这样”“按照法律的规定”这样的用语，强调前者是担心她们陈述问题不全面，如果我照着她们的“希望”回答问题的话，会助长她们的错误认识；后者则是因为我仅知道法条如何规定，却无法知道在法律实务中会出现怎样的变数，法官会如何运用他的自由裁量权。在法学院的两年间，我也曾参与普法活动。当我们在活动之前“恶补”法条的时候，会有往年参加过活动的师兄师姐告诉我们——你们对咨询者讲述的案件的相关法律规定的了解是绝对不可能超过当事人的，他们之所以会找到你们，都是因为在走完所有可以走的程序，包括法律程序，走投无路了，才会向你们咨询，死马当活马医。因此，咨询的意义或许不在于为她们解答问题，而在于倾听，但是担忧之处在于我们所传达的这种充满学院风的解答会在现实面前被否定，让她们的心理更加不平衡。特别是当我感受到她们的信任，甚至几乎把我们当成“救命稻草”，她们不断地希望得到一个百分之百的答案，以消除忧虑，而我们只能够给他们一个充满不确定性的答案，因为学识所限，因为无法详细了解案情，也因为实践远比理论复杂多变。她们内心的纠结、无助在她们循环往复重复着自己的问题、不断希望得到一个完全确定的答案时展露无遗。（法学院杨艾蔚）

活动的第二项内容是开展法律咨询以及开导人生困惑，我们法学院的五个人就专门负责解答她们提出的有关法律方面的问题。来向我咨询的一共有三个人，年龄差不多都是三十来岁。之前我看过前两年的报告，报告中法律咨询部分的问题大都是涉及婚姻家庭、遗产继承方面的内容，而今年我接待的这三位服刑人员，问的问题都是有关做生意、办企业方面的内容。如第一个人问“如果被剥夺政治权利三年，出去后可不可以做生意，担任企业法人”，在后续的聊天中我了解到她在服刑期间参加过监狱里组织的美容美发技术培训班，所以出去后想开个美容院。对于这个问题我是这样回答的，“做生意”在民间可能有两种理解，一是投资，即作为股东之一，注册成立公司，另一种是当法定代表人并负责公司的运营。作为投资主体，我国公司法对自然人的要求并没有过多的规定，一般认为，应当以有完全行为能力为前提。但是在继受股权时，对行为能力的要求有所放低，甚至有些省份已经放开了这种限制，未成年人和无行为能力人也能成为原始股东之一。这种权利实际上属于经济权利，而不属于政治权利的范畴。因此，剥夺政治权利，并不影响公民作为股东之一注册公司的权利。但是根据《公司法》第 147 条的规定，有下列情形之一的，不得担任公司的董事、监事、高级管理人员：“（一）无民事行为能力或者限制民事行为能力；（二）因贪污、贿赂、侵占财产、挪用财产或者破坏社会主义市场经济秩序，被判处刑罚，执行期满未逾五年，或者因犯罪被剥夺政治权利，执行期满未逾五年；（三）担任破产清算的公司、企业的董事或者厂长、经理，对该公司、企业的破产负有个人责任的，自该公司、企业破产清算完结之日起未逾三年；（四）担任因违法被吊销营业执照、责令关闭的公司、企业的法定代表人，并负有个人责任的，自该公司、企业被吊销营业执照之日起未逾三年；（五）个人所负数额较大的债务到期未清偿。因此，从理论上讲，按照上述规定，被剥夺政治权利的人，在剥夺政治权利期间以及期满未逾五年的，不能担任法定代表人或其他高级管理人员。”

类似的问题有“在服刑期间可不可以签合伙协议，成立合伙企业”，我说理论上是可以签合伙协议的，法律对合伙人的要求是合伙人为自然人且具备完全民事行为能力即可。但是实际操作比较困难，因为根据《合伙企业法》成立合伙企业必须符合五个要件：“（一）有符合要求的合伙人；（二）必须有合伙协议；（三）有合伙人认缴或实际缴付的出资；（四）有合伙企业名称；（五）有经营场所和从事合伙经营的必要条件。”因此我建议她在服刑期间可以商量以后合伙做生意的经营项目，每个人的出资等相关事宜，草拟一份初步的合伙协议，待服刑期满出狱后具体操办合伙事宜，如选址、登记办理营业执照、银行开户等。后来我与一起去参观的同学交流，知道那些服刑人员多数是因为婚姻家庭的不幸做了错事而入狱，那么，我就在想，这些人是不是在经历婚姻家庭的挫折后对婚姻家庭失去信心，进而激发了她们自强、自立的信念呢？在这个法律咨询环节我还有一个感悟就是她们至少在入狱之前缺乏法律意识，例如第二位向我咨询的人说她入狱前是做生意的，有一单零配件的生意货发了，但对方没有把货款打过来并且逃跑了，我就问她当时这单生意签合同了吗，她说没有，我又问当时发货之前了解对方公司的情况、老板的情况吗，她说没怎么了解就见了一面，双方谈了一下有关发货的事宜……因为缺乏法律常识、法律意识，所以不懂得保护自己，甚至做出违法犯罪的事情。

第三项活动是出监队为我们准备了两个节目，一个是舞蹈表演一个是情景剧表演。伴随着柔缓的音乐，她们很认真地做着每一个动作，可以看出其中有几个人很投入，在跟着伴奏音乐哼唱；情景剧演出的内容讲述的是出狱之前几个狱友之间发生的事情以及出狱后见到长久未见的亲人的情景，这部剧很贴近她们的生活，表演者也很自然，尤其是那幕出狱后见到自己亲人的表演，很生动很感人，想必等到她们出狱之时见到自己的亲人也是这番情景吧。从这两个文艺节目的演出中，可以推知她们的生活还是有些调剂的，监狱的生活不仅是枯燥的劳动改造，还有文化教育、文化熏陶，这样的改造方式更利于她们在出狱后能更好地融入社会，不至于与社会脱节。

最后，警官姐姐带我们参观了出监队的宿舍区、活动室，跟我们交流了一下出监队的日常生活。出监队的宿舍是 16 个人一大间，里面有卫生间和洗澡间，她们的床铺很干净很整洁，盖的毛毯叠得四四方方的，据警官姐姐介绍她们每天都有内务整理的时间并且都会进行检查。在她们的活动室，一进门首先看到的是《出监誓词》，具体内容我记不清，但是我觉得这种仪式化的宣誓还是很有必要的，至少对她们而言有个警醒作用，出狱后做一名遵纪守法的公民。在靠墙的桌上我们看到很多手工作品（有小房子、花束），都很精美，警官姐姐说会根据这些服刑人员的个人特长才能组织、教给她们制作这些手工品，也算是培养她们一门手艺。活动室还有一面大书架，书架上有各类书籍，法律类的、文学类、工具书类的，是一些图书馆捐赠的，因为出监队的成员都是刑期剩下最后一个月的时候进来的，这时候不要求她们劳动，她们每天的任务就是上文化课，技能培训等，这些图书她们都可以借阅，另外墙上还有一些画报，都是服刑人员自己动手画的。从活动室的布置来看，服刑人员的娱乐生活很丰富，同时这些活动的开展也能培养她们高尚的情操，体现一心向上积极改造的心态。考核信息公开栏使假释、减刑不再神秘而是有理有据，可以给足她们改造的信心，旁边还有服刑人员每天的伙食标准，警官姐姐开玩笑说这些服刑人员还能保证每天都有一个水果供应，在这儿工作的警官都不一定有。另外，我看了一下还有一些回民菜，可见现在监狱的管理更趋向人性化和人文关怀。

在警官姐姐带我们出门的时候还顺道给我们讲解了一下整个监狱的布局和功能区，其分布主要包括出监区、入监区（刚进监狱）、老弱病残区、重刑犯区、生产区、教学区等。监狱还会开设有关课程培养她们的技能如美容美发等以便她们出狱之后能够谋得一份差事得以生存。总之，在整个参观活动结束后，我最大的感触是女子监狱的科学、民主、人性化的管理制度，我不清楚是不是现在所有的监狱管理都这般人性、合理，但是我相信现在我国的监狱改革正朝着这个方向努力，监狱的改造功能必将重于惩戒功能。（法学院　周岩）

我选择了到入监组提供法律咨询。入监组的罪犯都是刚进监狱不久，情绪起伏比较大，对于监狱生活比较不安，而且也很担心外面家庭、财产等会因为自己入狱而发生变化，咨询的问题也基本围绕着这些提出。

我一共接待了六位咨询者，大部分问的都是与丈夫离婚的问题，或者是如何与同居男友划分财产的问题，或者是非婚生子女落户上学的问题，但是最后一位咨询者让我印象十分深刻。她说，她的丈夫和儿子都是军人，她自己也是一名军医，她为了保护她的亲戚，在一宗经济类犯罪的案件中为他顶了罪，结果现在被判了很重的刑，她担心会影响她儿子的前程，希望能和她丈夫离婚，但是她丈夫和儿子都不同意，她该怎么办？由于军婚必须要军人同意才能离婚，在她丈夫不同意的情况下，是没有办法离婚的，因此我建议她申请再审，提出新的证据事实为自己翻案。她说她也希望再审，但是现在在监狱里也不知道怎么办，她的家人在北京，难以帮她联系律师，她也不想再因为自己打扰丈夫和儿子的工作和心情。在讲述的过程中，她几次流泪，她说她曾经也是一名军人，现在却沦为了阶下囚，刚刚来到监狱几天，一直很后悔，很担心会耽误儿子的前程，当时顶罪是一时糊涂，救了一个孩子，却毁了自己孩子的前程。我只能安慰她，并且鼓励她一定要申请再审。后来由于时间紧张，我也没来得及跟她进一步详谈就被迫结束了咨询。希望监狱里的法律援助能给予她更多的帮助。

在后来与干警交流的时候，我发现有许多同学都表露出了他们对咨询者的同情和关切，这样很好，但是有一点问题是，我们的同学可能出于过分的同情，所以并没有仔细分辨咨询者说的是否都是真话（例如向同学诉苦监狱不给她癫痫药吃的咨询者）。由于我在中山大学法学院的法律诊所（一个义务法律援助机构）实习过一年半，在这个过程中，我们也接待过很多当事人，他们来了都会哭诉，把自己说得很惨，以博得我们同学的同情，但是经过长期的接触，我们会发现其中一些当事人为了让我们帮助他们，并没有说真话，有些甚至可以用贪得无厌来形容，因为我们可以免费帮他们撰写法律文书或是提供咨询，他们就一次又一次地要求我们为他们争取更多的利益，有的甚至是不合理的利益。所以，我们在与当事人或是咨询者接触时，应当保持冷静的头脑，有自己的思考，仔细分辨对方说的话到底是不是真的，是不是为了博取我们的同情以进一步利用我们。提供法律咨询的时候应当如此，因为不明确细节就不能提供正确的帮助；提供心理咨询的时候更应该如此，因为我们不仅仅只是听他人一味地倾诉，而是应当在安慰他们的同时，及时地辨明对与错，指出对方存在的错误，以便更好地解开对方的心结。（法学院　孙雪柔）

在咨询环节，我一共接待了三个人的咨询。第一个是个皮肤白皙的女孩子，她一上来就和我讲，她的钱在派出所去她家里扣押的时候，被派出所的人拿走了，后来她母亲去取回被扣押物品时，没有把现金还给她，她问怎么要回她的这些现金。我先问了她，这些钱和她的案件有没有关系，判决书中有没有涉及罚金或者没收财产，她说没有。从她的言谈可以看出，她是个很精明的人，说她的遭遇时有股愤愤之情，但又很节制。如果真的是警方在侦查阶段扣押时没把有些物品列入清单，那当然是不合法的，她有权去要回来。她说她就是想知道这笔钱去哪里了，但投诉无门。我不知道现实中是不是有警方非法扣押的情况，也不知道她所说的真假程度如何，我只能告诉她，可能有些派出所在处理时存在不规范的做法，但你要相信法院和检察院是公正的，特别是检察院，有监督公安机关的职责，我建议她出去后可以向检察院申诉。关于公平正义的理念，我不知道如何向这些完整地经历过一次刑事诉讼程序的人讲述。她们可能在这个过程中受过一些不公正的待遇，社会上的普通人有些尚且不信任法治，何况在监狱这个非正常环境下服刑的人呢？虽然她们学习了法律知识，但她们只会害怕法律，想学习怎么钻法律的空子。

第二个咨询的也很年轻，她说她是彝族的，家在四川，家里人都是文盲。在广东有老公孩子，但没领结婚证。她进看守所时，她的老公给她寄了500元，此后就再也没有音讯。她到了监狱后有给老公和家里的父母写信，但两边都没回音。她不知道外面的情况，担心父母，担心孩子，不知该怎么办。写信的邮票要钱，打电话需要赚工分，她都还没有，与她原来的世界断绝了联系。其实她问的不是法律问题，只是想有个倾诉的对象吧。她一直在不停地流泪，我只能握着她的手安慰她：不用担心外面的情况，即使老公不来看望她，孩子一定会好好的，家里的兄弟姐妹也会照顾好父母，他们虽然联系不上她，但总能打听到她的情况的。让她不要担心外面，自己在里面好好改造，出去后就能见到家人了。我没有问她为什么“进来”，也无法帮她联系家人，安慰的话好无力。看着她泪流满面，我也觉得好难过。

第三个女孩挺阳光的，她先问我，她们和我们说的这些会不会让监狱的管教知道。得知不会后，她说几年前她在香港办过一张信用卡，透支后一直没有还，银行也没有催款，她以前没觉得不妥，但进来后学了法律，想起了这件事，一直很忐忑，不想再坐牢，问是不是犯法。我告诉她，按照内地的法律确实构成犯罪了，但是香港的法律可能另有规定，而且银行既然没有催款，可能有较长的还款期限。我建议她出去后及时联系香港那边的银行，把透支的钱和罚款还清。因为时间有限，我和她讲解的时候咨询环节就要结束了，不知她有没有听明白。

以前我在法院实习的时候，法官就告诉我，每个案件背后都有一个故事。这里的每个人，背后也有一个故事，剥去囚衣，她们就是普通的人，一样渴望亲情，渴望友情。平时在书上看到的案件，都是理性的分析，剥离了法律以外的其他因素；我们在这里看到的罪犯，却是活生生的人，我们不了解她们的过去、她们的犯罪经历，呈现在我们眼前的只是她们对生活的困惑。或许我们能给她们的帮助非常有限，但短短的交流，至少能给她们的心灵一个自由喘息的机会。（法学院　姚洁妮）

第二节　2014 年男监实习报告

2014 年 6 月 5 日，我们哲学系和法学院师生共 35 人来到了男子监狱实习，在参观后进入咨询环节。和我交谈的两位大叔都十分亲和，一位 50 多岁，另一位 40 多岁，还主动和我打招呼，问我要不要喝水。当问到他们对于监狱生活的基本感受时，那位 40 多岁的大叔说道："呈现给我们看的是一回事，真实的监狱是另一回事，表面上生活很丰富，但内心感觉很孤独，入狱后最大的感受是失去了自由。"这让我深深感受到，监狱无论想怎样人性化地去管理服刑人员，其最终都改变不了对于人的自由的剥夺的本质性特征。

这两位大叔都已经关了有一段时间了，显得十分成熟老练，第一印象是感觉他们都是有故事的人，而我在他们面前显得十分稚嫩和不成熟，其中那位 50 多岁的大叔，本来是可以在 2016 年出狱的，由于前不久新出台的有关减刑的条例，使得他不得不再待两年。他不愿过多地提及自己经历过的事，他说他担心自己的经历会吓到我，所以我也尊重他的意愿，努力扮演着一个倾听者的角色。从旁边的另一位大叔口中得知，这位 50 多岁的大叔曾经是我的校友，从小读书就很好，他的家就在中山大学南校区那一带，小的时候还经常在中山大学校园里面玩。在刚开始交谈时，这位 50 多岁的大叔就问我到底怕不怕他们，问我是否是自愿来男子监狱的，显得很谦逊有礼，完全打破了我对监狱服刑人员的旧有的主观成见。他承认自己由于坐了很久的牢，和外面的接触很少，害怕我们之间的谈话有代沟和不适感。所以他一直在试图营造一种轻松愉快的交流氛围，消除双方之间的陌生感，我们双方都一直在小心翼翼地试图找一些轻松的话题，比如他说自己也爱看现在年轻人看的《来自星星的你》，还问我“平时爱看什么书？什么电影？”之类的。这位50多岁的大叔希望自己在交谈中显得不太落伍，所以一直在主动地寻找我们之间的共同的、新潮的话题，感觉他很成熟，很会为别人着想，聊天的过程中也一直都在照顾我的感受，并且他一直都没有说自己曾经的经历，但通过交流，从他的谈吐和举止来看，这位大叔应该是属于受过高等教育的高学历高智商犯罪人员一类的。在交谈过程中，旁边的那一位40多岁的大叔有透露到，这位50多岁的大叔曾经如何的风光和辉煌，但由于这位大叔表明自己不愿过多地提起自己的经历，我也没有主动地去追问他。

旁边的40多岁的大叔，话相对要少，也是属于大学未毕业就由于犯罪进来了的高智商人群，他认为自己进入监狱最大的体会是一个字“悟”。他同样也对自己的经历和人生脉络有深刻的体会，认为大多数的人生是一条直线，而他的人生是一条折线，最顶端是最风光的时候，现在处在最底端。而且他说他待在监狱里，和在外面最大的不同，是可以静下心来，好好地“悟”一些东西，他把监狱的生活比作是“宅”的体验，就像一个大箱子把你困在里面。他和我聊的更多的是旁边这位50多岁大叔的经历，透露了一些他曾经在学校读书的经历，曾经是十分风光的，通过交流感觉他们其实都很明白一些道理，也经历了人生的起起伏伏，只不过是一步走错，酿成了恶果。当我问及是否后悔自己所做过的事时，他们都显得十分平和，他们认为既然是自己所选择的路，就应该有勇气承担自己的选择所带来的后果，并且最终进来监狱，是多方面的因素造成的，这些都不是能够改变的，与其说感到后悔，不如说是一种遗憾。他们认为自己和普通人没有什么差别，他们可能只是选择了一种不一样的生活方式，经历过了人生的两个极端，最巅峰的状态和最没落的状态。看到我带了笔记本，这位 50 多岁的大叔还让我在随身带着的本子上写下一句话，“上帝让你灭亡，首先让你疯狂”，算是作为人生的感悟箴言送给我，最后他还表示希望能够互留地址，成为笔友，但由于之前有要求不可以这样做，我还是委婉地拒绝了他。

在整个谈话过程中，感觉他们一直把我当成晚辈，始终以长者的身份，企图用他们的经历和教训给予我一些人生上的感悟。虽然在他们面前，我显得十分稚嫩和阅历不足，但我也一直在努力扮演好一个倾听者的角色，本来初衷是给予他们一些帮助的，无论是情感上还是心理上的帮助，但通过交流，我发现自己能够给予他们的帮助是十分有限的。感觉这两位大叔对自己犯过的错误、对人生都有很深的体悟，心理上也很成熟，而且他们的服刑期已经很长了，对于一些法律规则也是了如指掌，对于什么时候出狱，最新颁布的有关缓刑的条文都能说得头头是道，其实他们现在最真实的需求和唯一的要求就是快点出狱，重获自由，而这一需求是我无法给予帮助的。相反，他们能够在谈话陷入僵局时主动地去寻找话题，试图从我的立场出发，考虑我的感受，反而让我自己能够从他们的为人处世方面体悟到很多，我似乎只能充当一个倾听者，我对于他们的意义就在于能够在他们乏味的生活中给予一些理解。事后来想，自己最初对他们还是有些成见的，的确由于这个监狱关押的是重刑犯，而且自己又是女生，心里有些怕怕的，所以一开始是有戒备心的。他们都未成家立业，最大的希望就是早点出狱，出狱以后能够找到老婆。他们在监狱中最大的限制是失去自由，以及缺乏和外界的交流。希望他们能够早日出狱，出狱之后重新做人。（周元媛）

坐在我对面的两个犯人一个 37 岁（简称 A），另一个 23 岁（简称 B）交流一开始 A 就向我提出了一个他们服刑人员都十分关心的问题：为什么这次减刑的要求变得更加严格？例如他本来按照原计划 2016 年就可以出狱了，现在他要等到 2018 年甚至更久。B 说他们原有的减刑要求是五次嘉奖一次表扬，但是现在变成了六次嘉奖一次表扬。A 问我这是否和现在的国内形势有关？我被这个问题问住了，因为在此之前我没有详细了解过他们的减刑要求，对于减刑和国内其他政治事件的关系也不甚清楚，我只能鼓励他们在狱中好好表现，不论大环境如何，相信他们自己可以改变自己的命运。

A 说他已经在监狱中八年了，感觉在监狱里面和外界接触很少，只能通过每天读报纸和看新闻联播了解外面的世界，周末狱警偶尔还会给他们下载一些电影来看，例如他最近就看过《北京爱情故事》和《北京青年》。但是他感觉外面的世界和他刚进来时已经变了很多，他担心出狱之后无法适应外面的世界，与社会脱节。他反复几次在说他和外界的接触少，感觉这几年外面变化很快，新生的网络和科学技术很多，出去之后再学来不及。我劝说他，虽然外面的世界是日新月异的，但是在里面可以只专注于一件事情，不受外界的干扰，而且外面的变化都是表面的，不随波逐流也是一种个人的态度，内在的东西其实变化没有那么快的。

A 和 B 都说他们这些犯人被关在里面压力很大，问我除了平时读书看报、打球、和家人写信打电话之外还有没有其他的方法。我建议他们保持内心的平静，类似于冥想的状态，这样压力可以减轻一些，而且还能让时间过得快一点。

A 讲到他自己的经历，他是河南人，高中毕业后来广州当兵，在旧白云机场（现在的停机坪一号商场处）工作，之后入狱。他家住海珠区，有一个儿子现在在上初中。他和我聊得最多的就是他的小孩的问题，感觉小孩就是让他在监狱内好好表现，争取早日出狱的希望吧。但是他说和家人联系的机会非常少，打电话基本一个月才能打一次，写信交流也不多。他担心出去之后跟不上时代发展和小孩会有代沟。我安慰他说其实代沟是每个家长和孩子都会有的，我爸妈因为工作忙，不常上网只看电视，有些网络语言他们也不懂的。这个都没关系的，孩子也会理解。他也担心小孩上高中的问题，因为他们家的户口并不是海珠区的，而是广州周边一个县的，怕小孩上学有困难。他又问我现在大学生在学校都进行什么体育活动，他骄傲地说他小孩个子很高，体育很棒，想让他去考特长生。我就给他介绍了考特长生的流程和注意事项。他又问我现在关于高考取消英语的问题，我向他介绍了英语不是取消而是变成社会性考试，虽然在高考中的比例降低了，但是英语还是很重要的一个工具，小孩子还是要学好英语。

A 提到了他在监狱中的生活，他说他有一个室友是尼日利亚人，他会和他学一些英语，但是感觉他说的英语有明显的非洲口音，和他以前上学时学的英语都不一样。他们前几年的时候还有复读机，他可以用复读机学英语，现在也没有了。

相比于 A 用父亲般的态度和我交流，B 与我的对话则有一些不羁与叛逆。他再三表明“我没有什么好说的”，后来在 A 的鼓励下才与我交谈起来。B 说他 15 岁初中还没读完就出来打工了，打工两三年之后走上了犯罪道路，之后就进了监狱，在狱中已经有四年了。他除了对减刑法律的改变有所不满之外，就是说“你们和我不一样”，感觉他有一些抵触和抗拒的情绪，同时又有悔恨和自卑。他说他之前打工的时候经常去网吧玩游戏，还问我 QQ 号几年不登录会被销号的事（他知道 QQ 号长期不登录是会被销号的）。我告诉他大概是三个月或者八个月，他的眼神中露出一丝失望和无奈。相比于 A，他也许更迷茫，无牵无挂，也没什么出去的动力，唯一惦念的 QQ 号也因为太久不登录被注销了。

B 像这个社会底层的一些年轻人一样，对社会中的特权阶层有强烈的敌意，哪怕是在监狱中，他也对那些“职务犯罪”的“当官的”抱有仇视的看法。他说：“当官的贪污所以有钱还有关系，他们进来了也不怕，可以假释出去，像我这样的农民，犯了事情也只能在里面关着。”感觉他对于服刑的意义缺乏正确的认识，容易将极个别官员的违法行为扩大化。值得在意的是，他还问我这里离地铁站有多远，我说我不知道，因为我们是坐大巴来的，没有注意到地铁站。不知道他是替来看望他的家人朋友问，还是有什么其他想法。

短短半个小时和两位犯人的交流很快就结束了，最后A还问到我现在学校老师对于早恋的态度和早恋是否影响学习的问题。我回答说现在学校老师对早恋的态度是不支持也不鼓励，但早恋对学习肯定会有一定影响。他表示现在小孩子在上初中，也到了可能会早恋的年纪，他有些担心，不知现在应该如何管理孩子，如何与孩子沟通，如果他儿子早恋了应不应该支持等。

交流过后，走出监狱，我们都感到长舒一口气，尽管监狱内外的空气别无二致，但身处其中还是感到压抑。在回程的车上我们相互对各自交谈的犯人情况进行了了解，对犯人的整体情况有了更细致的把握。同行的很多同学所对话的服刑人员的学历都比较高，还有一些是曾经做过高官的，相比于我所交谈的服刑人员，学历比较高的人想的问题就更深入，甚至有人还表示进监狱之后所处的环境更简单安静，可以有时间读很多书、思考很多问题。而我所对话的两名服刑人员就基本没有类似的想法，他们所想的问题更为简单实际一些，这也是受文化水平限制的结果。（高宇昕）

参观完之后，我们便进入一个类似于课室的地方开始与服刑人员交谈，交谈室里挂着一个红色横幅，上面写着："欢迎中山大学师生帮教活动"，热情的红色，热情的干警和科长，与这里面坐着的近百名服刑人员的压抑冷静一点都不相称，与这个50%犯人是重刑犯（无期徒刑、死缓、死刑）的监狱的氛围不相容。

科长先是说了一大段话，大意是这些服刑人员都是每个区的代表，似乎就是每个区的表现比较良好的一些囚犯。曾经听去过女子监狱的同学说，在谈话过程中服刑人员情绪非常激动，并且会一直在哭，但是男子监狱这边的情况完全不一样。这一过程里，没有哭声，没有争先恐后的咨询。

我在谈话之前就思考着一个问题，我到底应该以一个什么样的角色去进行这一场谈话？像一个相对有点专业知识的人回答他们的问题？像一个心理辅导员安抚他们的情绪？还是像一个说教的人？在这几种情况下，首先我并不具备法律或者心理方面的专业知识；其次，我有什么资格把自己的姿态摆得比他们高，所以都不是，我最后认为，我要扮演的是一个倾听者的角色。

但是，超出我的想象的是，我甚至连这个角色都没有胜任。

我的谈话对象是两个有着比较大年龄差的人，一开始我是保持着微笑的，在整个谈话的过程中我也使用尊称。年龄比较大的一位是物理学硕士（简称为A），年龄较轻的一位仅仅是高中毕业（简称为B）。两位都是死缓，具体因何事被判刑，A说是因为情感问题，B说是因为个人利益问题，都没有详细说明，我认为这代表着他们其实也不愿意告诉我详细的原因，因此我并没有追问，但是B反问我：“你知道我说的个人利益指的是什么吗？”我说：“你给了我这样一个名词，代表你可能也不太愿意说，如果你愿意说，我也愿意听。”但是B后来并没有说。

从谈话开始，我先作出了一些说明：“我不是法律系的，所以在法律问题上并不能给你们太多的意见，但是你们可以跟我聊一些别的问题，比如像心理上的一些感受还有一些疑惑。”所以后面他们并没有跟我聊过法律问题。

A 从一开始就说：“今天你们来跟我们聊天，是相互学习的，你是学哲学的，你能不能从辩证的角度告诉我，现在我们的社会是如何看待我们这些囚犯的？”事实上每一次别人问我如何“辩证”地看待一个问题的时候，我其实不太会回答，从正面和反面两个方面去阐述一个问题并不是三言两语能够说清楚的，所以我当时给他的回答比较简略：“社会上对于你们的看法有很多，会有人不喜欢和歧视你们，但是现在社会上也有越来越多维护人权的组织和人士开始为你们争取权益。”A 的教育水平也是比较高的，他似乎不满意我这个回答，然后他说：“今天在这里，我们是互相学习的，我也知道你不能为我们提供什么法律知识上的帮助，所以我希望跟你聊一些问题，能让你去思考一下，如果你的毕业论文里能写这方面的题目，我觉得也是很好的。”这时候我有点呆住了，因为一开始我觉得是来跟他们聊天沟通做一下心理辅导之类的工作，现在似乎完全主客颠倒了，我变成了一个被教育被辅导的对象了。他问我对于监狱里面的劳动改造是什么看法，对于犯人的教育意义真的很有帮助吗？我说那你的看法呢？他说：“劳动改造太传统了，实际上对于在监狱里面的人，更需要的是文化教育。”于是我顺势问：“那能问一下两位的受教育程度吗？”于是两位各自说出了自己的教育水平。我对 A 说：“您比我的受教育程度还高，不管像您还是像 B 只有高中教育程度，其实在文化教育方面都算是可以的了，文化教育缺失并不是造成你们犯罪的一个潜在因素。”A 说：“其实我希望你可以考虑一下这个问题，中国国民教育的问题。中国的国民教育是非常缺失的，从小到大，缺少道德教育和素质教育，只有技能和知识教育。”我承认这一点。A 说：“现在牢里的罪犯有年轻化的趋势，现在我看到我们这边比较年轻的一些狱友，很多受教育程度都只有初中。”B 也说：“我在做错事之前的法律意识非常淡薄。”他又介绍我看一本书《中国人为什么这么愚蠢》，他说这本书说的是中国人的信仰问题，他问我有没有信仰，对于信仰问题又是怎么看的。我觉得这个叔叔大概是学历比较高，在牢里也已经有 13 年了，所以对于中国很多社会问题都会有比较多的思考，当他问到我这个问题的时候，我心里还是有点底的，因为我刚刚写过一篇关于中国人信仰问题的小论文。

到这里我觉得我跟 A 聊得挺多的，而一直没能兼顾 B。B 从一开始到最后都是一副非常烦躁不屑的神情和态度。非常简单的一个原因是，他知道我实际上并不能帮助他什么。我问他：“你有什么想说或者说想了解的吗？或者说你有什么非常不开心的事情，也可以跟我说。”他说：“新政策出台之后，我们死缓所需要执行的刑期长了好几年，非常难以接受。”然后在跟 A 聊关于劳动改造问题的时候，B 说：“每天的工作非常累，但是根本上对思想改变不那么有效。”然后在我回答 A 的问题的时候，他说：“你说的事情，在这里的每一个人都是那样子跟我说的，但是有什么用？”这个时候我没法回答他，我说可能的确对你而言没有什么帮助，但是事实上我说的东西只是希望能对你有心理缓解的作用。B 在整个谈话过程都是非常不主动的，甚至也不太愿意说话，总是我在主动邀请他提出他的问题和意见。我说，你最想知道的是什么？他说："社会上的人到底是怎么看我们的？我们出去以后社会到底可不可以接受我们？"然后他又说："这个社会对我们是歧视的。"我说："这个事情是无法避免的，正如我一开始说的，这个社会有些人的确歧视你们，但是也有越来越多的人在关注你们的权益。歧视这个问题不仅仅发生在你们身上，我作为一个哲学专业的学生在找工作的时候也会被歧视，很多企业都觉得我读哲学并没有什么实际技能，所以都不愿意要我。这个社会的确存在着歧视，但是我们改变不了，那就要通过改变自己，完善自己去争取这些机会。"A 在听完这句话的时候，表示赞同，但是 B 依然觉得我只是在说教，没有什么实际帮助。我说其实现在监狱里面是会为准备出狱的犯人提供技能培训的，这样你们出狱之后依然可凭一技之长去找工作。你做过的事情的确会影响别人对你的看法，但是你也可以通过自己的努力和表现来证明你已经不一样了。B 对于我说的话的态度始终是没有太多认同，反而情绪越发烦躁，他始终因为刑期被延长的事情而感到苦闷，他最需要的帮助可能是怎样可以减刑，而不是我给他说的一些建议和安抚。对于他而言，我说的话都只是安抚，是一些苍白的言语，他根本无法验证，他始终觉得即使刑满出狱，这个社会依然会戴着有色眼镜看他，他也很难能跟社会重新接轨。他也说到现在社会发展太快了，他们在牢里却连电脑都没办法接触，出去以后工作都需要用到电脑，他们根本没有机会学，出去之后也来不及学了。

他们后来问我，跟我说的事情是否会跟上面反映，我说，如果你们希望我反映，我就跟老师报告让老师跟上面说。但是他们似乎对于我说的话并不是那么相信，所以也没有再提出些什么意见和问题。我跟 B 说，你还非常年轻，在接下来的时间里，希望你能充实自己和学习更多知识，如果你需要什么帮助，就向狱警提出，他们会尽量满足你的要求的。这个时候谈话已经结束，我是抓住最后的时间跟 B 说的这些话，他只是礼貌性地点点头，表情依然是不尽相信。

谈话结束之后，颜科长也继续跟我们解释了一些问题。我思考了许多，像 B 这一类的服刑人员，在进入监狱之后，其实出现了非常强的对社会和其他社会人士的抵触感，对于狱警、心理专家甚至对于我们这些学生都有比较强的防御心理以及不信任感。他们甚至会觉得我们学生也都是被派来给他们洗脑的，并不是真正关怀他们和帮助他们的。我觉得这种不信任和抵触是有原因的，首先是他们对于自己身份的抵触感，所以觉得全社会都会抵触和不信任他们；其次是过往一些被夸大的说法，比如说坐过牢的人出来很难被社会接受，他们会得不到帮助、找不到工作。关于这些问题，在我跟 B 解释之后，他似乎依然不太相信。的确，我不是他们，我没有带着一个“曾经坐过牢”的身份立足在这个社会中，我所说的一切似乎只是纸上谈兵，没有实质根据。

所以后来我也跟颜科长和其中一个狱警提出了一些建议，比如给一些比较年轻的服刑人员提供诸如电脑技能的培训，以便他们可以更好地适应社会需求；再如能不能设法找到一些刑满出狱的人回来开一些交流会，告诉这些服刑人员社会对他们的真正的看法，并不是像他们想象得那么恶劣，他们再次投身社会的时候，并不是那么困难，也不是那么可怕的。颜科长对于我说的电脑培训表示不赞同，因为一方面，实际上监狱里大多数犯人都是重刑犯，他们出狱之后很可能都已经超过了工作年龄；另一方面，电脑发展太快，即使能在监狱里提供培训，他们出狱的时候也已经过时了（对于颜科长这个说法其实我是不赞同的）。而一个中山大学毕业的狱警对于交流会的建议表示，这是非常好的一个建议，但是在执行上可能会有些困难。

走出监狱，感觉外面的阳光都变得炽热，树荫不多的监狱里，劳动、压抑、汗水、怨念、反思都在这里杂糅混合，发酵变质，无法估计最后会孵化出怎样的结果。（祁栩婷）

首先向我咨询的是一个年轻的男生，年龄应该和我们相仿。他向我坦言，他觉得自己有焦虑症，尝试过很多方法，问我能不能提供一些更好的解决方法。因为我们并不是专业的心理咨询师或者心理医生，而且心理老师培训时提到，尽量不要给予对方一些肯定性的回答，而是主要充当倾听者的角色。于是我询问他有什么症状和所采取过的解决办法，他说自己在入狱之前，就经常会感觉很紧张，觉得时间不够用，但他并没有进行过专业的诊断和治疗，仅仅通过书本了解到一些知识，并根据书上所说的进行判断和治疗。我仅仅给他提供了一些建议，让他先尝试找监狱的心理医生进行诊断，因为焦虑症作为一种心理疾病，应该由专业的医生进行诊断并进行治疗，不能仅仅通过书本的知识，从而主观地认为自己患上了焦虑症。其次，不要给自己施加太多的压力，也不要一味地按照书上的方法来做，而是学会放松内心和疏导情绪，从而逐步排解压力，因为很多时候人的情绪都是来源于压力，而很多压力往往是由自身施加的。所以，我建议他先找监狱医院的专业医生进行诊断，听从医生的安排，而且要时刻保持一个积极、轻松的心态。

第二个向我咨询的是一个叔叔。在提问之前，他思考了一下，略显迟疑地问我：社会上的人都是怎么看待我们的或者你觉得我们是怎样的？他没有跟我说他的具体情况，也没有透露其他信息，而是直接进行了提问。面对这个问题，我内心的第一反应其实是忐忑，因为我无法给他们关于外界社会看法的肯定的回答，所以仅从自身的角度出发来尝试回答他的问题。我坦言自己第一次来到这样的环境，第一次接触他们，内心确实会觉得有压力和不安，但是既然自愿选择了参加本次见习，内心更多的不是恐惧和慌张，而是希望能够用一颗平常心去跟他们交流，为他们提供一个交流的平台，甚至可以为他们解惑。然后，我觉得每个人的行为都出于具体的原因，但是，无论是什么原因导致了自己原来的选择，最后的结果都只有两种——好与坏，所以，如果自己当初造成了一个坏的结果，那么就要为自己的行为负起责任，接受法律的惩罚。经历过这一段时间以后，如果能够清楚明白自己的错误，并且坚定以后要当一名合法公民，尽管之前有着这样一段特殊的经历，也可以自信地去面对这个社会，并且争取回报社会，为自己和他人创造更多的价值。谈完这个问题，他接着跟我说，其实这个疑问的产生主要是因为新减刑细则的发布，今年广东实行新的减刑办法，新的减刑细则比先前的要严格得多，因此，很多服刑人员觉得这是不公平的，甚至对未来的生活产生了消极和绝望的情绪。这个叔叔跟我说，他们觉得社会和国家放弃了他们，所以才会如此轻易地改动减刑细则，给他们造成一个新的困境。由于我先前并没有清楚了解过减刑法条的具体内容，所以我没有对他的描述做出肯定的回应，而是结合之前警官的简单介绍以及叔叔提供的信息，尽量客观地进行了分析，希望他能够换不同的角度思考这个问题，这样做的目的也是鼓励他继续生活下去。聊完这一系列问题，他坦言，在我们来之前，他觉得继续生活下去没有意义，因为一直以来，他们能够接触到的人，除了狱警就是自己的家属，许久没有跟社会上的其他人正常地沟通交流过，经过和我们的交流，他觉得自己坦然了许多，也给自己未来的生活找到了一些意义。虽然无法确定他所说的是客套话还是真心话，我都真实感受到了这一次交流没有白费。

第三个向我咨询的同样是一位叔叔，他跟第二个叔叔问了同样的问题，简单地进行了交流后，因为咨询的时间有限，他开始跟我了解其他的信息，包括现在的社会情况以及哲学专业的情况。这个叔叔的性格相对开朗热情，他全程都是笑着跟我交流，而且对哲学专业表现出了兴趣，最后他跟我说，希望我们能够在这一次见习中有所收获，也感谢我们给他带去了希望，使得他对这个社会和人生又找到了寄托。

座谈会结束以后，我们和警官进行了简单的交流，主要是针对交流过程中的问题进行咨询，除了一些法律问题外，大家提问最多的就是关于减刑的问题，为此，监狱的颜科长给我们做了详细的解答和回应。

经过这次男子监狱的交流，我产生了以下的疑惑和思考：

（1）真假善恶是否有一个可靠的标准？从伦理学的角度来

看，目的主义者会认为，一个人是善的或者恶的，主要是从其做事的动机和目标出发；结果主义者会认为，一个人是否为善，则要从其行为所导向的结果来考察。无论是从女子监狱的倾诉者，还是男子监狱的咨询者那里，我们听到了各种各样的原因，他们触犯法律，或出于个人的欲望，或出于不得已的苦衷，或出于自身的盲目等。虽然他们都给社会带来了不好的结果或者坏的影响，但是在他们之中并不乏内心善良的人。在他们口中，我们也听到了监狱警察和服刑人员之间关系的问题，他们表示，我们所见到的情景只是一个不太真实（不能称之为“假”）的现象，他们平时的关系并没有如此和谐，狱警对他们也没有这么好的态度。因为接触监狱的时间仅仅是一个上午，所以我无法求证他们所说的是否为事实，虽然警官跟我们说过，不能轻易相信服刑人员所讲的话，但是我也不能确认我们在监狱的所见所闻，是否为经过加工的“假”象，并不是监狱生活的真实面目。为此，我一直在考虑一个问题，究竟何为善，何为恶，何为真，又何为假？如果能够找到一个客观的标准，对于我们衡量道德生活中的种种情况将有极大的帮助，但是若无法定制这样一个标准，我们内心也需要先有一把衡量的尺子。

（2）责任应该归咎于哪一方？在本次交流中，我们听到最多的是关于减刑的问题，为此，我们也将这些问题反馈给了监狱方。在问题的传递和交流过程中，我个人感觉，很多人把减刑问题的重点放在监狱方身上，且不论减刑细则的内容是否合理，问题的焦点是，细则的颁布没有考虑到很多长期服刑人员，对于他们来说，这不仅仅造成了对未来的失望，更多的是内心的不公平感。针对这个问题，我跟身边的两位警官交流过，其中一位是在此工作了十几年的警官，另一位则是刚就业的年轻警官，我询问监狱方面有没有针对减刑的问题跟服刑人员交流过。他们表示：①这种问题并不是靠沟通就能解决的，因为监狱不像学校和社会组织，不停地交流只会引发更多矛盾和问题，而且服刑人员很多时候不愿意接受这样的交流。②最重要的是，监狱作为国家的暴力机器，只是一个执行机构，这些法律法规并不是监狱制定的，监狱只负责执行。因此，无论是上面的指令压力，还是下面的执行压力，都集中到了监狱方身上，交由监狱方自己化解。所以，如何处理好新政策和服刑人员之间的问题，对他们而言是一个极大的挑战。也因为如此，对于减刑细则的问题，或许我们还要考虑到服刑人员的配合问题、立法机构的制定问题、政策的上传下达问题等，而不能仅仅从监狱一方出发，把问题的焦点放在监狱一方身上。

（3）性别的差异对监狱有何影响？从女子监狱到男子监狱，我深刻地感受到了二者的差别，个人其实无法列举所有的差别与影响，所以我仅从自身的所见所闻所想出发，稍作讨论。首先，从监狱的硬件设施上看，男子监狱的总体环境和布置，都比女子监狱的更为森严和肃穆，在女子监狱，我们还可以看到一些黑板报或者手抄报，而男子监狱完全没有发现类似的痕迹。其次，从情感方面看，据我们了解，女子监狱在节日的时候都会安排一些娱乐节目，而在亲情建设方面，女子监狱的限制相对较少，在男子监狱则非常严格。由此可见，或许是因为女性和男性的差别，普遍认为，女性相对情感丰富，而男性则较为阳刚理性，所以我国的执法机构也同样考虑到了这样的问题。最后，这样的差别同样表现在咨询的内容上，在男子监狱，我们更多地听到相对理性的话语，他们更加倾向于向我们提出疑惑或者与我们交流相对宏观的问题；而在女子监狱，我们则真正充当了一个“倾听者”的身份，她们更加愿意跟我们倾诉自己的生平经历，希望得到我们的建议和帮助，在这个过程中，她们往往会把自己内心的所想和软弱的一面表现出来。这是二者交流内容中最为不同的地方。由此可见，性别的差异很大程度上影响了监狱的具体实施和相关运作，更为重要的是，这种差异其实很大程度上也影响了人们的世界观、人生观和价值观，进而影响了他们看待世界和问题的思维模式和思考方向。（李潇）

现实中的监狱与我之前在电视上所见所感的还是有很大的不同，虽然他们所犯的都是重罪，但是他们其实也并没有那么可怕与不堪。他们同样也是人，是有思想的人。我这次是与两个服刑人员交流。在交流之前，我一直觉得自己很尴尬，不知道应该用什么样的身份与他们对话，了解他们的故事，作为一个学生我觉得自己的经验不足，不知道如何与他们很好地沟通，如何帮助他们，真的是有点害怕与心虚。而作为一个自由的人来说，我更害怕自己的这种身份会伤害到他们，就是我仿佛充当好人去打击他们，因为每个人的虚荣和羞耻之心都很严重，如果在他们的眼里把与我的差距看得很大，那么这样无形中就会对他们造成伤害。因为如果我是这些服刑人员，我会觉得很不自在，不知道如何面对，别人对于自己的看法过于重要，作为男性在这些年轻的学生面前更会觉得自己很不好意思。下面对我所交流的两个人进行介绍分析。

我总共只与两个服刑人员交流，但是严格来说只是对第一个人更为了解。

第一个服刑人员：今年 20 岁，湖南人，文化程度是初二，因为不喜欢读书就和自己的朋友一起来广州玩，当时年龄很小，没有社会经验，认识了很多朋友，各式各样的朋友都有。他入狱的原因是：17 岁时在网吧和朋友一起打游戏，然后和一个不认识的人起了冲突，他就叫了很多朋友来给那个人一点教训，但是他觉得教训还不够，所以就叫自己的朋友帮他买了一支枪，然后造成了严重伤人，他的刑期是 10 年。因为在狱中表现比较好，自己争取减刑，所以他还有四年半就可以出狱了。入狱期间，他的家人在深圳，所以会经常来看看他，并且他的零花钱是很多的，一个月差不多是 500 元。因为他以前抽烟所以一个月差不多 200 元都花在烟钱上。以上是他的基本情况，下面是我对交流中认为比较重要的几个问题的对话还原：

问题一：在狱中是否习惯？

答：我已经在里面 4 年了，但还是不习惯。（我问他这个问题的时候他不怎么看我而是低下头不断地摇头，嘴里就只是说不好，我追问是哪里不好，是不是太压制你们？他说就是觉得自己没有任何的自由，活得很没有意义。）

问题二：在狱中有没有朋友，和宿舍的人关系如何？

答：我在其他的监区有老乡，关系还是不错的。我们平时会一起打球，但是我们自由的时间还是不多，平时周一、三、五看电视，周二、四、六就是打球，在白天的时候就是劳动改造。

问题三：劳动改造有没有什么意义？

答：我认为对我没太大意义，就是浪费时间，每一天还是过得很快的，一天一下就过去了，所以我再忍忍就可以出狱了，时间还是很快的。

问题四：现在有没有什么想法，等到时候后出去了要做什么，从事什么工作，自己有什么特长？

答：没有，我觉得自己没有什么特长，不知道，因为现在想了也没用，都与外面隔离这么久了不需要知道，对于以后我会怎样我也没有太大的兴趣，因为知道了也没有用，还有四年的时间，现在了解过早了点。

问题五：有没有女朋友？

答：在入狱前有一个女朋友，现在那个女生还在等我（可以看出他很害羞的开心，觉得出去还是有人愿意接受他的）。而如今我最大的不满意就是现在刑法减刑的改动，这对我减刑的信心是一种很大的打击。整个人没有了动力，不像之前那样。（但是他和我说他还是会很快调整过来的。他真的很后悔当时的一时冲动，造成现在不好的结果。他以后不会再这么冲动。他是家里的独生子，所以父母比较娇惯他，他从小脾气就不是很好。而且他还很后悔自己没有什么文化，很多事情因为年轻冲动，自己没有体验过所以觉得很新鲜，被一种强烈的新鲜感诱惑着，总认为尝试一下自己会特别帅，特别酷，因为不是人人都敢去做，不会像自己一样。）

总结：我觉得他主要是由于两个原因导致自己做出这么严重

的行为，第一就是从小的教育，因为他是独生子，父母很忙也没有什么时间管他，与一些不是很好的朋友一起玩；第二则是没有文化，他在意识形成时，没有用知识充实自己，而是选择很空虚地玩电脑游戏，与朋友乱玩。

第二个服刑人员：今年 22 岁，湖北人，初中毕业就没有读书，和朋友到广州来玩，混日子，由于经济问题他去抢劫，被判五年，还有一年时间他就会出狱，在他坐监期间他的家人没有来看过他。

由于他个人不愿意和我讲话，我也没有问太多，与他聊完以后认为他的条件好像不是特别好，在监狱里面因为自己不是很喜欢讲话所以朋友也不是很多，虽然他快出狱了，但是他自己还是很迷茫，觉得在这里没有什么意思，不知道自己到底可以做什么，也不愿意去想。虽然后悔，但是实际上对自己的未来并没有什么计划。

总结：从他们的讲话中会感觉到他们最大的问题是很空虚，他们不知道一天到底在做什么，觉得在里面有时候真的很痛苦，一想到还能出去又不得不抱一些希望，但是天天生活都是一样的，又不能接触到外面的世界，就算现在知道什么也没有任何意义，所以他们也不愿意去知道外面的社会现在是怎样的。

这次参观男子监狱，有很不一样的感觉。这些服刑人员的生活真的是非常单调，每一天的生活都差不多一样。他们是一群几乎与世隔绝的人，很难想象现在的我们如果突然变为这种生活方式，那我们的心理与生理落差有多大。

“其实我们每一个人都是有罪的，都是一个犯罪的人”，这句话是我在与服刑人员交流的时候心里一直出现的话。我个人认为我们每一个人都是一个有罪的人，而我们的罪不足以去触及法律，比如一些道德伦理的问题和一些不是很光彩的事。对于我自己来说，当我面对他们的时候，我自己与他们最大的不同就是我有人身自由，我可以依照我的意志去做事，但是我自己与他们其实是没有差很远的。这个感觉，就像是《圣经》中的原罪一样，我们人一生下来就是一个有罪的本体，所以在我们的一生中必定包含着不完美，我们的私欲、我们的自傲、我们的贪婪，这些必定会使我们自身充满罪恶。所以在与他们交流的时候我抱着一种反省自己，他们与自己是平等的心态。（赵晓瑜）

接下来我们就开始了座谈会，座谈会以“中山大学帮教”为主题，当接触了犯人之后，我们得知他们是每个监区的犯人代表。颜科长在演讲台上进行演讲，他的话语每个犯人都必须认真地记录和听取，而到了杨老师时，情况则有些不同，私语声开始出现。在一楼房间的后面坐满了狱警，而四周和场内也有服刑人员代表在拍照和录像，一切都需要被记录下来，不能错过任何事情。当上面的讲话一结束，我背后的干警就跑过来和我说“他们很多人也是本科生，你们要引以为鉴”。据了解，今天讲课同学的视频还会在监狱内不停地播出，供服刑人员不断地学习。

但座谈开始后，我发现我的采访对象很积极乐观，甚至有些过分活跃。有一种在交流中与学生故意找茬的感觉，其间充满着挑衅的火药味，一味地否定我们所接受的价值观，并诉诸其以往的经验来加以论证，诸如你们不懂什么叫做社会，你们不懂读书的用处之类的，之后是一通教化之言。我个人感觉这并非是正能量，而仅仅是一种宣泄。客观地讲，服刑人员总体上的态度是可以接受的。根据讲话的内容，监狱希望服刑人员从我们身上了解到社会新的信息，以及在法律和心理上得到帮助。我一直在怀疑，他们很喜欢座谈是不是因为座谈可以帮助他们规避体力劳动。所以，我首先就问及这个问题，但是犯人的回答超出我的想象。他们异口同声地说没有，我听得出这是真心话。他们说他们平时有各种文体活动，其实生活还算是规律的。每个监区内都会制作板报，有体育及相关的文化活动，这些就为高学历的人创造了减刑的机会，这算是监狱内部教化的一种范式，聪明的人往往比较会讨狱警的喜欢。

除此之外，当我问及他们入狱的原因时，我了解到他们四个人中有两个人是因为毒品而进入监狱服刑的，另外两人一个是因为挪用公款，另一个是因为激情犯罪而服刑，激情犯罪者学历最高——研究生，30 岁出头的样子。当问及他们是否知道自己违法时，他们回答道对于违法他们是知道的，至于量刑如何则不是很清楚。这时一个年纪较大的服刑人员凑过来说，年轻人你不要以为进来的人都是低智商，他们多数都是反复进来，甚至很熟悉法律，并且利用法律来规避一些刑罚，如将死刑规避为无期徒刑或者将 20 年有期徒刑规避为 10 年等。这个时候，挪用公款的服刑人员，就和我讲人的侥幸心理，人多数时候总是首先解决眼前的问题，之后想着目前犯的小错误可以以后慢慢弥补，但实际上这是行不通的。

这位挪用公款的服刑人员，我下面就叫他小王吧。小王是厦门大学毕业，财务管理专业，在毕业后进入事业单位工作，工作没有什么特别大的波动，他也是比较满足的。他的妻子也是大学生，目前为广州大学教师，教英语。在他服刑前，他的女儿两岁，而今年已经六岁了。当我问他关于监狱的一些事情时，他的回答总是有说有笑的，简单地说已经不太在乎了，但是实际上多是出于无奈。对于监狱内的服刑人员，当你问及他们目前的希望以及期许的时候，他们提供了两种答案，一种是比较程序化的，如：（1）监期快到了，有盼头；（2）目前监狱的生活比较简单，社会关系也比较简单，时间长了就习惯了；（3）出狱以后还是可以有所作为的。按照犯人自己的心愿而言，则是减刑。唯有减刑才能调动犯人的积极性，监狱内的一切表现都是围绕减刑进行的，狱警想这些犯人早些离开，犯人也想早些离开，实际上减刑需要的嘉奖已经成为监狱内部的“硬通货”。其中无期的服刑人员多数在监狱里面混日子，很多时候为了“找乐子”就打架斗殴，甚至有些想尽办法结束自己的生命，当然有些还年轻的则在争取25年的减刑额度。

这样的谈话似乎早已在各种帮教的座谈会后练成，为了打破这种局面，我把谈话的中心转向了亲情。当我问及你有多长时间没有看到自己的女儿时，小王的面色不再嬉戏，而是变得严肃起来，他声音低沉地说四年多从没有见过，现在的小孩子懂事都比较早，不能带她来这种地方。我难以想象一位父亲在子女最需要自己的时候却不能陪在身边，四年不能见到自己的孩子，这是如何的一种痛。如此，我便追问小王：“你不怕法律吗?”他回答道：“怕，刚开始进入派出所时腿都在抖，心里面害怕得很，但是一切都晚了。”而今，已经习惯，刚开始的时候内心中有无数种念头闪过，之后的一段日子在狱友和自己爱人的帮助下才慢慢走出来，没有亲人来看望的犯人太难熬。

据小王说，在他服刑期间，他的爱人没有选择离婚，而是独自抚养孩子并且定期来监狱看望他，但他还是明显地感觉到他老婆和他的关系已经不是以前那种，疏离感越发加深，不知道自己出狱后能否做出改变，对于这样的关系他抱有的希望较小。他只希望出去后自己做点事情，并且兴奋地介绍道，最近他很关注电子商务，想自己做，争取在 7—8 年的时间内做出成绩来，在经济上对于家庭有所弥补。当我接着问道，你选择类似于淘宝店这种能够自己干的，是因为担心社会的歧视吗？他犹豫了一下，说会担心这个，还是自己干活比较踏实。我不能再追问下去，我不想将这样的真心话变成追问和回答的游戏。我便对他们四个很严肃地讲道，英雄莫问出处。四人的目光中有了几分坚定，随后继续打趣。

当我问及小王出去后是否会在利益的作用下再次选择触犯刑法时，他告诉我这个说不准，法律的效益不在于此，社会总有太多的无奈。而后，我对他身边一个因为贩毒进来的服刑人员进行访谈，当我问及他什么时候进来时，他的眼睛中闪过一点迟疑，不知是迟疑什么，随后说道是九几年的时候进来的，还有四五年才能出去。他也是大学生，但在谈吐上已经变得市井气息十足，后来他的室友告诉我他是北京大学毕业的，我有些吃惊。我便接着问他是否是因为吸毒，他回答道是因为贩毒，国家对这方面管得比较严格。我感叹于他的学历的同时，也问他是否有子女。他的回答斩钉截铁，没有子女，也没有娶妻，进来得比较早，已经20多年了，有些庆幸有些感伤。

谈话还未进行完，颜科长便在前面宣布座谈结束了。我有些不适应，但是服刑人员倒是没有什么异样。或许我的访谈对他们而言仅仅是每年要应付的各种帮教活动中的一个，减刑才是王道。但他们要回监区时，我主动起身和我访谈的四位对象握手，起初他们有些吃惊，随后轻轻地握手后离开。我想全场是否只有我和他们握手了呢？他们出门时特意地看了看我。

在回来的路上，想起在入监前杨老师托我买两本书籍送给颜科长，我觉得这个地方确实有太多的故事，有太多的无奈，有太多的不可理解。回来后，当女友问及我的感受时，我沉默了。（李超）

在警官简单说了狱务公开、刑法执行、教育改造等方面的内容后，与服刑人员面对面交流就开始了。我和梁于宁同学的对面坐着四个服刑人员，其中有三个人都五十岁左右，年纪比较大，另一个则比较年轻。有一个狱警告诉我们那三个年纪较长的人都是职务犯罪，以前都是当领导的，可以和他们好好聊聊，所以整个聊天过程我和梁于宁同学多是和那三个职务犯罪者聊天。虽然按理说是我们解决他们的疑惑，但事实上，反而是他们教给我们许多道理。

从外貌上看，这三个职务犯罪的人斯斯文文的，脸上总是带着笑容，给人一种儒雅的感觉，其中有一个人稍微年轻一点，大概四十多岁，其他两人都五十多岁了。他们看到我们就先问了我们的年纪，然后说自己的儿女都比我们大，除了那个四十多岁的人的儿子比我们小一点。所以全程我们就像和长辈聊天一样和他们说话。虽说应该是他们咨询我们问题，但好像他们并没有什么问题需要咨询我。只有那个四十多岁的问我们像他这样的出去以后能做什么，这个问题本来是有一个标准答案的，那就是在监狱里接受劳动技能培训，出去以后去打工。但这个答案对他们来说明显是不适用的，就像他们自己所说，他们的政治生命已经结束了，而他们原来都是公务员，出来以后再做诸如工人之类的工作不现实，年纪上也不允许。对于那两个年纪稍大的，他们说像他们四五年后出去就是养老了，可是那个四十多岁的似乎还没到养老的年纪。我当场没有回答这个问题，但后来想想如果真的出去以后想工作的话，那么适合他们的且不会歧视他们的工作就只有经商了。我问他们在监狱里生活怎么样，他们说生活得很好，身体反而比以前更好了，以前在外面天天都是应酬，把身体搞垮了，现在在里面作息规律，运动多，身体反而好了。他们三个都说他们在监狱里生活得很开心，有了更多的时间看书，在监狱里读的书比在外面几年读的书都多。活到他们这样，在监狱里反而悟了，他们告诉我们现在理解到人生中最重要的不是钱也不是权，而是身体、亲情和知识。我问他们入狱后和家人关系怎么样，他们说和家人关系都很好，其中有一人的夫人更是每个月都来探监，让她不要来了还是来。他们告诉我们只有身体、亲情、知识是自己的，别人拿都拿不走，他们还用自己的亲身经历告诉我们不要太相信别人，相信别人会太累。

除了说自己的故事外，他们也还很关心我们的情况，有一个人应该曾经在珠海工作，得知我们是中山大学的学生，还问我们是否在珠海学习过，关心我们将来的去向。他们无一不叮嘱我们，要好好学习，学习到的知识是自己一生用之不尽的财富。那个四十多岁的犯人，是中文系研究生毕业，他后来给我们说了一番话，让我觉得获益匪浅。他先问我们知不知道前段时间五四青年节习主席去北大讲话，主席勉励青年说："就像穿衣服扣扣子一样，如果第一粒扣子扣错了，剩余的扣子都会扣错。人生的扣子从一开始就要扣好。"人生的第一粒扣子很重要，但是事实上，人生的每一粒扣子都很重要，我们应该扣好每一粒扣子。他以他们仨自身的例子来教育我们，他们从小到大都是先进，一个是1979年参加对越南战争的英雄，另一个是书画家，全国书画协会会员，可以说他们的第一粒扣子都扣好了。但是他们现在却进了监狱，连自己都不清楚自己哪一粒扣子没扣好，所以人生的每一粒扣子都要扣好。他们说他们原来也十分痛恨贪污犯罪，可是一旦自己到了敏感岗位竟然也卷进去了。一开始关进来的时候还有一些不服气，但是随着在监狱每天安静地思考，也已经想通了，制度固然有问题，固然有这样的游戏规则存在，但归根结底还是自己没有坚守住自己。聊天的时间很短，很快就结束了，我们也意犹未尽地结束了和他们的对话。

这次的对话完全不同于在女监的对话，我感到自己收获到很多东西。监狱是一个规训惩罚的工具，尽管它努力地想挽救和改造犯人，但我们不得不承认很多犯人就是反社会人格，监狱改变不了这一点，挽救不了。不过对于有的人，他们只是扣错了人生中的一粒扣子，对于这样的人，监狱的惩罚是不是适当？那些劳

动改造内容是否已经过时了？现今的监区划分是否合理？惩罚、挽救，监狱要做好这一点任重而道远。（何楠）

我参加这次活动的目的不是单纯地去了解监狱的状况，而是在了解这些状况的基础之上，分析状况背后隐含的一些价值信念，并评判这些价值信念的合理性，尝试着用理性思考做出一些反思与修正，我觉得这才应该是哲学本身能够对监狱、对弱势群体做出的特殊的贡献。我们不是法学学生，不能就法律问题帮他们很好地答疑解惑。我们也不是心理学学生，不能很好地抚慰他们的心灵。我们也不是医生，不能治疗他们的疾病。然而，哲学学生或许能够帮他们做到一点，那就是帮助他们进行反思，思考他们当下特殊社会身份的意义以及在这样一个社会身份背后的，造成这样一种社会身份的权力的意义，并尝试着厘清这个意义，改写这个意义。

我在兴趣选择中选了哲学咨询，也阅读了老师分享的关于哲学咨询的材料。通过自己的思考，认为哲学咨询确实是一种很好的哲学应用的方式，但一定不能被淡化为某种激励，类似某种心灵鸡汤，那是对哲学本身的亵渎。

哲学咨询的意义并不一定在于传递什么价值观，而是尝试着引导咨询者发现自己本身被遮蔽的理性，发现自己日常的思维懒惰，从而开始对自己的生活进行全方位的有效的反思。因此，哲学咨询是咨询者与被咨询者就咨询者遇到的问题展开的讨论交流，哲学咨询不能是一次性的，而是反复多次的。如果说心理咨询的目的在于让咨询者形成好的心理状态，那么哲学咨询的目的就是帮助咨询者，引导咨询者解决一些困惑。我初步拟定的流程如下：

（1）咨询者向被咨询者阐释困惑，要求咨询者语言流畅，客观公正。被咨询者认真倾听，同时具有较强的分析力与洞察力，能够迅速把握困惑的要点。

（2）经过思考后（可能是几天甚至几周），被咨询者向咨询者阐释出困惑的实际内容以及核心问题，并围绕着核心问题提出一些相关的问题留给咨询者进行思考。

（3）咨询者思考后，再与被咨询者讨论并提出新的困惑。双方针对问题不断地往复思考直至咨询者不再感到困惑为止。

在此，被咨询者必须拥有很高的哲学素养，不仅要有很强的思维能力，也要有较强的职业精神，即奉献服务的精神。被咨询者需要避免用含糊深奥的回答来使咨询者产生敬畏（否则就变成了宗教解脱而不是哲学咨询了），人们现实中的许多所谓的心理问题其实都是关于世界关于人生的困惑，而心理咨询师并没有能力为他们解答而只会强迫他们淡忘。在我阅读哲学咨询的材料时，觉得哲学咨询常常被拿来与心理咨询作比较，并尝试向心理咨询的运营模式靠拢。个人的观点是：哲学咨询应当开辟属于自己的新的途径和运营方式，由于咨询者与被咨询者都需要进行一定的哲学思考，所以不可能是短期的、瞬时见效的，必须要有多次回访交流，也不需要什么情景式体验，环境布置一定要以促进思考为主。哲学咨询是一个互动的活动，心理咨询相比之下就更多的是单向的，哲学咨询是信息的思想的交流，心理咨询则是信息的传递。我是觉得在当代开展哲学咨询确实是很有意义的，但问题在于在中国哪个哲学研究机构愿意当这第一个吃螃蟹的人。如果中山大学哲学系希望开展哲学咨询这样的社会服务，开辟一个常驻的哲学咨询站的话，我是非常愿意贡献一分力量的。（胡子恒）

那日从男监回来后，我一直在思考一个问题，那就是自由对于一个人的价值。在咨询过程中我发现在监狱中的服刑人员关注较多的是监狱外的社会现状，以及如何改善自己在监狱内的境况。我感觉他们主要是需要一个倾诉的途径和对象，而我则尽量扮演好这个角色。跟我一组的服刑人员多次向我提到他在监狱外的妻子、女儿和儿子，家人是他坚持下去的动力和意义。在与他的对话中，我了解到监狱的管理总体来说还是较为人性化的，吃穿住和就医都还蛮方便，他比较担心的是出狱之后，社会是否愿意接纳他。真正接触这些服刑人员我才感觉到，其实他们并非那么穷凶极恶，他们也只是一个普通人，不过是误入歧途，做错了事的普通人，毕竟人非圣贤，孰能无过。他们仍有着对家人的牵挂，对正常的社会生活的期待，需要与监狱外的人进行交流和沟通。如果国家不做好他们出狱后的疏导和安排，而社会又不愿接纳他们，很可能他们又会重蹈覆辙，新的悲剧又会发生。在咨询结束的时候，跟我一组的服刑人员在走了之后又跑回来跟我讲他很高兴与我聊天，听到这一句，我感到自己这趟没有白来，也许之后他面对的仍是漫漫的狱中生活，但这一次的咨询活动让他有机会接触到外面的人，听到外面的世界，也算是他漫长狱中生活的一丝阳光吧，我很乐意能够给他哪怕是一丝丝、一点点的帮助。所以我认为这样的活动很有意义，对于我们，这是了解服刑人员监狱生活的一个渠道，而对于他们，这是一个与外界人员沟通的良好途径。（法学院　唐茜）

在监狱方的安排下，我们和服刑人员代表进行了约30分钟的交流。和我一起交流的有三位服刑人员，分别是广东人、湖北人和湖南人。他们的第一个问题是对监狱和犯人是不是感到恐惧，我简短表达了我的真实想法，我觉得监狱和医院差不多，都是外人看来很神秘，但任何人健康出了大问题就去医院，行为出了大问题去监狱，都是很正常的社会现象，我的解释得到他们的认可，活跃了谈话氛围。我问他们的罪名和刑期，但他们只说了刑期，没有告知罪名，我尊重他们的隐私，没有继续问下去，就问他们在刑事诉讼程序中有没有感觉受到不公正待遇。他们这方面谈得不多，主要问了一下现在减刑的事宜，我也大致解释了一下现在最高法院对减刑制度严格化的原因。同时，我和他们聊了一下他们现在在监狱里的生活和他们家里亲人对他们现况的关心等问题，也聊了现在监狱管理制度有哪些方面还需要改进等，末了我主动和他们一一握手，在轻松愉快的氛围中结束了交流活动。

我们在离开监狱时，在监狱铁门处接受了严格出入检查，看见持枪武警战士不停晃动的身影才感觉出这里是真正的监狱。今天的参观活动时刻提醒着我们：违法犯罪的归宿只能是监狱！我们可以感叹他们自由的丧失，社会对他们的冷眼相待，但他们也曾犯下罪行让我们痛恨万分。监狱是犯罪分子最后的归宿。任何人都应该为自己的错误行为付出代价，任何人也有被改造成为对社会有贡献的一分子的可能性。每个圣人都有过去，每个罪人都有未来！自由诚可贵，劝君多珍惜！（法学院　杨旭）

第五章 2015年监狱实习报告

第一节 2015年女监实习报告

2015年6月8日上午，我们哲学系2012级本科生27人和法学院硕士研究生6人跟随杨老师来到女子监狱实习。9∶30左右，我们开始为服刑人员进行法律咨询和心理咨询。第一位服刑人员很尊重地叫我老师，然后就一股脑儿地把自己犯罪的时间经过以及打官司的经过都告诉了我，她是2015年3月16日入的狱，是经济犯罪。她因为欠款100万元而被告上法庭，她10年前做别人的担保人，别人赔不出钱，她被卷入，由她赔款，好在她还有住房公积金，在过去10年间已经还了1000万元，还剩下100万元，对方要求在一个月内还清，由于她没钱还，所以就入狱了。她感到很愤怒，觉得自己不应该被捕，因为她是出于诚信，留下来帮人还钱，而那些逃跑的人却不用承担任何责任。她觉得自己入狱是因为不懂社会的游戏规则，同时她也觉得法律是不完善的。她今年40岁，没有结婚，父母由姐姐照顾。她说本来她的案件可以算民事诉讼，可硬是被判成了刑事案件，所以判了较长的刑期。她说完后我告诉她我不是法律咨询，她那焦急期待的眼神顿时被浇熄，然后得知我隔壁同学可以做法律咨询的时候就认真地听着她们对话、急切地等待着。

第二位服刑人员一开始就咧嘴笑着，她笑着搬好凳子坐下来，跟我说："老师，我觉得我心理有问题，你帮看看。"你可以想象一个笑得很开心的人跟你说她心理有问题的感觉，一开始真的很担心。后来才知道，她的问题是怎么控制情绪，让自己不要乱发脾气，心情不要那么烦躁。我便开始问她入狱前的情况、入狱的原因及入狱后的生活。她入狱前开了一个发廊，有两个孩子，一儿一女，丈夫在附近的工厂打工，公婆待她也挺好的。旁人都说，她遇上了一个好老公，凡事都听她的、体贴她。她说她不喜欢老公，当初只是别人介绍的，自己其实不喜欢，将就着就结婚了。她承认她的老公对她好，不管她做什么事情，她的老公都不反对，而且有时候发廊生意好，她的老公会给她送饭，对她很体贴。儿女开始比较懂事，后来花钱大手大脚，总是跟她要钱，丈夫也不管孩子，下班回来后家里什么都不管。她总觉得家里的钱不够用，而且丈夫又窝囊没本事，挣的钱不多。自己也没文化，只读到小学三四年级就没有读下去。在这种情况下，她觉得心烦，孩子不争气，丈夫又不管她。心烦的时候，曾操起刀追儿子跑，又不忍心砍儿子，就把别人的车砍了。旁人很不理解她为什么脾气那么暴躁，劝她说，家人都对你那么好，你为什么老是发那么大的脾气。她自己也很苦恼，但就是没办法控制自己的情绪。至于入狱的原因，她讲得比较含糊，她说一开始是正正经经地给人理发，后来就投机了。她说进监狱之后，每个月家人都会来看她，但她就是不想看见他们，觉得厌恶他们，其实她心里清楚家人很爱她，但她不知道为什么自己总觉得烦躁，到晚上就忍不住胡思乱想，很烦，就是不想看见家人。于是我就只能凭着一些常识告诉她怎么解决这个问题了。例如告诉她保证足够的睡眠，多听舒缓的音乐，多锻炼身体。比如做瑜伽等，还可以练练毛笔字等，都有助于心情的平静。她听完后，表现出满意的样子，开心地离开了。

第三位是位61岁的阿姨，她2000年开始坐牢。她是陪一个狱友过来做法律咨询的，可能是觉得无聊，便过来跟我说了几句。她以前在广州当公务员，因为受贿被捕。她之前在牢里做的工作是不需要和别人一起做的，就在最近她被调到新的监舍，她觉得很不适应，她经常看不惯周围人的言行，觉得自己与她们格格不入，但是心里又特别郁闷，特别想找人倾诉，却找不到可以说话的人。为了避免和周围的人接触，她就一下子买了两三千元的书，每天在寝室看书，不和别人说话。一开始她看不惯就说，结果得罪了人，后来她每次早上起床后都不断暗示自己，不要说不要说。跟我倾诉着，她就流泪了，不过很快就停住了，擦拭着眼泪的她觉得有点不好意思。对这位阿姨，我没有提供太多的建议，我只是说我非常能理解她的心情。没一会儿，她的狱友咨询完毕，她们牵着手，我问她们，关系很好哦？她的狱友说，是啊，我们俩很好的。她终于有了笑容。

年轻的女服刑人员就像春天盛开的鲜花，娇艳而有活力，不同的是，她们的花季在灰冷的与世隔绝的高墙中度过。我和王夕心同学报了一个弹唱的节目，当时对她们节目的想象是，穿着牢服的、剪着参差不齐的短发的、无精打采的、一脸倦怠的女人，哼唱着老歌，跳着简单的舞蹈，对于我们来说，可能看着会觉得伤心无趣，而对她们来说，却已是很好的娱乐方式。然而，由于事先的想象与现实看到的差距太大，以至于看见她们如一只只美丽的蝴蝶鱼贯而出的时候，我们都怀疑自己不是身处监狱，而是在一个剧院里看专业演出。那些姑娘们个个身着漂亮的舞蹈服装，涂抹着精致的妆容，她们扭动着纤细的腰肢，身体灵活柔软地随着音乐舞动，在表演过程中，她们脸上一直带着笑，笑得如此自然。她们欢快的舞蹈和自然的笑似乎一直都在告诉观众们，此刻她们很幸福，她们在这里过得很好。

我和夕心在后台候场，后台只有两个主持人和一个身着囚服的 25 岁左右的女生，这 3 个女服刑人员都长得很标致，而且表现得很敬业。三个人要报幕、拉幕布、当道具组、当音控师，工作起来比较忙。后台的设备虽然简单且数量少，但基本的设备她们都有。我弹尤克里里需要谱架，她们特地去楼上取了下来。主持人反复背着手中的主持稿，非常认真。在轮到我们上场的时候，几个人一起把道具搬了上去，可能节目多数是舞蹈，不需要用到麦克风，所以一开始我们唱的时候，麦克风完全没有声音，后来其中一人上来帮我们解决了这个问题。我们唱的第一首歌是邓丽君的《月亮代表我的心》，这首歌大家都耳熟能详，当我们唱完第一句的时候，台下就响起了掌声，接着台下观众纷纷和我们一起唱了起来，前排的一个黑人服刑人员一直都很 high，手一直跟着旋律挥动，仿佛是在听演唱会。第二首是具有较强节奏感的《一个像夏天一个像秋天》，我们一边唱，大家一边鼓掌打节拍。总之，她们完全没有愁闷的表现。

临别时我们都领到了监狱方面送给我们的服刑人员做的卡片，卡片色彩斑斓，表现得特别积极、美好。有花、有蝴蝶、有小女孩，而且有好一部分是表达爱和幸福的，例如我收到的卡片是两只猫相依相偎，尾巴构成了一个爱心，其他同学拿到的卡片上有很多写着“love”的，还有一位同学拿到了两只海豚从海面跃起亲吻构成爱心的图的卡片。她们即将出狱，通过卡片我看到了她们内心世界的美好。同时我也看到了她们对爱情的憧憬，对家庭、对爱的渴望，谁不希望风雨过后终于等到幸福的彩虹呢？（房苑斐）

在与第一位咨询人员祝福告别之后，第二位咨询人员主动坐到我的面前，她齐耳的短发，略胖的身材，脸庞温润，气色较好。坐下之后她主动开口，叫我老师，我赶忙解释自己是一名在校大学生，但这似乎没给她带来丝毫影响，她随即继续说起来。可能是因为口音的缘故（她是贵州人），我感觉这位服刑人员口齿不太清晰，就努力猜测她的意思。她一开始先谈自己来咨询的原因，表达较为委婉，经过进一步的追问，我了解到她是跟舍友中的一些人有些不和，而导致自己心中抑郁，不知如何排解。不和的关键点在于她介意别人总是因没有家人来看她而闲言碎语，甚至有人出言打击她。沿着这个话题说开之后，我对这名服刑人员有了更深的了解，也感受到了女子监狱的这种“非官方监狱文化”的力量。

事情是这样的：从这位服刑人员自身的角度，她虽口上说自己手脚麻利、每月提成能拿到300多元，完全能够养活自己，不想给家人带来负担所以跟家里人断了联系，她也反复强调这些都是自己的血汗钱，有什么可丢人的，但是从她的顾此言彼，从她对过往的诉说需求及希望被认同的强烈渴望，我感受得到她内心是十分在意并且渴望与家人联系的。当然，这与她的入狱经历密切相关。

这位服刑人员被判无期徒刑，后转为22年有期徒刑，现已在监狱4年，还有18年的刑期。她是贵州人，户口迁至广东，从事餐饮娱乐行业，曾经营有自己的洗发、按摩、餐饮服务的整座楼，文化程度虽然不高，但非常精干，事业可谓是很顺利的。但家庭生活这一部分却有残缺，她已婚并育有一子，但因与婆婆不和被逼离婚，后来与丈夫商议假离婚，并这样维持了17年。据她所说，她婆婆为人尖酸刻薄是全村有名的，4个儿子其中3个结过婚，但3个儿媳都被婆婆逼走了，她作为大儿媳，是依靠17年的假离婚才得以保住这段婚姻。婆婆排斥儿媳的原因是认为儿媳抢走了自己辛苦养大的儿子，所以这位服刑人员一度猜测她丈夫与婆婆之间有异常于母子的感情。奇怪的是对于儿媳所生的孩子，婆婆倒是相当疼爱。听到这里我觉得若是如此，那么她婆婆应该是有些心理疾病才会有如此过激的心理和行为。相对于婆婆的蛮不讲理、毫无人情、咄咄逼人，她觉得公公是对她很好的，总是买她喜欢的菜，对她嘘寒问暖。矛盾就出在这样善良的公公去世的时候，那时她仍在假离婚状态，内心十分犹豫要不要回家参加丧礼，在丈夫、儿子的劝说下还是决定回去。但在家期间遭到婆婆及其外甥女的殴打，手背上至今仍有牙齿的咬痕，殴打过程中婆婆用水果刀企图刺她的腹部，但被她夺过刀子并将其杀害。

到了这个时候我才知道原来她是杀人犯，但听了这样的诉说我并没有产生恐惧感，反而对她有些同情。她倒是很坦然，说自己做的事自己会承担责任。但我觉得这样的家庭暴力案件真的是人间悲剧，杀害婆婆的罪行不管怎样都将给这个家庭带来深重的灾难和心灵的重创，我想这也是她不与家人联系又硬撑着说是自己不愿意的苦衷吧。

从她与舍友的关系的角度，则引出女子监狱与男子监狱相比一个显著的特征，我概括为拉帮结派、闲言碎语的“非官方监狱文化”。据这位服刑人员所说，因为手脚麻利，脑袋灵光，她在集体劳动中是很有优势的，几乎每次都能加分、拿到嘉奖。这无疑引起了同监舍舍友的嫉妒，于是按她的话说，那些“没有什么文化”的人就会打击她，说为什么她没有家人来看，也没有家人送钱之类的挖苦的话。我注意到她在说自己不需要家人来看的时候提到了狱警，说狱警的一些关心、交流也可以满足自己的感情需要。显然，这场拉帮结派还与对狱警的态度有关，她作为“亲狱警”者而被挤兑。当问及是否所有人都这样时，她说那些“有文化的”不会管别人的事，从这样的描述中，我想我们大体可以感受她们的生活和心理状态。

与狱警座谈时出监队的队长说，她们的工作就是帮助犯人“重新推开人生的第二扇门”，这句充满温情的话给了我很大的触动。根据之前与服刑人员的交流，我们知道她们最大的甚至是唯一的期望就是减刑，可以早日出狱获得自由；而狱警们所有艰辛的付出也都是为了这些犯人出狱之后可以正常地、健康地在这个社会生活；所有的人都在期待着一场重生。监狱监禁服刑人员的期望就在于，当这些服刑人员在各种力量的帮助下，推开人生的第二扇门时，她们可以乐观、从容、充满爱和希望地迈进去。

我觉得有了这样的期盼，监狱就不仅仅是一个规训、惩罚的机构，也是一个生命沉淀、交融的地方。（王雪柯）

我想重点说一下我在法律咨询过程中心理状态的变化。一开始我并没有多想，只是抱着帮助他人的心态进行问题的解答，我的动机非常单纯。但是我的想法在回答了第三个犯人之后开始转变，我开始思考她们是不是真心地提出这样的问题，还是她们只是想通过这样的提问得到一个她们想听到的答案而已。犯人们所提的问题无非有以下三大类：罚金与减刑问题、婚姻子女问题、财产纠纷问题。而这三类问题又可以分成两大类，即入狱之前已经发生的问题和入狱之后引发的问题。而且犯人们的问题在一定程度上具有极大的相似性，同时文盲的比重也是比较大的。

犯人们提问的目的性都很强，都是很具体的关系到切身利益的问题。并且在她们提问的描述方式中，她们都不习惯使用“我”这个主语代词，而是说出一个假设性的案例，而这个假设性案例我们很明显可以分析出就是她个人的经历，而且她们在描述问题的时候都很习惯性或者是有意识地只描述一些对自己有利的情节，并以此来询问我对这个案件的看法。我认为通常她们在这样提出问题的时候心里面已经有了一个自己的答案，然后她们这样提问只是为了诱导我回答一个和她们心理预期相符合的答案，借此来安慰自己或者为下一步的申诉做准备（这只是猜测）。而我在面对这种情况的时候通常并不直接回答她们的提问，而是根据需要进一步向她们索取更多信息以便更加全面地了解案情。所以在解答这一类问题的时候，我总是比较小心谨慎，而且在一个多小时的咨询环节里面，我还慢慢地学会辨别她们是不是真的需要一个答案，还是只是需要一个迎合自己的回答。

慢慢地我在咨询的过程中越发觉得，女子监狱的复杂程度可能是男子监狱的几倍，我做出这样的推测是基于女性自身的生理和心理特点以及对犯人们提问方式、提问内容和犯人们的神态打扮等的细微观察。在随后的座谈会中入监队队长对我们的提问的回答更是说明确实存在这样的问题。

还有一些细节的地方。我认为女监小团体的现象比较严重。这是从我在观看表演的时候看到后排犯人们的就座的情景联想到的。按道理犯人坐的小凳子应该是各行各列对齐的，而在后排的位置可能因为狱警没有看到，犯人们都私自挪动小凳子向一些小区域靠拢，但是凳子移动的范围并不大。

最后是个人的一些感想，在监狱见习的过程中我认为最重要的是保证自己的个人立场，首先要明确犯人为什么成为犯人以及明确她们在监狱是接受惩罚的，在这样的基础上我们再进行沟通，不能够完全相信她们所说的话，而且与她们做咨询的时候要尽可能多地了解信息，以便从较全面的角度去回答她们的问题，同时在索取需要的信息的时候也要尽量顺着她们的思路，而不是从假定思路出发，这样能够保证双方在一个相对愉快的环境下进行交谈，同时这也是一种自我保护的方法。（邱梓豪）

我的第二个咨询对象进来的时候拿着写满一页纸的法律问题，这是几个狱友问题的汇总，而她则是代表。我的心里其实是有些感动的，可以看出她们是重视这次咨询的，从得知我们要来开始，她们都做了一定的准备，并且相信我们能够帮到她们。我也希望自己可以帮助她们解决这些问题，不过遗憾的是我只能一遍遍地说着“这个问题我可以先记录下来再帮你问”。好在当我把话题转到日常生活和她出狱后的打算时，她也并没有显示出太大的失落感。

第三个咨询对象是一位47岁的阿姨，恰好是我父母的年纪。她的心理状态相当不好，一方面是5号文件的打击，另一方面是家中哥哥的去世和对老母亲身体的担心，所以她没说几句话就开始流泪了。我真的不知道如何去安慰她，跟她说一切都会好起来吗？这是多么苍白无力的话！回来的时候我在想，我们究竟应该如何去安慰别人呢？从小到大其实我们遇到过很多需要我们去安慰的对象，可能不只是我，很多人都容易在一个流泪的人面前手足无措，你很想让自己发挥一些作用但是又不知道如何去做。曾经有人跟我说，面对这种情况，你只要不说话，待在他的身边，做一些安慰的动作，比如拍拍背、拥抱就是最大的支持了。Facebook 女 COO 雪莉·桑德伯格在纪念离世丈夫的长文中写到别人给予她安慰时她自己内心的一些回应，这个刚刚经历了丧偶之痛的女人对自己内心的剖析也许恰是对我们所敲的一个警钟：

> 我也知道了，原来我从来都不知道怎么去安慰那些需要帮助的人。我以前说的话都是错的；我一直对人们说，一切会好起来，我以为希望是我能够给他们的最好的安慰。我的一位癌症晚期的朋友对我说，人们对他说的最糟糕的话就是“一切都会好起来的”。那句话会一直在他的脑海里尖叫。你怎么知道一切会好起来呢？你知道我可能会死吗？在过去

一个月，我理解了他的这句话。

真正的同情，不是坚持说一切会好起来的，而是承认一切不会好起来。当人们对我说，“你和你的孩子们会重新快乐起来的”，我的心告诉我，是的，我相信，可是我知道我永远也不可能感受到单纯的快乐了。

即使是那些经常是出于最大的善意而问出来的一句简单的“你过得怎么样”，也不如换成问我“你今天过得怎么样”。当人们问我“你过得怎么样”的时候，我几乎忍不住要吼出来，“我的丈夫一个月前死了，你觉得我现在过得怎么样了？”可是当我听到“你今天过得怎么样”的时候，我知道，对方知道我现在能够做的，是努力度过今天。也有人对我说，“你的人生会恢复正常，可是再也不会像从前那样美好”，这样的话反而更能够安慰我，因为他们知道真相，并且告诉了我真相。

我不知道是不是应该跟那个阿姨说：“是的，您还要在监狱中多待三四年，这个过程会很漫长，很辛苦，但是再多熬这几年，就可以出去过正常人的生活了。”

去男子监狱的时候，我们抱着帮助人的心态却发现自己才是被教育者，去女子监狱的时候，我们抱着学习者的心态却措手不及地发现有一堆人等着你去帮助。回来的时候有同学说感觉女监这边的犯人都抱着明确的目的，希望从你这里获取有利的信息。其实我觉得将之作为女监的特点是不太公允的。在一定程度上，我觉得女子监狱这一边可能恰好反映了监狱复杂的真实面貌。我们需要注意的一个问题是，在男子监狱与女子监狱，我们所遇到的对象，其差别不止在性别上。在男子监狱中，我们接触的都是狱警从各个监区挑选出来的表现良好者，他们很多人都已经在狱中待了多年或者即将出狱，也就是说他们本身经历过了对监狱生活的适应、对自己人生的反思、对自己罪行的认识、对未来生活的设想等这些阶段，对于自己、未来都已经有了非常清晰明确的想法。但是女子监狱是自愿报名的，我们所接触的人里面有刚入监的，有在监比较长时间的，有即将出监的，可能恰好我们遇到的比较多的都是刚入监的，她们中很多人对自己的罪行还没有清晰的认识，自己的心态也还没有完全调整过来，也还没有进行充分的学习，所以大多是抱着明确的法律咨询或者心理咨询目的的犯人。其实可以设想一下，如果男子监狱那边也是自愿报名，我们也可以去接触处于各种不同阶段的犯人的话，情况会是什么样子的？还会是我们之前所认为的那样吗？况且一个人在监狱中争取对自己有利的信息是很自然的一件事情，说明她的人生还有盼头，还有希望，只要不过分偏激就好了。

因为要参加相声节目的演出，我有幸能够与她们多接触一段时间。在节目开始之前，我看到那些做上场准备的女演员，妆容艳丽，一身华服，与在外面见到的舞蹈演员一样美丽。开场的时候，在后面与主持人聊天，她告诉我们这里的舞蹈演员都是进监狱之后才从各个监区挑选出来，练习压腿，开始学习舞蹈。而这次跳的舞蹈都是从得知我们要来才开始排练的，我注意到后面的幕布，应该是前段时间进行歌舞剧表演时留下的，看来她们平时的训练是相当勤勉的。不过这种美丽终究是暂时性的，她们最基本的身份仍然是女犯。在化妆间里，穿上华服美衫之前她们身上着的仍然是囚服，表演完之后，也还是要换上那身衣服。其实我比较好奇那些演员，在自己多重身份的替换间，不知道她们会有怎样的思考呢?

我和陈萍准备的节目叫《我姨妈》，这是赖声川导演于2011年执导的相声剧《这一夜，women说相声》的其中一部分，展示的是女性所认识下的世界。之所以选择这一部分，是觉得这个话题不会存在沟通障碍，相信所有女性都深有同感也深为其苦，因此能够引发女性朋友的共鸣。大家都听得出来，其中包含的“大姨妈”和“性”这两个话题，即使在当代中国，它们也仍然被看作是上不了台面的，让人羞于启齿的东西。其实我们在排练的时候也同样很难让自己很正常地说出这些话，我相信最开始大家也是一脸诧异。但是作为实实在在存在于我们的生活中的人的特点与需求，我们为什么不能直面它们呢?记得在“福柯研究”第一节课上讨论过关于“我”的话题，人常常会在做一些被认为不太好的事情时说“I was not myself that day”，但是也许我们需要认识的是具有多面性的那个“我”。(刘露露)

首先我们去参观的是服刑人员的学习教室，挂在墙壁上的有许多美术和书法作品，令我印象最深的是：“重要的不是你现在身处何地，而是你在往哪个方向去。”我觉得这类话比男子监狱的那三句话：“你是谁?这里是什么地方?你来这里干什么?”更有人情味，因为前者虽然也提醒了服刑人员的身份意识，但是它更体现对服刑人员自我塑造的关怀，使她们关注的重点不是放在现时现地的处境，而是反观自己、关照自己的心灵，同时也让人保留对未来的希望。而且女子监狱里很多细节的布置都挺契合女性细腻、感性的特点，比如监区的名字是毓秀园，我们在一楼做心理咨询的空间色彩比较丰富，总之感觉更舒服、更人性化。

然后就是和服刑人员面对面交流的环节。第一位与我交流的服刑人员说她的身体情况不好，患糖尿病，平时要吃很多药，劳动量相比其他人可以减少一些，而且还有多余的一百块钱可以买零食，她晚上的睡眠不好，就是因为身体不舒服的缘故，不过她对监狱的医院条件评价还不错。感觉这位服刑人员心里常怀忧虑，所以也容易影响到身体状况，她更关心自己的那套房子的房产证的事情，她想要咨询的情况是：判决书上没有说没收房产，只是说缴罚金和判刑，但是她在湖南的一套房子的房产证就被没收了，虽然现在还允许她女儿住在那里面。她有疑问的是，缴完了罚金能不能把房产证拿回来，还是说罚金没缴完就没收房产证。我说为什么不让你的家人在外面帮你问问，她说她丈夫让她在监狱里过好自己的生活，其他的事情不要牵挂，但是她就是对这件事放心不下。我感受到她的心里面有郁结，就问有没有跟你关系比较好的狱友、可以跟她倾诉自己的心事，她说虽然她也会跟别人聊天，但是不会跟别人讲自己的心里话，毕竟监狱里人员复杂，背景也各不相同，加上自己年纪比较大，和年轻一点的说话也不投机。我感觉这些服刑人员其实都是把内心深处的想法隐藏起来，不想让别人知道，所以说不定有些人心里有些放不下的事情会影响她们的身心状况，她们自己也没发现。

我接触的第二位服刑人员还有两三个月就要出监，所以她比较关心自己出监后的生活，比如她问自己出监后身份证会不会归还她，如果不归还她她要坐什么交通工具回老家，因为买车票需要用到身份证。她还说自己出去后想要做点小生意，开个店面，有营业执照的那种，想问有没有什么国家政策、要办什么手续。她说自己年纪也不小了，将来也不想靠孩子们养活，虽然她在监狱里面劳动有学做服装，但是考虑到年纪问题她不打算进工厂工作，就想自己做点小生意自食其力。最后她还说她担心自己出监后不知如何与她的子女沟通、相处，她在监狱里待了十几年，现在她的孩子们也长大了，但是由于自己坐牢的缘故，难免会被亲戚或者别人瞧不起，她很愧疚自己的经历可能给孩子带来的不好的影响，所以她很担心，不知该如何面对他们、他们会不会接受她。我就问她的孩子有没有来探监或者写信，她说次数比较少，所以其实母亲和孩子对双方各自的了解都比较少。尽管这位服刑人员说她很焦虑很不安，但是在我看来她应该是挺兴奋的，毕竟快要出监了，而且她说话的时候还带着笑容。我就对她说，怀着平常心就好了，不要把自己看得跟别人不一样，你跟别人都是正常人，只要你真诚对别人好，别人就会回馈你对他们的好，就算外人对你有偏见，你出去后的行为表现要比你过去的经历更有说服力，所以慢慢地外界的偏见会被你的行为纠正过来的。我还让她不要着急，慢慢来，特别是在与子女沟通这方面，毕竟你和子女互相了解需要一定时间，再说她的孩子已经长大成人，应该懂得站在父母的角度、为他们设想，不是像个小孩子那样不懂事了。对于这位服刑人员的问题，前面两个我觉得监狱管理者应该是可以帮助她解决疑惑的，既然这是快要出监的人了，监狱管理者不是应该给予更多的关注以解决她们切身的问题吗？不过我想知道，对于快要出监的服刑人员，监狱管理者会不会找她们谈话、问问她们未来的生活打算？并且对她们日后与子女、与家人的相处、沟通方面，我觉得监狱管理者也可以提供更多的心理帮助。

和我聊天的第三位服刑人员已经在监狱里待了四年，她说想见她的小孩，但是她的小孩目前还是未成年人，不知道按照相关规定可不可以。她说她的小孩身体不好，她的小孩现在还以为妈妈是出国了，虽然她有通过她丈夫得知孩子的境况，但她还是想要见孩子一面才能心安，而且她也不知道可不可以直接寄信给小孩，她不担心让小孩知道她进监狱的真实情况，不过她就是想知道这样做会不会违反相关规定。她说自己的案子时觉得很冤，她觉得自己有翻案的机会，她在说判决书上的用语很随意、不合逻辑，很多地方没有说清楚，一开始她看不懂，等她后来慢慢看懂了就挑里面的毛病，可是在我看来，可能并不是判决书有问题，而是她在情感上不能接受法律的判决，比如刚开始她说她没有看过判决书，后来我才明白这是因为（大概是心理上的抗拒）她看了却没办法接受，她没办法理解。她认为自己坐牢很大程度上是因为同行的陷阱，从她的叙述中我知道她之前是开公司、有自己的一番事业的，但是在那一行有些灰色的规则大家都这么做，因为自己的生意比别人做得好，别人就挖了个陷阱让她跳进去，于是她就坐牢了。总之，这位服刑人员大致是属于觉得自己进监很委屈，还没有认罪服法的那种类型。她还问到她将自己案件的详细材料寄给法院，如何才能确认法院收到，以及法院扣留了她的财产，那么那些财产该如何处理。我想既然在座谈会上警官有提到以角色互换的方法让服刑人员了解对自己的判决的合理性，像这位服刑人员的案例是不是也可以用来试试。关键是这位服刑人员对这判决感到不公正，在情感上没办法接受，因此除了在法理上需要向她解释说明之外，还需要相应的心理辅导。

临走的时候，我收到出监队赠的两幅手工作品，一幅画着站在树枝上的一只鹰，看上去很威武，旁边写着“英雄莫问出处”，我觉得它很能表现出作者对未来的志向，我自己也受到鼓舞。另一幅画着古朴小镇小桥流水的景象，看上去很悠闲自在，旁边是一句诗：“风来香气远，日落盖阴移。”（陈萍）

我在女监实习中感受较深的一点是，我们总是通过服刑人员这种有色眼镜去看待她们，而忽略掉她们本人身上的一些特质。在多功能厅的演出中，我们只看到了几个节目，而在我们将要离开时，上来一群应该是服刑人员的表演队或文艺队之类，换了服装的她们个个看起来精神抖擞，完全不给人以服刑人员的感觉，而且舞蹈的专业程度我以为可以与监狱外其他舞蹈队伍相比。其实想来她们在入狱之前也是曾涉足各个方面，也是如普通人一般多才多艺，而似乎入狱后就让我们认为她们应该一无是处。这其实是个很畸形的观点，真的是以犯罪这一种行为来评价服刑人员整个个体，略带有以偏概全地认为她们就是什么都不好。这也是我们大多数人常采取的观点。

此行的主要活动是对服刑人员的帮教活动，我选择了心理咨询的部分。多功能厅旁有专门的心理咨询室，整个房间色调温和，偏暖色系。不同于上一次去男子监狱遇到服刑人员时的紧张与恐惧感，这次做咨询时大家都能够坦然地径直走到服刑人员对面坐下开始交谈。

向我咨询的第一名服刑人员姓詹，来自第八监区，暂且叫她詹大姐吧。詹大姐看起来五十多岁，皮肤黝黑，而眼神却透露出温柔的神情。起初还没有打开话匣子，只是互问“你好”。慢慢地我开始问她在这里生活怎样。不同于男子监狱，女子监狱中的女囚大多都比较愿意向咨询人员吐露自己的心声。继而我发现相对于男子监狱更多服刑人员关心外面世界的政治、经济状况，关心自己的前程发展，女子监狱的服刑人员更多烦心的是在狱中的生活，包括劳作及和他人相处的方面。詹大姐渐渐开始向我诉说她心理上的困惑。她是一个有很远大理想，甚至可以说是有很崇高想法的人。她在狱中最为困扰的问题是狱中人员不同的小团体以及一些没有很高思想觉悟的服刑人员不好好改造的问题。她说道，很多服刑人员，尤其是之前贩毒之类的服刑人员，入狱后并没有真正好好改造，甚至会聚在一起聊一些很不正能量的话题，包括出狱之后准备做什么的话题可能都还是会偏向一些反社会的方向。而在这种情况下，詹大姐没有办法跟他们“同流合污”，她不能够对她们所聊的东西随声附和，有时候会抱着一颗希望大家都变好的心跟她们讲道理，然而这并不能在她们身上起到什么作用，反而会被排挤。詹大姐说道，人家会觉得她是个傻子，认为她单纯、不懂这个社会。詹大姐觉得很委屈，她说她很心疼她自己。同时，她也说道，监狱似乎是提供了一个平台，让这些本心为恶、继续会对社会造成危害的人聚集在一起，使她们成为一个群体，可能最后会对社会造成更大的伤害。所以她说她心疼自己，但是有时候心疼着心疼着就更深地心疼到了社会。詹大姐边讲边流下了眼泪。在她说这句话的时候，我是真的有被震惊到也被很深地触动到，她有着可能我们都很难达到的思想觉悟，她这样一个我们看来犯过错的服刑人员竟然想到了为社会操心，这是一种何等的境界，又或许是在自己经历过这样的事情之后才有更深的感悟吧。

所以詹大姐难过的是在狱中很难有人沟通。我问道："难道没有跟你有同样想法的人吗？"詹大姐摇摇头表示很无奈，她说其实这样的人还是有的，只是平时监狱内都是分小组沟通交流的，而和不同小组的人只有可能平时见面的时候点点头打个招呼之类，根本就没有办法深度交流。她还说道，其实跟其他小组的这些人见面的时候，彼此打个照面都能感受到相互的尊重感，彼此都能感到与其他一些人不同。她也说道，她很感谢狱警，她是通讯员，经常要写一些东西，但是实际上她看到的情景她都不敢写。其实这样尴尬的境地我觉得不仅是在狱中，无论在哪里与人的交往都是如此，只是可能在监狱中省掉了很多其他的因素，所以这些情绪被不断放大化了。詹大姐还有八年半的服刑期，她对狱警的感受非常能感同身受，她觉得自己面对这样的小群体都很难生活下去，而狱警要日复一日地面对她们，所以詹大姐说狱警真正是人民公仆，这与向我咨询的第二名服刑人员观点略有差异。

聊了很久詹大姐以及周边的几位服刑人员都没有要走的意思，一直到一位看似小组长一样的服刑人员过来催了好几次，她们才终于离开。在后面等待许久的几位服刑人员迅速补位。第二位坐在我对面的服刑人员姓王，来自第六监区，后文暂且叫她王大姐。她其实是想做法律咨询，但是由于人手不够，她也就直接过来了。她一开始就长驱直入地讲起自己的案件，是一起合同诈骗案。具体案件她讲得很快，我没有听清，但我大概明白了其中的犯罪点在于她向A借钱并且以房产抵押，在王大姐经济不顺即将没有能力还债之时，A发现了这一点并将房产过户了，而这一切责任应该是在王大姐身上，所以是在这里出现了合同诈骗。王大姐说这中间有时间差并且也找到了新的证人，想向我咨询可不可以重新申诉。对于申诉的事情我了解甚少，故给不了太多建议。之后在与狱警的座谈会上，也有同学问到了类似的问题，狱警向我们大概解释了一下申诉所需要具备的一些条件：首先是不能无理申诉，需要有新证据、对案情有新认识，并且通过正当途径来进行申诉，而且同一案件申诉三次以上就不能继续申诉；其次是申诉的方式，在监狱中有公开信箱，定期会由纪检部门或监狱管理局来查收，狱方无权利打开该信箱。在申诉这一点上，很多犯人有疑问是否会影响减刑，因为这似乎是服刑人员不认罪服法的一个表现，并且王大姐也有跟我说道，她认为监狱方面大多不希望她们提出申诉，可能会对监狱本身的评价等也有影响。其实在这方面归根结底就是想说明申诉是否是不认罪服法的一种表现。狱警给出的回答中，我们可以感受到监狱方面确实不希望服刑人员过多申诉，但是更多考虑到的是有许多服刑人员并不是在满足上述条件的情况下提出申诉，而只是盲目地想洗清罪过。

聊了几句之后，王大姐说其实法律咨询跟心理咨询是一体的，在监狱中待久了，大多数人都有心理问题。聊下来我觉得最让王大姐难过的是监狱中生活的痛苦。王大姐之前似乎是文化部的官员之类，过着还不错的生活。一开始入狱是在北京，但由于家人大多在广东，所以她转监到了广东。然而她说来了之后就后悔了，这边生活条件太差。监狱中每个人都拼命地想拿嘉奖然后减刑，但是这样的工作量不是每个人都做得来的。王大姐给我看了一下她的手，手指关节肿大，掌纹发黑，她说，“入狱之前我的手也跟你是一样的。”她说广东湿气太重，每天要干的活儿任务太重，干不完不仅会被狱警骂，还会被罚。尤其是那些初来工作的年轻狱警们，一罚起来就又是很重的任务，王大姐一位五十多岁的大姐可能很难忍受被二十几岁的小年轻以这样的态度对待吧。当然王大姐说也有一些很好的狱警，但是对于这样一些脾气不太好的狱警，王大姐还是表示了她的不满。并且对于广东监狱这边的状况王大姐也表示明显不如北京，比如 16 人一间小宿舍，平时走廊都不能活动，吃饭、睡觉、洗手间全部都在一起，这让王大姐非常难以忍受。她说她刚来时每天都觉得很痛苦，又没地方发泄，就只能哭，刚来的时候每天哭，眼睛都是肿的。我抬起头看了一下她的眼睛，眼袋以及很深的眼纹是整个脸上看起来最憔悴的地方了。王大姐说在北京的监狱，那时候周一、三、五早上组织晨跑，并且还有备有沙袋等的宣泄室，所以她们有一定的发泄方式，不会什么都憋在心里，而在这里的监狱，王大姐说她只能哭。所以我也觉得在监狱有必要设置一个宣泄室，毕竟我觉得这是一个人进行心理疏导最好的方式。

王大姐还认为监狱让服刑人员认罪服法的方式就是把人变成傻子，她说出狱后也能轻易被世人分辨出来是服过刑的，就在于在监狱待久了人真的会变傻。这一点如同我在男子监狱和服刑人员聊到的一样，他们都认为他们不能够了解到许多社会上的信息，他们能够获得的信息极其有限，而繁重的劳动会让他们的思想越来越简单。虽然这样确实在改造过程中会让他们无心作恶，但也为他们出狱之后的工作和生活带来了麻烦。

王大姐的家人生活得很好，但是她说她还是觉得自己给家人带来了很大的麻烦，譬如人家会对她家人（包括母亲、丈夫、儿子、妹妹）都贴上标签，认为他们有一个服刑的亲人，讲到这里她很难过。她说虽然广东这边条件不如北京，但是每个月最开心的时候就是能有家人风雨无阻地来看她，尤其是已经八十多岁的母亲，每次都拄着拐杖从深圳过来，让她在感到幸福之外更多了一份愧疚。说到这里她也哭了起来。她说好歹现在只有两年的服刑期了，有种总算快熬出头的感觉，好在现在的监狱给她们书让她们能够自学法律，王大姐觉得这是很好的事情。时间差不多的时候那个小组长又来催她们结束了。王大姐一再向我表示感谢，说这些东西她入狱五年来从来没跟谁讲过，即使平时有亲人见面、有亲人电话，因为会被监听很多真正发自内心的东西她都不敢讲。

其实我觉得虽说是心理咨询，但是我不能够真正给她们提供多好的建议，只是倾听她们的想法，让她们的内心有真实的表露，对于她们来说，这都是一种奢侈吧。（王昊）

“你是心理学系的学生吗？”“不是，我是哲学系的。”

“你们没有女生来咨询吗？”“有的，都在隔壁，需要我帮你叫她们过来吗?”

我做心理咨询的对象是一个约莫二三十岁的青年女性，比我们大不了多少，眼神里尽是急切与盼望，似乎很久没有能和人好好说话了，似乎我是一个能够实现她愿望的救星。可是开头的两个问题之后，我发现我似乎不是她所等候的人：我不是心理学专业的；我不是女生，一些女生的问题投射向作为男生的我似乎不能够设身处地地理解。

我感觉到她的表情微微有点落寞，于是我率先打开了话匣子：“在这里面过得还好吗，环境怎么样？生活得还算 ok 吗?”

我的这个问题好像击中了什么东西，她眼中又闪现出了那种急切的眼神，随即还是归于黯淡，她告诉我，并没有很好，至少肯定没有警官们跟我们讲得那么好。

吃的呢？不会饿肚子，好的就是有水果。

睡的呢？16 个人一间屋子，不能串门，要求很严格。

生活上有什么问题呢？她突然沉默了一下然后说，她现在有两个很大的问题，一是跟别人觉得格格不入没法相处，二是觉得车间工作跟不上大家的速度，这两个问题让她觉得很自卑，无所适从。

她开始跟我细细道来，她讲道自己是一个大学本科毕业的学生，因为贪污公司资产入狱，她认为国家的量刑还是太重了，贪污 20 万元以上要判处 10 年以上的有期徒刑，她是在审计时将公款挪到了自己的私人账号上，后来始终不安于是到派出所自首，她从没想过自己会贪污、自首、判刑，每个环节都似乎是脑子一热做出来的选择，甚至没有和家里人交代，家里人一直以为她是在正常上班的状态，直到入了狱家里人才大吃一惊，可见这速度有多快，她自己也后悔了，要是不那么冲动，跟家里人多商量商量，没准问题就不会这么严重。

这种跟家里人不和，不喜与家里人商量的性格引起了我的兴趣，于是我继续追问，她也似乎能够倾诉出来一样一直很乐意回答我的问题，她是家里的大姐，因为是女孩从小就不受家里长辈待见，也就养成了一个比较孤僻和内向的性格，而且家里还有个比自己小的弟弟，据她自己的话说：我在家里做得好的时候他们认为作为大姐是应该的，而我在家里和弟弟一样做得不好的时候挨骂的肯定是我，我在家里什么都不做的时候也能看到自己和弟弟明显地被不同对待的差距。在家里如此，在学校也如此，正好你是男生，我很好奇男生在学校为什么会想要欺负女生，会聚集在一起打一个女生，抢一个女生的东西，我从初中开始因为从省外转校至深圳一直在学校过得很痛苦。

看到她越说似乎越难受，我也无言以对，因为我没想到这个女犯人的心理会跟一个与我们差不多大的女学生的心理是差不多的，我看到的她虽然有三十岁上下，但是心理年龄绝对只有二十岁上下，她进了监狱不会关注许多现实的经济的问题，而是总纠结于情感、交际的问题，包括她会回忆之前的关于情感、交际的问题，也会在入狱之后比较注意关于情感交际的问题。据她所说，她在监狱里与其他犯人一直处于不和谐的状态，入狱前期因为她会针对监狱中犯人做的她不喜欢的事情而品头论足，但是渐渐地她发现周围的人会将她隔离开而形成自己的一个小群体，她找不到朋友，她没有办法跟其余的女犯人和谐共处，其实换句话来说就是一个女生宿舍的缩影，但不同的是，她和她们根本找不到共同的话题，因为她是大学本科毕业，而同牢房的人就连小学毕业的人都不曾有，她认为她们能开那种很粗鲁很低层次的玩笑和交流而她根本做不到，久而久之别的犯人有了自己的朋友圈，疏远、隔离甚至歧视接踵而至。她也曾经试过改变自己的立场和性格去迎合她们，但是她觉得那样活着实在痛苦。她现在在自己的宿舍都没有说话的位置了，她也能清楚地看到听到别人在背后对她品头论足，这让她觉得很苦恼，似乎从小到大自己的交际就是这样的，连到了监狱也仍旧处于监狱的底层，她也没想到只有在电视剧里发生的在监狱都被欺负的桥段会在她身上发生。在女监，楼层之间是不能互串的，有一次和其他楼层的集体活动让她认识了其他楼层的一个女犯，两个人学历水平相当，她看起来意犹未尽地跟我说她聊得很开心，几乎是在监狱里最开心的一天，可是又失望地接着说，然而这种机会可能就是几个月一次，她真的不知道怎么做。

在工作问题上，她觉得她没有办法跟上工作进度，而这又是争取绩效不可跳过的指标所在，她把自己的手磨破皮了，每天都紧张到说不出话来还只能粗略地赶上工作指标，而别人能有说有笑边交朋友边干活做了两倍多，她跟我说了一个数据，她一个月能拿来用的工资是 12 元钱，而有些女犯的月工资能轻松到达四五百元。工作的紧张繁忙让她的交际越来越走下坡路，自己喜欢做什么也都做不了，实在是苦恼。

我们说着说着，后面的女警说了一句：“问问题的快点！让后面的人也能问问题！”我看到她的身体分明打了个激灵，小声地极度忐忑地问我：是在说我要走了吗，我说并不是，你后面一个人都没有；她于是跟我说她平时就是这么战战兢兢，觉得别人在后面小声议论或大声说话针对的都是她。

其实从表象来看，这是一个犯人的心理问题，但是当我们把他们看作一个特殊群体对待时，就会予以特殊的眼光，觉得怎么都进监狱了还不好好接受改造而总是烦恼这些事情。但是我们居高临下的立场是解决不了任何问题的，我们也不能得到属于我们的交流，其实犯人跟我们一样都是同样的个体，而且区别于无期徒刑的穷凶极恶之流，在眼前的这群争取着减刑的群体在心智和意识上跟我们没有什么两样，只不过是一念之差或者被人引诱走错了路，我们在她们面前不应有任何的优越感和歧视，如果使用歧视的眼光去帮她解决她被人歧视的问题，那么无疑是相当讽刺的。其实换个角度讲，她的这种问题跟女生宿舍闹矛盾没有什么区别，如果尽用批评的眼光及严厉的字眼无疑是在她的心理阴影上雪上加霜，我并非赞同她所有的所作所为及观念，比如她太把自己的高学历当回事，我也没有居高临下地出于同情去安慰她，我只是想多用点分析别人为什么会这么做，你可以怎样应对来鼓励她，其实让一个犯人能够更加积极地去争取自己的减刑和自己的未来，也算是做了一件好事。

我开始跟她分析她遇到的情况，我所要告诉她的是你不是一个特殊的人，你也是所有正常人中的一个，没有人想要针对你，也不是你进了监狱就很特殊很底层，在大学的女生宿舍里每天都会发生像你这样的桥段，首先我先指出她的不足，她不应把自己高高在上地看作一个大学毕业生而建立屏障，没受过教育的犯人社会履历比你丰富没准也能当你的老师，你在这儿服刑没准出狱后仍旧做人力资源能成为我们之中某个人的 HR，没有一个人是需要有优越感的，也没有一个人需要自卑，人和人在相处过程中都是一个磨合的过程。放下自己本就莫须有的身段，这是其一；这并没有要求你去迎合某一个人，甚至是你不喜欢的人让她看得起你，这样的自卑没有任何意义，也不会获得真正的友谊、交流和尊重。找到自己真正能够交流的人，监狱也是一个小社会，社会就是在把自己的棱角磨平，去指正别人的缺点不会讨得半点好处反遭人嫌完全没有必要，要真的是缺点的话大家都会看到也自然不需要你说，尤其在这种环境下低调做该做的事情总是没有错误的。既然你觉得自己工作跟不上，与其花在苦恼和巴结不喜欢的朋友，还不如真心诚意地去问一些服刑时间长的犯人，多学点东西，既要融入集体又不能自贬自卑，既要坚守个性又不能特立独行，或许之前就是因为太过天真才来到了监狱，那就真正要尝试着融入社会，放下自己的天真，多碰触现实。其实这些问题是环环相扣的，心态好了乐观了，日子怎样也不煎熬；至于交朋友，看到投缘的就报以真心，别人拿 400 元的工资买 10 元钱的零食请客，你拿 12 元的工资买 10 元钱的零食请客，别人就会看到你的动机和真心，即使这个社会是功利的，监狱里面也不例外，但是人在每一个环境里都很难脱离群体生存。有些事情既然难以避免，就让自己笑着面对。

我见到她在跟我聊的过程中表情是渐渐舒展开的，我不知道她是得到了倾诉还是得到了回答，她只是淡淡地说了句我试试，于是跳到了下一个话题，似乎她更多的还是想要倾诉，在我还没来得及问家人问题时，她跟我提到了她的弟弟，她作为家里的大姐，总是想要去约束自己的弟弟，现在在监狱里回想起来自己对弟弟确实没有尽到姐姐的责任，让弟弟在别人面前也抬不起头，她说她真的好后悔做了对不起家里人的事情，她只想尽早地出去，跟弟弟好好道个歉，然后等出狱再好好地补偿他和爸妈。而现在，她也希望弟弟能过来看看她，哪怕给她回个信件，自己也能有力气过下去。说到这儿，连自己交际困境都只是微微动容的她居然止也止不住地掉泪。

跟我心里所想的一样，其实犯人与正常人没有什么区别，她们也有七情六欲，也不是冷血无情，尤其是走过错路，吃过苦头之后，这种情感对其的净化和指导比我们更甚，犯人也会想念自己的亲人，甚至很多犯罪的动机就是为了自己的亲人能够过上更好的生活，这与我们又有什么两样呢。

别人一个小时和四五个犯人交流，而我这一个小时就跟她聊天，她跟我说了很多，包括自己想学英语，想读点书，喜欢看电视剧，坐在我眼前的这个犯人实在被压抑得太久，规训手段对这样的人的心理确实也带来了创伤，然而创伤是犯错的代价，那么创伤就一定是对的吗，犯人就一定要面临一系列的心理问题吗？我并不是在为犯人说话，也都有对有错，但是确实很难找到一个平衡点，让她们在这个回炉重造的过程中不变得特殊和易碎，女犯人觉得压抑难以承受而自卑，而女警们同样也是觉得自己很特殊很压抑，甚至眼泪夺眶而出，这又是一个规训权力怎样作用的结局导致双方都是在痛苦当中生存，权力的执行者和被执行者都是痛苦的，尽管我们会呼吁要像正常人一样看待她们并且我们要理解的是问题症结而不是我们个体的价值判断，但是在这种双向痛苦的情况下监狱注定特殊、注定给和它牵涉的所有人带来问题，而也不是每个犯人都能有像那位女犯人一样倾诉的机会，如果要被视为正常的个体只不过存在过失的斑点，那么她们自身萌生的问题如何得到重视和解决，我们去做一次访谈，可能只是给他们当百科解答问题或心理鸡汤，她们能获得短暂的轻松却无疑治标不治本。我们长期跟踪似乎更加不现实，而且也许我们所关注到的问题只是冰山一隅，还有许许多多的问题等着来惊讶众人，那么我觉得是应该多关注这类群体，多接触这样的实践才能有所思考。（黄晓锋）

我是第一个进入一楼辅导中心的同学，在一名犯人的引导下找到了角落的一个位置，既确定了这里是心理咨询的区域，又可以防止我和犯人间的交流被打扰。第一个坐在我对面的是一位中年女子，我向她问好后，她主动进行了自我介绍，虽然声音有点小，但是并没有过于羞涩。她一股脑儿地给我说了好几个问题：第一个问题是她表达了对狱警的尊重和对管教人员的理解，但提及每次自己前去寻求帮助时都会承诺第二天把自己的资料整理好交给对方，可一般情况下第二天值班的人员都会有所变动，而自己总是不能够把自己完整的情况递交给自己曾经承诺过的狱警，这让她很是心生愧疚。对此我表示很理解，而且这是人之常情，属于不可控因素，只需要在自己递交材料的时候向狱警说明曾经和谁交流过并承诺过什么，请她帮忙递交或者传达一下，应该都是可以的。她表示自己也曾这样想过，于是转向了第二个问题，她觉得自己经常在该表达什么事情或者态度的时候思维跟不上，而等到自己想起来的时候事情已经过去了，或者面对的情景和对象也完全不同了，这里她给我举了法院回执单签字的例子。这时我试探性地问了她年龄，她告诉我 43 岁，我告诉她我的母亲也是 40 多岁的年龄段，女人在这一时期出现这个问题是很正常的，我妈妈也经常和我吐槽自己思维跟不上、反应总是很慢，这并不算的上是问题，不用过于紧张，可能只是身处在这个比较封闭、压抑的环境内，尤其面对涉及自身利益、减刑、申诉等问题时会过于在意，所以以后可以慢慢地把心态放平和一些，不要过于紧张，遇到事情的时候不要只想着这个会威胁到自己什么，放平心态慢慢地、仔细地分析一下，即使一时没想好也可以之后再询问，不要给自己太多压力和负担。

她接着给我讲述了自己曾经的经历、性格以及教育背景等情况，她说自己在监狱里看了很多法制方面的书，进了监狱之后才发现自己的文化知识多么欠缺，以至于自己犯了法都不知道。她说自己知识上的缺陷现在都在逐步弥补，可是性格上的怎么办呢？自己是比较“爱申冤”的性格，比如看到有一些小群体爱欺负弱者，总是会愤愤不平，而且也习惯同情弱者，看到书上说人应该和强者在一起才会进步，但自己又总是做不到；而且自己又不太擅长与人交流，不会主动地表达，想到了也不敢去做，好像自己曾经跟着姑妈做生意 7 年，但是从来都没有主动和她交流过，自己现在也改不了这个毛病。我告诉她，能够意识到自己存在的问题就已经是很大的进步了，任何人都有着自身天然而成的性格特点，有的不利于自身发展的从认识到彻底转化都是需要很长的过程的，迈出第一步是最难的，但是一旦迈出了就会发现自己慢慢地有所改变；针对自己总是可怜弱者，你要想着“可怜之人必有可恨之处”，你可以帮她一次两次，但是你总是可怜她帮助她会使得她形成依赖，从而永远也不能独立，书上说得对，但不是我们要和强者在一起，而是要和比自己优秀的人在一起，这样才能不断地进步；而至于不爱交流的问题，可能是由于之前的成长环境和工作环境造成的，你可能并没有太多与人交流的机会，因而也就逐渐地放弃了这种想法，但是现在刚好是一个机会，都说监狱是给了人一次重生，你刚好可以利用这里必须集体生活的环境尝试着与人交流，即使交流过程中碰壁了也不要怕，我们每个人都有自己喜欢的和不喜欢的人群，慢慢地尝试着与一两个人交流，再慢慢地扩大交际范围，也许有一天重新回到社会便发现自己成为了不一样的人。此外，她跟我说自己经常写信，还经常把自己的案情写得十分详细进行申诉，但到口头表达时总是不清楚、没有逻辑。我告诉她即使表达得不好也不要紧张和激动，慢慢地一点一点地说，就算逻辑性不强也会使对方了解你想表达的意思；而且我还教了她一个方法，虽然口头表达能力是慢慢练习的结果，但是既然平时经常看书、看报、写信，可以尝试着看过后将每一段的重点画出来或者提炼总结出来，以后讲话的时候慢慢地就知道抓重点地讲，也就会慢慢地有了条理。

这个犯人和我交谈的过程中一直在不停地抛出各种各样的问题，每个问题之间似乎没有什么关联，但又能感觉到的确都是使她深受困扰的心结。其中，有很多问题实际上她已经想明白了，甚至心中已经有了答案，只是需要外界给她一个认可，她才会更舒心。我觉得造成这种情况的原因很大程度上在于监狱整体的压抑、封闭、人与人间存在隔阂与戒备的氛围，这使得每个犯人总是处于精神紧绷的状态，这也往往会造成他们的胡思乱想，心中的苦楚长期得不到宣泄，甚至会导致抑郁等情况。而我在这个心理辅导的过程中也恰恰是充当了一个倾听者和给予她客观分析与情感鼓励的外界代表。虽然我知道自己讲的东西可能道理也十分浅显，但她的反应和反馈明显表现出听进去了我的话，而且心情轻松了许多，并且临走的时候还鼓励我好好学习、平时在学校里加油努力，这让我很开心，也很有成就感。

在第一位犯人起身离开后，我迎来了第二位辅导对象，她几乎是抢着坐下来的。她看上去很年轻，甚至看起来还没有我年长，因而我便主动地询问了她的年龄。果然她只有 25 岁，问了我是不是准备工作的在校生后，她便直入主题地告诉我她 2017 年就可以出狱了，想现在为出去找工作做一些准备，考一些什么从业资格证之类的东西，但是不知道什么东西含金量高一些，所以有些无从下手。这本是一个简单而自然的问题，但她在表述的时候甚至有点哽咽，可见这是现阶段压在她身上的一个担子，甚至困惑了她很久。我跟她说，首先要明确一下自己喜欢什么类型的工作，是希望坐办公室从事文职呢，还是做幼师之类，还是做一些销售之类的？她说她在入狱之前本来性格是很外向的，所以可能比较想从事销售类的工作。我告诉她刚好我也是考了市场营销的双学位，以后也想从事这一方向，从我找实习的经验上看，其实各种证书并不是什么必要的东西，多了它也未见得会有多少添彩，少了它也不会有什么损失，用人单位主要会看你的性格以及综合能力适不适合这一方向，如果一定要学点什么的话我建议可以学一些外语来提高综合实力，或者多看一些人际交往方面的书来提高个人软实力。她觉得我说得很有道理，表示自己以前的性格是很开朗很外向的，而进了这里之后就截然不同了，总是不爱参与世事，性格内向、孤僻，不爱与人交往。我帮她分析说，可能是这里的大环境比较压抑，每个人都想着保护自己不受侵犯，因而你也就自然而然地受到影响，性格有所转变；其实不爱参与、不主动说话也是自我保护的一种表现，未见得不可行，但是当你发现有些人和事是值得交往、值得参与的时候应该大胆融入其中；现在你的性格有很大一部分是受环境影响所致，等有一天回归了社会，面对不同的场景与事物，可能自己本身的天性也就顺理成章地得到了解放，变回了自己以前开朗外向的模样。听了我的话，她渐渐地不再把我当作外人，有很多私人的事情也愿意和我分享，我也会拿自己高中时期的经历和身边人的经历帮她分析，告诉她很多情况在女孩子这个阶段都是常见的，不要过于紧张，放轻松。她还告诉我，每次爸爸见到她都会提醒她对未来的打算，这让本身就与社会脱节很久的她更加迷茫，且倍感压力，甚至经常睡不好觉，她也知道爸妈的担心是有道理的，自己曾经就是不听爸妈的话才走上了歧途。说到这里，她再次情绪有些激动。我告诉她我们每个人年轻的时候都有过叛逆和不懂事，都会犯下很多错误、伤害了家人、伤害了自己，但是过去的事情就让她过去吧，我们现在需要做的是面向未来、过好当下；如果对未来的打算也是因想不通而烦恼的话，就先暂时放下，不要去想太多，俗话说“船到桥头自然直”，有些事情到了一定阶段自然就会有固定的选项出现；如果现在经常情不自禁地胡思乱想，就给自己多安排些事情做，把自己的空闲时间全部填满，让自己忙碌起来，生活变得充实起来，自然就吃得好睡得香了。

在这个几乎和我是同龄的女孩子身上，我看到了她对曾经犯下过错的悔恨，看到了她对未知前途的迷茫，更看到了她当下的困惑与痛苦。我所做的与其说是帮她理性分析，减少困惑，不如说是把我自身的经验和经历分享给她，让她面对困难的时候不要紧张、压抑，很多事情并非身处牢房的她单独遇到的特例，而是这个年龄段的人都会遇到的。她亲口告诉我，听了我的话她的心里舒畅了好多，不再像来之前那么沉重了，好像是心中憋了好久的一口气终于吐了出来，有了解脱一样。我觉得这是最让我有成就感的地方，也是真正不枉此次监狱之行的地方。她临出门的时候两次回头和我挥手再见，我真的很开心、很欣慰，感受到这一次自己口干舌燥的心理辅导真的很有价值。（王昭楠）

第一位服刑人员是一位三十岁出头的女子，皮肤黝黑，戴黑框眼镜，发型是一般的学生装。听她口音，估计是广东人。她一坐下来就努力地给我一个很灿烂的笑容，然后便表示自己是经济犯罪，做生意失败，欠了钱，于是就进来了。她问的第一个问题是，如果她和她丈夫离婚，双方经济状况都不好，那么八岁的孩子跟随她的机会有多大？我告诉她法院会根据实际情况酌情考虑，跟随她还是有希望的。第二个问题是她进来之前公司的事务还没有处理完，那么是否需要缴纳滞纳金？我表示自己不是法学院的，记下问题后再帮她咨询一下。她愣了一下惊讶地问：“你们不是法学系的，你们来咨询什么呀？”我说我是哲学系的来做心理咨询的。于是她想了想，又急急地说，最担心自己出去之后别人怎么看自己。她说现在朋友都没有了，只有家人还会来看看她。于是我告诉她，我们没有办法控制别人怎么看待自己，能做的只有自己调整心态，不在乎别人的眼光。她点点头，又说，不知道要不要告诉儿子妈妈现在在监狱。儿子比较早熟，很早就知道警察抓坏人。不知道儿子知道妈妈在监狱会怎么看待自己。说到儿子的时候，她哽咽了一下，但是她克制住了。她说，儿子已经有几个月没有见到妈妈了，以为她还在外地做生意。她想告诉他她的状况，但是不知道他能不能承受得起这个事实。而且他爸爸也不太愿意告诉他。以前做生意，家境好，孩子的学校也好，可是现在家境破落了，他转到了一个普通的学校读书，他感到自卑，在同学面前抬不起头，现在也变得沉默寡言。但是狱友也说还是告诉他比较好，这对他的成长有好处，知道不要犯法，犯法就要进来。思虑片刻，我告诉她，我也认同告诉他比较好，毕竟迟早他还是会知道的。不过可以迟一些再告诉他。而且这需要家庭其他成员的支持，告诉他妈妈即便进来了，也不等于品性就不好，以后出去还是可以再恢复原来的辉煌的。而且儿子渐渐懂事了，他应该能够理解的。然后我又说，如果儿子真的接受不了，可以带他去进行专业的心理辅导，我说当年高考前我压力太大去学校的心理咨询室看过，感觉效果挺好的，所以不必对心理辅导之类的感到介意。她点点头，说她想问的就这些。我感到很抱歉没能给她太多的帮助。她笑着表示没关系，就离开了。

感觉她是一个办事很利索的人。她说话语速比较快，而且谈及家庭的时候也不轻易流露感情，说话目的性较强，但是也没有要心计博同情或者对案情含糊其词。也可能是因为刚进来几个月，还比较简单直率。

第二位服刑人员是和她同组的伙伴一同来的。她坐下的时候也一样是满脸笑容。接着她便讲自己的案情。大概就是丈夫做生意犯诈骗罪，她受牵连，2010 年入狱。由于她浓重的安徽口音，我只能听到一些零散的碎片，具体情况不是很清楚。但是她很激动，滔滔不绝地讲，我又不好打断她让她再讲一次。她反复强调自己心里不舒服的原因。她今年六十多岁了，患高血压，曾右半身麻痹，开刀做过手术，她还给我们看腰部右侧长长的疤痕。她说自己已经家破人亡，丈夫在监狱，儿子病重准备开刀，大女儿也要开刀，二女儿似乎也进了医院，小女儿太小不懂事，所以现在都没有人来看她。申请特困，儿子把厚厚的病历寄过来，她才知道儿子已经病得很厉害（具体病情没有听得太清楚，只听清了他体重从 180 斤掉到了 110 斤）。然而儿子已经几个月没有和她联系了，现在什么状况也不清楚。她希望能尽快减刑出去，如果不减刑的话还需要在监狱三年。她说监狱需要自己交的材料如病历、罚金都缴了，就是发票没有批下来，所以减刑就不能通过。她希望能找狱方谈一谈，可是狱方各级又相互推诿。她强调很多其他人缴了罚金都可以减刑，自己却没有减刑；很多其他人得到狱方注意从而有谈话机会而自己由于老实却没有得到谈话机会。她觉得有狱方欺负外地人的缘故。她说自己虽然没怎么念过书，但是也还学着认识了不少字，在监狱里会读一些法律方面的书。只是最近因为减刑的事弄得没有心情读书了。她感到进来以后人生完全没有希望，连想死的心都有了。她说着说着就哭了，我递纸巾给她，她摆摆手，然后在口袋里掏出一卷纸巾。后来她几乎是全程哭诉的，偶尔的笑容似乎也是对狱方办事不公的嘲笑。以至于最后咨询室里的人都走得差不多时，狱警过来跟她说，怎么这么伤心，不要太难过了，时间差不多了，收好椅子准备走吧。

关于家庭惨状、减刑问题，以及自己的病况和心情，她反复强调了好多遍。当她说“你说我可怜不可怜啊”的时候，我确实觉得她挺可怜的。然而我不知道这些情况孰真孰假，即便是真，我也不能完全理解到她的痛苦，更不用说给予她真正的安慰。好几次，在她泣不成声的时候，我都只能说：“阿姨，您不要这样想，对人生要抱有希望。”当她觉得在监狱里尽管穿着一样的衣服却受到了不一样的待遇时，我只能说：“这个社会都是这样的，很多事情都是不公平的。反正我是这样想的，如果真的是行不公正的人，他们总有一天会有报应的。”总之，就是多行不义必自毙吧。但是至于谁是真正的不公不义者，我确实难以分辨。至于她说自己压抑得难受，害怕自己变成了精神病人，我问她会不会做一些运动。她说自己天天都会去跑步、做按摩，否则真的很难坚持下来。

我不知道我的建议与安慰能起到多大的作用。当然她也清楚我们其实涉世未深，也解决不了什么，她只是希望有个人听她诉诉苦。我提及监狱的心理咨询和法律咨询时，她连连摇头，说她们都不敢去咨询，也不敢去问狱警。人老了，要面子，不想挨骂，也不想扣分。她们有什么事都不和狱警说，也不会和狱友说，总之就是藏在心里不和任何人说。她说之前根本不敢想象监狱是这个样子的，这里的人实在是太复杂，自己的情况说多了会被别人编造成诬陷的证据。

后来和另一位一起与我听这位老阿姨讲故事的男生交流，那位男生觉得这位老阿姨是在博取同情而已，其话不可全信，关于自己的问题她所提不多。我当时在想，我们也是有保留地来的，不会告诉她们我们姓甚名谁，又凭什么让她们毫无保留地告诉我们——即便彼此很可能只是萍水相逢。对她们的话保持怀疑态度，固然合情合理。可是如果她们和我们说的是实话呢？如果她的含糊其词只是因为她文盲不懂法，误入自我设定的偏见并在其中不能自拔呢？因为这一层怀疑，面对泪流满面的老人自己几乎面无表情，心里也谈不上非常同情——然而我终归觉得，如果对方是真的，这是一种冷漠，也是一种伤害。

和男子监狱之行感受大为不同，是我们很多人的共同心声。我觉得其中原因，当然包括形式的不同——在男子监狱，与服刑人员、狱警的交流时间都很短；服刑人员不是自愿报名的，是按某种标准挑选的；与服刑人员交流的过程是一对一的，并不强调心理咨询或法律咨询，类似于交流活动。这些因素，让我了解到男子监狱只是狱方有意展示给我们的一个切面。然而感受不同的另一个重要原因，是男人和女人本身的差异。这种差异在平时的社会中或许会被淡化，然而在一个只有一种性别的庞大集体中，这些特性就显得非常明显，甚至出现变质。

在男子监狱，服刑人员告诉我他们有过打架事件。而在女子监狱，服刑人员多有表示室友关系不和。于是可以推测，在遇到矛盾冲突时，男人偏好暴力解决，女人偏好钩心斗角。另外，在男子监狱，服刑人员告诉我他有比较聊得来的狱友，但是他连这位狱友为什么杀人他也不清楚。这说明男人和女人在友谊观上有重大差别。男人并不太需要谈心的人，他们在很多时候习惯独来独往，朋友只是用来一起做某种事情的。然而女人则很需要知心的朋友，她们很多时候处于“群居”状态。这种“群居”状态，加上女人多有的心思细腻性情敏感多疑，她们更习惯和身边的人做比较，而当别人得到了自己没有得到时，她们就会产生妒忌心理。这些差别让我们感觉男人对于监狱中的压抑气氛没有女人那么大反应，他们更容易适应监狱的环境。然而女人如果没有可以交心的朋友，甚至众叛亲离，她们什么事情都只能往心里塞，时间长了就容易崩溃。这也是为什么她们在和我们倾诉时容易泣不成声的缘故，因为我们充当了一回发泄的窗口。

再者，女人的心思细腻、情感丰富也导致她们容易胡思乱想。她们总是把事情往悲观绝望的方向想，而且越想越严重。最终她们身陷自己设下的死胡同。这也和上一个因素相关，因为悲观情绪是会互相传染的。尽管内心已被眼泪的海洋淹没，但相互的不信任使得她们比常人更擅于掩饰自己的感情。她们每个人坐下来都是一副满脸笑容的样子，尽管说不到几句就开始眼圈红肿。而男子监狱的服刑人员则没有掩饰他们的忧郁，笑容也可以看得出来是勉强挤出来的。

最后，男人和女人的社会角色及家庭角色的不同也是一个重要因素。虽然在男子监狱和我交流的服刑人员最担心的也是家人，然而感情远远不及女子监狱的母亲们来得强烈。这些母亲们几乎无一例外地在提及孩子的时候哭了。女人无疑对于家庭倾注了更多的心血，而男人更多的是在外挥洒汗水。在女子监狱，有的人是因为丈夫犯法受牵连，有的人是因为家庭问题而犯罪，总之大多都和家庭是有关系的。处于弱势群体的她们，担心的问题也更多——婚姻，抚养权，财产分割……

与这个社会的大部分制度相似，监狱的体制似乎也更适合于男性，无论是服刑人员还是狱警。在男子监狱，感觉没有狱警向我们倾诉，说压力很大，需要被理解。当然也有可能是因为男人本身不擅表达情绪，然而从他们的表情看，他们也显得没有那么沉重或苦闷。

从这个角度看，与其说女子监狱的一些问题是女性特质导致的，不如说因为这个制度的设计者是从男性的角度进行设计的，而女子监狱只是对男子监狱的一种模仿，并在一些细节上做出修订使其更适合女性。然而女性的社会角色、家庭角色以及心理特征、思维模式，在某种程度上会质疑这个制度是否在根本上就不适合女性。（李毅琳）

第二节　2015 年男监实习报告

2015 年 5 月 21 日上午，我们中山大学 2012 级哲学系本科生 25 人、2014 级法学院硕士研究生 9 人在杨老师的带领下来到男子监狱开展帮教实习。下车后我看到监狱门口蹲着两尊獬豸，这是表明执法公正之义。传说，帝尧的刑官皋陶曾饲有獬豸，凡遇疑难不决之事，悉着獬豸裁决，均准确无误。在中国古代，獬豸是执法公正的化身。然后我们进入监狱，先是科长带我们参观。

路上科长对我们说监狱的口号是“认罪服法，积极改造，重新做人”，这个口号表明监狱有两种功能，一种是惩罚与禁闭，另一种则是教育与改造。参观中我发现，监狱中常常存在着一些心理暗示的东西。这种“心理暗示”在有些地方发挥着道德改造的作用。比如监狱入口处的火凤凰雕塑寓意服刑人员通过劳动改造浴火重生。又如每个犯人的床上都放着一本“日历”，每本“日历”上写着不同的话，据狱警说这也是监狱统一要求的。我摘录了其中的两句：“自主自强，从容面对一切”；“经历过人生的磨难，才会知道珍惜拥有”。这不禁让我联想到自己当年准备高考时的情况，在我的摘抄本上，也写满了这些我们而今戏谑为励志话语的东西。但是当人处于比较痛苦的状态中时，这种激励性的话语是会起到非常大的精神支撑作用的，而只有在这种不断的自我鼓励中，人才有足够的勇气前行。除心理暗示之外，监狱中还利用了各种心理治疗中的方法，比如对绘画疗法的使用。在参观监狱图书馆时我们发现墙上挂了许多犯人创作的艺术作品。有研究表明，绘画时，人会处于防御心理较低的状态，不知不觉中就会把内心深层次的动机、情绪、焦虑、冲突、价值观和愿望等投射在绘画作品中，有时也可以将早期记忆中被隐藏或被压抑的内容更快地释放出来，并且开始重建过去。而且在绘画的过程中，个体可以进一步厘清自己的思路，把无形的东西有形化，把抽象的东西具体化为心理意象[①]。在监狱中，狱警和犯人在某种意义上处于一种对立状态，双方无法进行信任基础上的沟通，这就对

① 张振娟：“绘画在心理治疗中的作用及其应用”，载《中国临床康复》2006年第10卷第26期。

了解犯人的心理造成了很大的障碍。通过绘画，监察的一方可以了解到犯人的内心。对于犯人来说，他们可以以此作为纾解内心压力的方法。

我们走进一个比较大的明亮的课室，侧面的墙上挂着“中山大学师生帮教活动”的大红色条幅，狱方已经在课室的中间用桌子围成一个长方形，我们便坐在服刑人员对面开始咨询。我的咨询对象是一位 29 岁的年轻男子，6 年前因为重伤他人入狱，服刑期为 7 年。他以前是南昌大学的学生，大二时辍学创业。据他说是为了自己的女人而去创业，后来也是为了自己的女人而重伤别人入狱。他是一个相当聪明且健谈的人，但是却可以很明显地感受到他不愿意多谈以前的事情。在我问他为何进入监狱时，他一直支支吾吾。而对于自己以前的女友，他也不愿意多说，每次提及都带有一副无奈浅笑的表情。我本来以为他会将自己入监归责于前女友，但出人意料的是他却说，再来一次的话，他还是会选择这么做，因为男人要对自己的女人负责。与自己从前的经历相比，他更愿意分享自己的兴趣爱好。他说听音乐和喝茶是每天都会做的事情。他从小就学习了很多乐器，平时也会自己创作音乐。大学期间在自己组建乐队的同时会去娱乐场所表演。可以看出，聊到自己的爱好和长处，他显得非常自信。对于自己的未来，他也有着非常清楚和积极的规划。家里人已经为他出去之后创业在做准备了。

如果说有什么能够真的触动到他的内心深处的话，可能也只有他九岁大的女儿了，孩子的母亲就是他入狱前的女友。在提及孩子时，他常常偏过头去，几次哽咽得说不出话来。他说孩子四岁之前还会来看他，四岁之后他就不让孩子过来了。在孩子心中，爸爸只是去了很远的地方而已。为了让孩子有一个完整的家，出狱后他会组建新的家庭。可以看出他还是非常介意自己在孩子心目中的形象的，而且也非常不希望自己的经历给孩子带来伤害。总体来说他的精神状态还是非常不错的，这与他目前的生活情况较好有关。在监狱管理犯人的四个等级中，他目前属于宽管，帮助警官做一些统计工作，属于比较轻松的辅助类工作。而且，明年他就会出狱，心情应该是比较愉快的。再者，家人的支持开导是非常重要的。他的父母一直跟他保持非常好的联系，也和他一起谋划出狱后的发展，最重要的是他的女儿在等着他回家。所以未来对他来说还是比较光明的。（刘露露）

在经过住宿区通往学习区的时候，我们遇到一群正在打扫监区卫生的服刑人员，他们远远地看到我们后便自动停下手中的活动，排列整齐，沉默地凝视，我们经过后再重新开始活动，我不敢一直盯着他们看，害怕不尊重，但事实上我忘不了那种肃穆凝重的眼神和气氛，那一刻我意识到，我们是不同的，那种不同不是人格的贵贱或者身份的高低，而在于我们是自由的，他们不是，他们在用失去自由弥补曾经犯过的错。

我试图进一步思考什么是“错”？“罪”与“罚”之间的关系是什么？他们所犯的错应该是从社会国家层面考察的，因为曾经的行为伤害了别人、违反了这个社会的秩序……触犯了法律因此“进来”了，他们通过劳动改造，失去自由，惩罚的目的更多是达到精神上的反省以支配今后的行动，而不仅是被强制地“囚禁”。

对于人性，我一直是持中立的看法，既不完全认同儒家所言的“性本善”，也不赞同基督教所主张的“人是有原罪的”，人性复杂神秘，难以用简单的善恶好坏形容，它包容了世间的美好和丑恶，人可以做善良仁慈的事，同时又可能犯下罪恶，我们心中的恶：冲动、欲望、贪婪、自私……由善和社会的秩序规范着，由理性控制着，而他们，是恶没有被遏制住因此犯了错。在人性中善恶并存的预设下，每个人都有作恶的可能，他们犯下罪行的那一刻，恶或许已经被遏制了，之后的惩罚是对自己行为承担的后果，以及我们所构成的人类社会对善的追求。

进入学习区，我们看到墙上挂着许多书法和绘画作品，狱警介绍除了大厅中间的那幅画作是请画家所画以外，其他的作品都是出自监狱里的服刑人员，监狱会提供材料给服刑人员满足他们书写绘画的需要，我一幅一幅地看，非常惊讶，甚至还有些佩服，想象着他们如果是没有犯过错误的自由的人，生活将会是怎样的一番完全不同的景象。印象最深的是两幅油画，一幅叫《月光》，藏蓝色的背景衬托了静谧幽深的夜，一轮银白的月亮挂在天上，皎洁的月光透过窗户洒进来，洒在屋内独自盛开的花上，一位穿着旗袍的女子低头坐在桌前，清瘦、冷清、孤寂；一幅叫《路》，一条细长的路在茂密的松林中延伸开去，洁白的云朵飘在淡蓝色的天空中，叶是绿的，仿佛听到风在吹，鸟在歌唱。我惊讶于在这高墙铁网中他们还能在画中表现如此悠远或辽阔的意境，这样想着，心里不免惋惜起来。

参观完学习区我们回到住宿区，在一个监区一楼的教室准备和服刑人员面对面交流，还有两名服刑人员负责拍照和摄影，他们曾经都是专业的摄影师。我们就这样随机坐下，隔着一张桌子和他们开始了交流，最开始的时候大家手足无措也很拘谨，有点担心也有点害怕，但坐下后，这种面对面的交谈很快打破了我们与服刑人员之间的戒备（至少在表面上）。

与我交流的是一位重庆老乡，他告诉我自己是因为在广州打工，别人偷货物，自己一时冲动打伤了那个人，那人最后医治无效死亡，他被判了 20 年的刑，已经在监狱 13 年了，他对社会的记忆还停留在 2002 年。他非常健谈，性格很开朗的样子，在上海受过本科教育，在与我交流的过程中还不时说一两个英文单词，对于曾经的过错，他说："这是我应得的惩罚，毕竟别人失去了一条命。"我觉得他的悔恨不多，更多的是觉得自己应该为错误买单；谈到 2019 年出狱后的生活，他说："对于未来的生活，我还是很有信心的。"他觉得未来的路还很长，打算出狱后结婚生子，保持延续后代的传统。我问他你有什么担心的吗，他说还是会担心出狱后别人的眼光，但总体还是觉得他很乐观，他最担心的还是家里的父母，他是独生子，父母年迈远在重庆无人照顾，前段时间母亲中风，好在有表姐照应，他说虽然心里很想父母来看自己，但嘴上却说不让他们来，怕他们伤心疲惫。

惊讶于他的心态如此乐观，我问他："你一进来心态就是这样的吗？"他说是的。这让我不禁怀疑他在刻意让自己表现得很健谈很乐观，毕竟监狱中的 20 年对于任何人都是漫长而沉重的，他的"豁达"是因为没有妻子小孩的牵挂吗？这也让我萌生了在监狱长期实习，与服刑人员访谈，探究他们真实内心活动的念头，我知道我不能主观揣测任何人的心理，因此我希望有很确切的数据和更多的实例证实或证伪我的猜测。

谈到监狱里的生活时，他回答说非常枯燥，单调乏味，但他喜欢看书，订了几份报纸，了解到一些外界的变化，知道“微信”“摇一摇”“微博”……和他交流感觉他头脑很灵活，他说这样面对面地和别人交流是进入监狱以来的第一次，所以觉得很难得，他还因为表现好被安排到入监区对刚进监狱的服刑人员进行指导培训，他说自己在监狱里所结交的都是层次比较高、曾经社会地位比较高很有文化的人，“我的‘朋友圈’大多都是受过教育的人。”他说这话时，眼神直视我，眼里带着一丝自豪的笑意，并无自卑或忧惧，那一眼，我看出了他年轻时的雄心和憧憬。

或许是很久没有和别人聊这么多，他话很多，半小时很快过去，他意犹未尽地说：“时间怎么这么快!”离开时与我握了两次手，眼神是坚定和真挚的。交流结束后，服刑人员列队离开，我们留下来和狱警交谈，问了几个问题，印象最深的是已在监狱里工作了五年的师兄讲的他的心理变化，也是从一开始的各种想象和不习惯，到现在把他们看成普通人，正常地开展管理和工作。我想我们要做，社会要做的，也应该是这位师兄所说的，把他们看作普通人，他们的身份标签应该是一种既存在又不存在的东西，存在是在监狱中时，他们作为罪犯为曾经的罪行接受惩罚，不存在是当他们重新走上社会的那一刻，社会应帮助他们共同忘记曾经的自己，重新走向新生，给予他们包容和尊重。（王夕心）

坐在我对面的是一个带着无所谓的笑容的服刑人员。咨询开始之前我不知道要坐在哪儿，他就跟我们说随便啦，于是我随便一坐就坐到他对面了。他告诉我他姓赵。咨询开始后周围的声音越来越大，不大声喊根本交流不起来。赵叔叔告诉我他已经50岁了——其实完全看不出来，除了他额头上四条很深的皱纹——耳朵不太好，所以每次我说话的时候他都要侧着耳朵才能听清楚。一开始气氛有点尴尬，他问我："你是想要我问你问题还是你问我问题?"我心里有点发怵，但还是开口询问他在监狱里一天的生活流程，问他监狱里的生活是不是每天都是一样的。的确，监狱里每天都是一个流程，这个时间点不在这个位置上就是不对的。赵叔叔说，7:30他们要到车间工作，他的工作是做衣服。因为年纪大，眼睛不好使，他说现在分配给他的每天的工作定额太高，基本上一天8个小时要不停工作才能勉强完成定额。希望监狱能考虑他的身体状况减少一些。我建议他跟狱警讲，但他摇摇头说没有用。12:00下班吃饭，中午休息一会儿，14:00继续开工，18:00下班，19:30—21:00集中到操场看电视，22:00熄灯睡觉。我记得狱警说过熄灯时间是22:30，赵叔叔说那就是22:30吧。

服刑人员几乎没有时间观念，监仓里也没有钟表，他们的时间都是相对的，广播说集中看电视了，那就是19:30了，而不是19:30了，应该集中看电视了。赵叔叔跟我抱怨得最多的是自由时间很少，他很希望能够自己支配时间，他尤其说到晚上集中看电视的这段时间，他说他现在在自学物流管理，报了名参加自学考试，狱警帮他把相应的书籍买回来了，但是完全没有时间看，21:00以后的这段时间宿舍里的广播声音十分吵，根本不让人看书。如果看电视的这段时间能够拿来看书就好了。我想，赵叔叔或许也明白在监狱里能自由地支配时间是不可能的，所以他说“没有用”。但是退一步讲，他要的不是时间自由支配，而是看书的时间，看监狱内允许看的那些书籍，准备他的自学考试。监狱里想把看电视这段时间用来看书的人肯定不止赵叔叔一个，那么监狱里能不能把他们另外集中到一间房中给他们看书的时间呢？另外，狱警与犯人之间的确存在难以沟通的问题，这或许因为身份中天然的敌对关系与不信任感，赵叔叔来到男子监狱只有四个月，不知道在他剩下的在监狱的四年多的时间中能不能稍稍信任狱警？

我注意到的另一个问题是犯人之间似乎缺乏交流。我不知道这是否属实。因为根据赵叔叔所讲，晚上看完电视后到睡觉前这段时间同一层不同房间之间是不允许串门的，连走廊也不能出去。交流仅限于同一个宿舍里，但是叔叔似乎不太知道怎么跟同一个宿舍的人交流，“沟通不了”，他说，“其他人最高也只有初中学历”，而他是大学医科毕业生。到这里，我大概可以猜测赵叔叔应该是不太喜欢跟别人畅聊的人，一两句话可以，再多就烦了，他喜欢看书，喜欢独自学习，跟狱警、跟同是犯人的人都不怎么说得上话。于是我也就不介意刚开始的尴尬了。

我又问及他是怎么进监狱的。赵叔叔是江西人，1992 年大学毕业后被分配到广州这边的水电局工作，后来辞职，应聘上了黄埔的一家税务局，工作几年后因受贿入狱。后来的事他似乎不想说，情绪有些低落，我便问他是不是形势比人强？他摇摇头，我也不便详细询问了。

他知道我是哲学系的，便开口询问我有没有对他的一些建议。我想他终于问我问题了，但这个问题我不知道该怎么回答！我想告诉他如果你要一些鼓励性的话语不如去看心灵鸡汤好了，回想了一些近段时间的课程，太久远的我几乎忘得一干二净，但是我又发现课程上学到的似乎都不那么适合现在的情况。于是我只能告诉他说，哲学课上学的都太理论了，不过我可以跟他说一下我近段时间遇到的一些事情，这些事情让我感触很深。这三四个月我家里比较背，先是妈妈病了，要做手术治疗，接着爸爸也病了，严重得无法工作，以后也不能再干体力活，于是家里的经济状况开始困难起来，钱财身外物，我担心的是父母的病。这三四个月十分难熬，不过庆幸手术后妈妈的身体慢慢好起来，爸爸也在边服中药调理边物理治疗，病已经好多了。于是我心里长叹，终于过去了。现在我回想那段日子，过去了才发现一切似乎都不如自己以为的那么难熬。我说，撑过去了你便赢了。监狱是一个相对封闭的地方，但是赵叔叔你只需要在这里再待四年多，你可以比四年多活得更久，所以你出去了，你便赢了监狱。出去了再回头看监狱里的这段日子，其实真没有你所想的那么难以忍受。我想赵叔叔是笃定自己一定能出去的，他已经在为出去之后的生活谋划——他在自学物流管理并准备考证，但是监狱的制度又使得他没办法顺利地自学，所以我只能在这些地方说一些话。

我又补充道，赵叔叔你这样上进，多好的一个人呢，如果可以的话，希望你能够在监狱这种地方把这样的你保持下去。你我都知道，监狱是一个十分体制化的地方，而这些地方往往会使人变得一板一眼，条条框框，没有灵气。但是人没有灵气便不成其为人，所以，在这种地方把最好的那个你保持住是很难的。我相信在进监狱以前，你拥有最好的那个你，进监狱以后，以及离开监狱以后，你一样可以拥有一个最好的自己。

回来之后我想过这段建议，发现自己出错了，赵叔叔告诉我说每天晚上他都会想很多问题，有些问题甚至会想很久。他不是想不清自我问题的人，他的问题应该在于太过封闭自己，抱着无所谓的笑淡淡地看着身边的人。我应该鼓励他多与周围的人进行交流沟通才对，监狱这种地方，如果你想把自我封闭，是一定可以成功的。但是我自己也不是个擅长与他人打交道的人，看着旁边滔滔不绝说话的同学，想想我们这边有些低沉的气氛，真的有点手足无措。于是我只好一直维持笑容，希望气氛不那么冷。

之后赵叔叔询问了我一些哲学学习上的事情。我在之前的谈话中跟他说过一些佛教的教理，他又问我佛学跟哲学有什么联系？一样的还是不一样的？我大概作答，半个小时就过去了。

总的来说，在去监狱之前，我以为情况会像师兄师姐说的一样，服刑人员的倾诉欲重，我们只需要在适当的时候“嗯”“哦”几声就好，但是事情的发展往往出乎意料，我遇上了一个跟我一样不怎么喜欢聊天只喜欢自己想事情的人。我只能马上想些问题出来提问，被提问的时候又措手不及。很怕冷场，十分紧张，没能给予赵叔叔最好的建议是这次实习最大的遗憾，希望他能想得通。从他身上我学到了很多，但愿他也能有所收获。祝他早日出狱。（郭晓霖）

坐在我面前的是一个面色苍老、皮肤黝黑、略微消瘦的中年男子。相视微笑后，我们都坐了下来，尽管我做了简单的自我介绍，他却并没有开口要讲什么的意思。在略微尴尬的氛围下，我主动询问了他的年龄、家乡、罪名、入狱时间、家属等一系列基本信息。得知，他今年 48 岁，因为故意伤害罪而入狱，到现在已有 10 年了，还要有三四年才能出狱，家中有妻子和孩子，孩子正在中南大学读研究生。在讲述这些的过程中，他都表现得很平静与淡然，但是多多少少能感觉到他为当初的冲动以及对家庭和孩子带来的伤害而产生的悔恨。同时，他也说道，这些都已经发生了，也没有办法再改变，能做的只是继续过好之后的生活。虽然无所谓积极与消极，但是我认为这恰恰反映了一个在监期间的犯人的心理常态。当我说道“您的孩子上的学校真的很不错，是不是心里也为了他感到十分骄傲”的时候，他的脸上露出了少有的极为灿烂的笑容，他表示很感激孩子和家人并没有责怪他而且还很关心他，言语间流露出小小的欣慰和满足。但是，他也表示感到自己十分对不起孩子，如果能够在正常的家庭环境中成长和高考，孩子可以去更好的名校，这其中显露出他对于孩子学业的期望，而这份期望显然并不是盲目的，能让我感觉到他入狱前也曾经是有一定社会地位的。果然，在随后的聊天中了解到，他曾经是政府经贸委的公务人员，而这份工作也是自己年轻时一步步努力得来的，在他的讲述过程中可以知道他也是一个曾经有过辉煌经历的人。但他表示这曾经的一切在他入狱后都没有向任何人提及过，因为他很清楚这一切都是过去，他很清楚自己现在的身份和环境，同样地再走出去之后他也不可能回到之前的生活，这完全印证了监狱中服刑人员的身份意识。

此时我很庆幸接触到的是一个有一定文化基础的犯人，甚至觉得眼前的这个犯人并没有之前自己脑海中臆想的罪犯那么可怕。出于好奇，我又进一步问他在监狱内有没有继续学习。这好像又刺激到了他的一个兴奋点：他十分骄傲地跟我展示了他胸前的标牌，上面写了他是所在监区的文化宣传员。他和我说他很热爱书法，我们进入教学楼时悬挂的第一幅书法作品便是他写的，他还获得了男子监狱内书法比赛的第一名。因为是文化宣传员，要负责整个监区的文化宣传工作，因而他表示自己的空闲时间实际上是很少的，但他还是会抓紧别人休闲、打牌的时间看些文学类的书，还订阅了有关书法、政治的杂志，在为监区分派报纸的时候会多看一些报纸。这时候，他好像一个长者对待自己的孩子一样十分善良且中肯地和我说，“监狱其实就是一个大染缸，你想把自己变成什么样就可以变成什么样，我不是不会打牌，甚至我打的比他们好多了，但是我觉得这是浪费时间，不管什么时候都应该好好利用时间多学习一些东西、多充实自己。我们虽然在这里，但都不应该放弃自己，等有一天你们走向社会了也是一样。”他的这一段话让我记忆尤为深刻，不只是眼前这个服刑犯会说出如此深刻、发人深省的话，更因为它让我反省自己身处的大学生活环境，怀疑其中是否有的人除了享受到更多的自由外并没有真的比一个在监犯人生活得更好。

访谈结束的时候，他表示很感谢我带给他这个帮助学习的机会。但我并不这样认为，我觉得自己并未能给他带来任何的心理辅导或者法律援助，或者说某些程度上犯人们并没有我们想象中的脆弱和弱势，他们并不真正需要作为学生的我们来为他们提供这些帮助。而我所做的只是成为一个听他倾诉的听众，可能这其中的很多话他都不曾甚至不能和狱警、狱友、家人说起，而作为一个陌生人，这样的沟通与交流可能会使他偶尔敞开一次心扉，偶尔能够在精神上获得一次释放。甚至，我觉得作为彼此沟通的双方，他给我带来的教育意义并不比我带给他的少，而我也渐渐地对于罪犯的认识有了一些改观。（王昭楠）

与我做交流的对象是一位因为职业犯而入狱的五十多岁的叔叔，祖籍甘肃，原是中山市的高层干部，后来被判贪污罪而入狱。让他疑惑而不甘心的是，法院判他贪污六万元，但其中五万元是没有贿赂人的，他解释说是贿赂人并不承认有贿赂行为，而法院却还是判定这一结果。矛盾之处就在这里，我不是学法律的，社会阅历也比他浅得多，没有办法去辨认法律是否有漏洞，或者说他是否在博取我的同情、为自己辩白。我始终抱着客观虚心的态度去看待他所说的一切。后来交谈深入之后，也越发开始认识到这个社会上的模糊性和复杂性，很多东西是无法给出一个清晰的界定的。他对我说，进入这个体制，很多事情是身不由己的，不是贪污不贪污那么简单的几个字就能解决的问题。当问到在监狱里感觉如何的时候，他很习以为常地笑了笑（其实他也一直带着若隐若现的微笑，或许只是出于礼貌），他说道，进入监狱不可能像原本的生活那样轻松自由了，每日有规定要完成的工作，而当一天结束快要入眠的时候，可以利用一些空闲的私人时间来读读书，写写钢笔字，他还提到所有的书都是托家人带来的，虽然监区内图书馆也有提供，但是并没有多少人使用，原因有二：一是藏书数量不多质量不好；二是狱警人手有限，常常是一个狱警带着一组犯人，不可能为了个别人而浪费人力，所以去图书馆的机会少之又少。他的文化程度也是挺高的，有着高等学历，也一直读书、练书法，可见文化底蕴很深厚，我想这也是为何他能够在这样的一个环境下还能坦然接受一切，淡定生活的原因。

我不禁联想到现在所处的大学环境。现在的社会是这样的残酷，体制是这样的模糊，使得人如果没有强大的内心力量是无法不变得平庸的。许多同学即将迈入社会，然而在他们之中的多数人却并不能坚定自己的初心——甚至连自己的初心是什么都不知道。这在我看来是十分危险的一件事，当你未能找到自己的初心，未能坚定自己的步伐的时候，就开始从大学毕业，随着社会主流的价值观去追求那种人人看着艳羡的工作机会，去盲目闯荡，必然很容易被现在这个浮躁的社会所同化、污染，一步一步踏入污水而随波逐流，慢慢被侵蚀、沦陷，以至于最终丧失了自己。只有你明确了初心，明白自己真正想要什么的时候（当然这并不是简单地想想就行了，需要深厚的积累和坚定的信心），当你走向社会，你的每一步才会走得踏实，真正走出一个人应该走的一条路。可悲的是，这些大学生们没有这样的教育让他们明白这个道理，更没有人愿意去带他们、去指导他们，当一张白纸就这样掉落在马路上，很快就会被踩黑，最后落得自己都看不起自己，或是忘记了自己是谁的境地。（彭怡娟）

谈话是在一个方桌排成的长方形中进行的，服刑人员坐在长方形内部，我们坐在长方形外侧。初次照面，也不知道是出于对服刑人员这一抽离了人的具体含义的总的存在的恐惧，还是单纯地只是因为在陌生人面前的羞赧，大家都有些拘谨。倒是服刑人员们比我们老练得多，主动与我们攀谈起来。很快，身边便人声鼎沸，连和面对面的人交流都不得不凑过耳朵或者判断唇形才能理解了。

由于自己自高中开始就对犯罪心理学深感兴趣，甚至有两年只看犯罪文学，因此对于犯人们犯罪行为的原因也能够理解（不等于“认同”），当然存在着那些“危险的个体”——或多或少有精神上问题的人，但想必我们也见不到，所以我对眼前的人可能并不像一般女生一样心里有一丝恐惧或隔阂，而单纯是两个之前素无交集的人初次见面的尴尬而已。对方是一个看上去年纪和我们相仿的年轻人，不过可能因为每日操练的暴晒，脸上比我们多了几分沧桑。一问年纪，果然也是“90 后”，1991 年的，只比我大 3 岁。这么年轻，为什么会身陷囹圄？这让我颇为好奇，但考虑到可能会有所唐突，只得先没话找话地闲聊。幸而这位大哥很健谈，闲聊中我得知他原来就是在中山大学对面的广州国际轻纺城里面开店做服装的。他又讲起了他的成长经历，初中毕业后没有听从家里的安排继续读书，而是南下广州闯荡，最后经历了各种历练，自己学会了打版、设计，又用家里提供的资金，开始从事服装的生产。后来，家里又说有去驻港部队的机会，于是他又去香港当了两年兵。能有转士官包就业此类殊荣的固然少之又少，可按理说他的人生不应该是退伍后继续从事服装生产这样的一路平静而安定的生活吗，为什么会来到这里？终于我忍不住，说“我可不可以冒昧地请问您……”他们好像都对这个提问句式非常熟悉，开始回答，不过个中缘由也是让人唏嘘。

他从驻港部队退役之后，和大多数人一样没有获得转业的机会，继续回到广州做服装原材料的生产工作。2012 年的时候，微信刚刚兴起，年轻人都对它的各种新功能充满了好奇。纵然如他当时已经有女友，也还是开着微信的“附近的人”功能（启用此功能后，你的名片能被附近的人搜索到，并且打招呼）。有一天有一个陌生人和他打了一声招呼，他见是一个男的，担心是骗钱（那时扰民的微商还未兴起），便没有通过那人的好友请求。后来那人又添加他好友，并说看到他头像是当兵时所拍的照片，说自己很崇敬军人。于是他又考虑到那个人说自己是从事服装销售的，自己是从事服装原材料生产的，多认识一个人对生意也有所裨益，就通过了那人的好友请求。两人也出去吃过饭，那人看面相倒也并不像个坏人。没想到在一个晚上两人在夜宵摊上喝酒的时候，“色中饿鬼”的画皮终于脱下。酒过三巡，他已经半醉，而那人只喝了一杯。见他意识开始不清醒，那人便坐了过去，伸出自己的手在他身上上下摩挲。听到这里我刚开始不敢确定的猜想果然落实，惊诧原来网络文学中的玄谈（腐女文学中盛行）真有人敢以身试行。被一个性取向相异的人性骚扰，或者说只要是被性骚扰，都会让人很反感吧——更何况他还是一个只有初中文化，刚刚当完兵、血气方刚的年轻人。于是他操起酒瓶就往那个人身上砸去，没想到砸中了要害，那人虽未一命呜呼，却也落得个半死。最后他因为故意伤害致人重伤被判四年有期徒刑。

听到他的遭遇，很难不让人心生同情，因为他并非故意伤害——虽然从客观后果上他给别人造成了伤害，但他是在被侮辱的情况下的一种反击。目前的法律还不认为对身体的抚摸构成伤害，所以我觉得在对他量刑时对于这个伤害的起因是完全没有考虑的。这也使我思考两个问题，即目前的法律对刑罚的判责还是以后果论为核心的，尽管现代司法制度已经开始重视对于罪犯本身的考察，但是这种转向是不够充分的（所以我认为福柯对于“危险的个体”的担忧还为时过早），很多诸如此类案例中犯罪者本身并非有意犯罪，而是因为一时受到刺激（或者如此案受到对方直接的精神侮辱）而实行激情犯罪。但由于这种刺激或者说精神侮辱不好量化，没有对于肉体的直接伤害，因此实施者完全不用负任何责任，而这类出于反击或者说“报复”的冲动犯罪，被单纯化为犯罪者因为“矛盾冲突”而想置别人于死地的预谋犯罪。为了防止这类对双方都带来沉痛代价的悲剧的发生，我认为国家应积极开展关于性骚扰的相关法规的制定与完善，比如可以给予治安处罚或行政拘留。我国目前一些与性骚扰有关的法律法规条款严重滞后，《刑法》《妇女权益保障法》皆禁止猥亵、侮辱妇女。我想本案如果遭受到性骚扰的是女性，量刑上相对会轻很多。但关于对成年男性实行猥亵，则没有相关的刑事处罚，只是在《治安管理处罚法》中提到，“猥亵他人的……情节恶劣的，处五日以上十日以下拘留”。但我觉得这其中关于猥亵的定义并不明确，猥亵的认定标准实际上可能过高难以达到，而性骚扰在国内法律内部缺乏具有可操作性的处罚措施；其次就算是猥亵，处罚力度也还是过低，缺乏社会震慑力。

同时我也在考虑自己是不是过于同情他，我在说“其实你本身没什么错”之后，他自己也表示了否定：“我有错，是我法律意识不完善。要是我当时走开就好了。”是的，尽管那人对他实施性骚扰在先，虽然性骚扰理应受到法律处罚而我国目前暂时没有，但他也不能动用私刑任意对别人进行打击，甚至差点要了别人的命。这又让我想起前几天的男司机暴打违反交规女司机事件。网络上——甚至自诩理性的知乎社区也不例外，几乎都是一片喊打称赞之声——这是一个昭示着很大危险性的社会现象。私刑在中国，似乎是一件理所当然的事，只有私刑解决不了的事，人们似乎才会想到法律。我想起了自己小的时候，总被家人认为太过软弱而嫌弃，他们总是采用激将法鼓励我、斥责我，“被别人欺负了，打回去!”而非报告老师。这种只认拳头的过时的社会达尔文主义不仅在中国很有市场，而且薪火相传、代代不息。可见我国在法律知识的教育、法制社会的建设上还是有很长的路要走，否则正处于转型中的，在没有了靠儒家道德教化维系的又没有法制意识的中国社会，怕是要转型到野蛮人中去。

他因为表现良好，也即将获得减刑，估计明年就能出狱，之后大概是回到中山大学对面的纺织市场继续做自己的小本生意。希望他在获得了法律知识之后，不再冲动鲁莽，心中时时有法律的底线；同时也不要因为过去自己的铁窗经历而给自己设限，要主动融入社会并以自己的行动改变人们对于刑满释放人员的刻板印象，继续做一个如他自己所说的看到老人倒在路边会扶起来报警的这样一个“充满正义感的人”。(崔云逸)

进入和服刑人员一对一的咨询环节。与其说对他们进行哲学咨询，不如说我们向他们咨询关于人生、社会的种种体验。

坐在我对面的服刑人员是一个小个子的、戴黑框眼镜的年轻男子。交流开始的时候，我挺紧张的，因为不知道他犯了哪种罪行，会不会对我造成危险。为了打破沉闷的气氛，我对他笑了笑，他也轻轻地嘴角上扬一下。在拘束的气氛中，他打破沉默问我，你可以说白话吗？我表示可以，于是我们就用粤语进行交流。

“你以前有没有来过这里？刚才你们参观了上面（监舍），你觉得这里怎么样？”他的提问有点出乎我的意料。

“第一次过来。就建筑而言，没有和想象中差异太大。”其实是因为我已经阅读了大量往届师兄师姐的报告，做好了心理准备。

他突然问我：“你是广州人吧？”

脑子里忽然闪出心理咨询培训时老师叮嘱过的：“不要透露太多自己的信息。”我稍稍迟疑了一下，说：“嗯，是的。”

他勉强笑了一下说：“自己是不是广州人都需要想的吗。”我有点不知所措。想必他也感受到了来自双方身份差异的不信任感。

“那你也是广州人咯？”

“嗯，我是荔湾区的。”

“哦……那我可以问下吗……”踌躇片刻。我想知道他为什么会进来，可是直接问就像揭别人伤疤。

“问吧。”他倒是挺直接。

“你为什么会进来？”

“受贿。我是荔湾区地税局的。”因为当时太嘈杂，我听了很多次都没听清他说“地税局”，于是到现在我的本子里还留着他写下的歪歪扭扭的“地税局”三个字。

“那你要在这里多久？”既然已经厚着脸皮问开了，后面我也不兜圈子了。

“八年。在这里已经一年多了。”

“咦，听说职务犯都是在十二监区？”我注意到他的胸牌上写着“十四监区，考察中”。

“哦，那是处厅级的。其他各个监区都有职务犯。”看来，一方面不尽是分层管理；另一方面，尽管在一样的制服下抹去了标志性的差异，但在社会上的地位分层还是带到监狱里来了。

“那你的狱友都是些什么人呀？”

“杀人犯、贩毒、打架……”

“那和他们住在一起会不会觉得恐怖？”

“你和我妻子问的一样。其实现在的监狱还是挺文明的。”然后他给我讲之前他们监区出现过一次因小事而引发的打架事件。事主被关到第八监区。

我又问他：“在这里有没有什么忧虑的问题？”

“当然有。会担心家人。儿子六月份三岁，不知道他怎么样了，也不知道妻子怎么样了。不过对比其他人算好的。因为妻子每个月都会写三四封信过来，我算是我们监区收信最频繁的一个吧。家人住得比较近，每个月都会过来看。”我比较惊讶他最忧虑的竟然是家庭而不是出狱后的前景（后来在和狱警的交流中了解到经济犯、职务犯的人脉广、管理能力强，根本不需担心工作问题），于是我又问：

“有没有忧虑到以后出去的问题？最快还有多久能出去呢？”

“最快还有五年。当然也会忧虑前途的问题。我觉得自己还算好的吧。有个还算和我聊得来的，杀了两个人，现在他二十几岁，被判死缓，在最好的状况下，出去都快五十了。”想想一辈子最好的时光都在这里，出去后，还有什么希望呢？没有希望的人生，还如何继续生活呢？

“那你进来后有没有什么观念上的转变呢？”

“我的心态还算放得比较好吧。”我觉得他似乎没有理解我的意思，或者他不愿意与我分享他的转变。又或者，其实他在暗示监狱内外有某种内在一致性？

“其实我之前已经知道会有这一天了。”他又补充道。

“哦，为什么？”其实我是想问为什么明知故犯呢？

“自己犯罪自己知啊。其实很多事情是身不由己的啊。并不是你想做或者不想做那样的。”

“是因为环境吗？”

“不是环境。如果你一辈子都想洁身自好，你一辈子都在基层，做前台，做没有什么前途的工作。如果你想晋升，那你就得和领导多接触。领导赏识你，就会带你去饭局。然后你知道的事情就越来越多。”而后面似乎还有更多的话，但他没有再说下去。也许，当内幕知道得越来越多时，就不是简单的“贪”与不“贪”的问题了，这或许就是他“身不由己”的意思吧。

“那官场腐败到底有多严重？你觉得监狱能减少这种腐败的

状况吗？”

“你们大学生知道得更多吧。我觉得还是有作用的，现在应该少了很多。媒体不是经常报道哪个官员又落马了吗。”他似乎不愿细说。

“因为我知道的就是媒体上的。我想知道真实是什么样的？”我不想放弃，继续追问下去。

“其实基本都有的，至少也会沾边。”他又说，“我当年毕业时，也没有想到会走到这一步的。”

“你一毕业就在地税局了？”

“是的，毕业之后考进地税局，工作十二年了。不过其实我挺庆幸这个时候进来的。”

我乍一听，觉得很奇怪，好像说进来是迟早的事，只是时机问题，于是就问他为什么。

“因为再给多半年时间，我可能就不是八年，而是无期徒刑了。”我震惊。

然而时间太有限，我无法和他谈太多。结束时我又对他笑了笑。他也报我以一个见面时那样僵硬的笑容。感觉他有很多苦衷，但他一直显得很克制。聊着聊着，其实我已经没有起初时的那种戒备，而把他当作一个普通的大哥哥来看待。可我觉得他是一个非常小心谨慎的人，对我始终并不完全信任。因为他关于监狱的言论和狱警出奇地一致，却避免谈自己的感受，而追问到时也选择了模糊带过。当然也有可能只是如他自己所言“思想比较正”“心态比较好”等，他并不想抱怨什么。另外，也是因为虽然他一直紧盯着我，却始终没有什么表情，语调没什么起伏，只是偶尔带有一点勉强的苦笑。给我最大感受的是他最后讲到官场的那几句话。“身不由己”这四个字一直在我脑中盘旋。进监狱的后果，其实已经过深思熟虑，而非我们原以为的一念之差。所以问他后不后悔似乎也没有什么意义。而走到那一步，所面临的抉择，绝非仅仅是贪或不贪的简单二分。我们总是站在道德制高点上批评他们是贪官，那只是因为我们没有面临那个选择的困境罢了。谁又可以保证，如果我们站在他的位置上，就一定能洁身自好、比他做得更好？我想起后来同学之间交流的时候，有同学表示当问到服刑人员是否因为有“侥幸心理”而犯罪，对方笑了一下（不知是苦笑还是冷笑）。联系和自己交流的服刑人员的谈话，我推测，他们可能并不是抱有“侥幸心理”，而是因为走到那一步，根本已经没有退路了。

如果这样人生恐怕也太黑暗了吧？那位服刑人员也提到，你若想洁身自好，一辈子都得在基层。也就是说，并不是没有洁身自好的可能，但是你必须从一开始就做到无欲无求，甘于平凡，甚至要能够承受来自各方面的压力。反思一下就会发现，这些职务犯的选择其实和整个社会的观念是一致的。作为没有“机会”面临那种抉择的普通人，我们其实大多数时候是在艳羡那些成功的人，我们以金钱、权利、地位等来判断一个人的能力和价值，却没有思索这些光环背后的阴影。这和我们的教育其实有着密切关联。教育资源有限，因而通过层层选拔让优秀的人获得更好的资源。在这个过程中，先成人再成才的逻辑顺序被颠倒。我们一直被灌输着要在竞争中出人头地的思想，却忽略要做一个什么样的人才是最重要的。能走进象牙塔的人，大多都是“不甘心”

平庸一生的，我自己也一样。然而，入狱之前拥有过辉煌人生的他们，又何曾不是因为不愿平庸一生才走到那个地步呢？

我不否认竞争能让人激发出更多的潜能，然而发挥到极致，竞争也让人们更以自我为中心，变得不择手段。人们只是关注自我成败，却不关心社会进步，自私成了一种默认为正确的选择，而道德则被弃之不顾。不仅是官场，甚至几乎在每一个领域，越是具有竞争性的人越“优秀”，也越受到人们的追捧和效仿。而那些与世无争、品性善良的人，却极少为人们所颂扬。

可是我们到底为什么要在竞争中夺取胜利？因为我们都希望在资源有限的世界争夺更多的资源，并通过这些资源让自己有能力获取更多的自由，实现作为一个人的价值，也即马克思所说的全面发展。但获得资源本身并不等于获得更多的自由，人要实现自由，正是要摆脱“自然”和“社会”的双重枷锁。吊诡的是，我们最终把追求自由的手段当作了目的，而且在这个过程中，我们丢失了更多的自由。倒是那些无欲无求的人能直接地在精神上获得更为广阔的天地。

我越发相信，监狱很大程度上只起到对内惩罚对外震慑的作用。但是却无法用规训的方式把最根本的观念扭转过来，更做不到让人慎独。这样的后果是，在监狱内外，都不得不用越发精密的监视、裁决以及检查的手段来对欲念越发膨胀的人们进行规训，规训手段和欲念的发展是相互促进的。

其实高墙内外，服刑人员和我们的距离并不是那么遥远，甚至可以说，这之中并没有绝对的二分界限。里面和外面其实都处在同一个世界之中，有着类似的生活逻辑；他们和我们也都是这个世界中的普通人，有着相似的心态。不同的仅仅是程度而已，高墙内只是高墙外世界的极端反映。这门课程实习活动的意义，与学习人文科学的目的一脉相承——走进他人内心的同时了解自己。走进监狱，与服刑人员对话，其实也是在审度自己内心的各种价值追求。未来的人生，我会时时用那三句话来拷问自己："你是什么人？这里是什么地方？来这里干什么？"——作为一个人，来到这个世界上，就是追寻作为一个人的自由。（李毅琳）

我在一名年轻的服刑人员面前坐下，他戴着黑框眼镜，三十岁上下。他的第一句话是，"你们想知道什么？"这个问题确实问倒了我，在一点粗浅的好奇之外，我并没有具体的问题要问。而无论对方是在服刑或是其他境况下，我都认为直接盘问对方的生活细节是不礼貌的。于是我大概讲了一下我们做这件事（监狱实习）的背景以及说明我并没有任何要盘问他的问题，只是希望简单地聊一聊。在确认这一点后，我们的谈话就非常顺利地展开了。他生于1981年，大学本科学历。他的犯罪并没有任何"一时糊涂"的意味，可以说，犯罪从头到尾都是他自由选择的结果。他对人、对社会都有一种洞悉，这种洞悉并不能说是准确的或者说真实的，这种洞悉源于他依靠自己的世界观对他人及社会的重新构建。也就是说，比起他遭遇了什么，他真正用以指导行动的是他相信他遭遇了什么。他对社会生活的认识令我印象深刻，他的想法类似于霍布斯所说的"人对人就像狼一样"，互相倾轧才是真实的社会图景。也许是我表现得比较包容或者说单纯，他开始谨慎地透露出这种"不知悔改"的倾向，即使是已经在服刑之中，他仍不认为自己过去的做法是错的，他只是平静地接受了法律的制裁，并把这当作不够幸运的境遇而非应受的惩戒。他问我："你相信世界上有坏人吗？"然后意味深长地微笑着等待我的回答，这意味着他是不信的，无论我回答什么对他的观点都毫无影响。接着他又以清晰的逻辑接着问我："你觉得我是坏人吗？"我不认为他是坏人，倒不是因为我认同他的行为或者接受他的世界观，而是好或者坏并不是对一个人的有效的判断，"坏人"是指什么？一个道德败坏的人？一个已经构成了犯罪行为的人？在他问这个问题的意图上，他可能是让我对他的人格做一个判断，而我并不能提供这样的判断。在谈话的最后，他突然提起他姐姐的女儿和我一样大，他一直试图在保护她，不是远离危险，而是不让她看到他所看到的阴暗面。我知道我不可能说服他，也不可能传达给他任何光明或正能量的东西。对于这样的人来说，他们自身就是一个黑洞，外界的光和热只会被湮没而不能引发任何实质性的改变。他们不一定都会犯罪，但对他们来说任何规训与惩戒都只是一种限制，而这种限制只作用于肉体层面，在精神上毫无作用。

在一天的参观中，我们见到了许多摆拍的东西，而最后的这一位交流对象令我感到回到了真实的世界。监狱的一个感性印象总是与洗心革面、重新做人一类的词汇联系在一起，甚至流露出一种感人意味：这些被排除在正常社会生活之外的危险分子有一天会洗去身上的罪孽回到我们之中。事实上，控制意识形态以达至和谐安定基本上是一种矫揉造作的一厢情愿，17 世纪以后的监狱由对肉体的监禁转向对心灵的改造，监狱成了畸形人格的矫正所，矫正实质上是否有效本身是无法考察的，所幸这也不是监禁本来的目的。在走出监区后，我们中有一位心直口快的女同学有一点情绪地问同行的狱警，“你不觉得他们都在装吗？他们是不是诚心认错的你们知道吗？”年近四十的中年狱警无奈又好笑地看她一眼，又看了我一眼，并没有回答这个问题。（黎悦）

我所交谈的对象是覃先生，广西人，1966 年生，家里一共五个兄弟姐妹，他有一个哥哥，两个弟弟，一个妹妹，母亲在两年前过世，父亲还健在。妻子是 1969 年的，他们属于自由恋爱，结婚后有一儿一女，大女儿 25 岁，小儿子 20 岁。出事之后他想要与妻子离婚，但是妻子无论如何都不同意，所以没有离成。

他告诉我，在孩子需要钱上学的时候他入狱，没有帮到家里，甚至当时家里的房子也是贷款买的，还是弟弟帮忙交的贷款，否则家里连房子都没有。从交谈的一开始我就留意到他的眼神，眼里充满了那种想要回家的渴望，充满了对家人的思念，还有对家人深深的愧疚。刚入狱的时候，父母、妻子、孩子都来看他，父亲相对来说比较坚强，而母亲比较脆弱一直哭，他也跟着母亲哭，觉得自己对不起他们。直到两年前母亲去世，他没有见到母亲最后一面。

他告诉我，他是为了生活、为了追求所谓的物质欲望才会走到现在这一步。他 1989 年就不读书了，开始打工，后来做生意，做了制衣厂厂长，因为工作关系与香港人接触，开始赌博，赌债从十万八万元到一百多万元，越赌欠债越多，直到 1997 年参加在昆明的展览会，通过朋友接触到白粉，开始贩毒，发现仅仅两包就能赚十多万元，来钱是如此容易，就到云南走私毒品，开始大量贩毒，从此踏上了贩毒这条不归路。2000 年被抓被判无期徒刑，他说后来他已经改成了有期徒刑，再后来因为表现好改成了 18 年有期徒刑，到最后原本今年就可以出狱，但是由于新减刑规定的实施，明年 10 月才能出狱。说到出狱后的打算，他说，想尝试借钱做点生意，毕竟十多年没有工作，想要找份工作也并不容易。

听完他的故事，我也感触很多，毕竟第一次接触违法人员，平时都是在电视节目中看到贩毒人员，这次确实亲眼见到了并且与他交谈了许久。这一切究其原因，只能说是他自己没有控制好自己，没有认清事态的严重性，没有理性地做出选择，这条路是他自己选择的，也怪不得别人。当听到狱警讲监狱的生活的时候，真心感受到了国家对服刑人员的关怀，并没有因为他们的过错而用异样的眼光看待他们、对待他们，而是用非常人性化的方式对他们进行管理，让他们在这种冷漠的地方感受到了一些温暖，即便是有罪他们也还是人。而这其中，狱警的工作其实是非常难做的，不仅要照顾好所有服刑人员的日常生活，还要尽量读懂他们，防止再有意外发生，真的由衷佩服能够一直坚守在这个工作岗位上的狱警们。（孙汀）

我们回到了楼下，刚刚的法律宣讲已经结束，接下来就进入了这次活动对我们而言比较考验心理素质的环节——与犯人一对一、面对面地直接交流。一开始设想这一环节的时候我是十分担忧的，说话稍有不慎就有可能惹怒对方，其后果是我难以承担的。然而，现场十分平和，一切按部就班。我坐在了一位看起来已经有六十多岁的老人对面，从他的肢体语言可以看出他并不喜欢这样的场合，而我们的对话一开始也比较难以展开。幸运的是当我告诉他我能够说粤语的时候，他迅速转换成粤语与我交流，并且我们之间的交流也逐渐变得顺利。他与我分享了自己即将出狱、家里孩子事业家庭美满、妻子在监狱外等着他等等个人的喜悦，但也对自己锒铛入狱的经历唏嘘与难过，看得出他对五年多的监狱生涯的不满。我印象最深刻的是那位老人向我提的一个问题：我是如何看待他的？我个人的回答是将他比作我的老师，毕竟自己作为一个尚未进入社会的人，面对这样一个经历了许多人生坎坷与成败的老人言，他的个人经历与人生总结对我今后的人生道路的选择而言是一个不可多得的精神宝库。我想之所以会有这样的提问是因为，经过了牢狱生涯的他们很长时间都被打上“犯人”的标签，回到社会不仅要面对脱节多年的、日新月异的外部世界，他们也对自己的身份感到迷茫，尤其是当他们面对正常人的时候会油然生出一种自卑感。因此，在他们能够给自己做出身份定位之前，我们对他们的看法对他们而言也是十分重要的。犯人并不都是穷凶极恶之人，至少从与我们这次面对的犯人来看，他们大多都是普通人，或许是因为一时的贪念，或许是因为一时的精神扭曲而做出了不可挽救的事情。但大部分服刑人员恢复清醒状态后大多悔不当初，因此也会认同、跟从警官的心理引导积极参与改造，争取减刑出狱。

这样的一场交流其意义除了让我们对监狱状况有真实的了解之外，也让我更深刻地认识到他们在犯人这一层标签之下是与我们无异的正常人，尤其是经历过监狱的教育改造，他们极其渴望回归正常生活，而多年的教育改造又会导致他们难以回归正常的生活。应对这样的状况，监狱体制内的成员——警官们向我们透露，他们十分积极地在为在监的服刑人员提供职业技能训练，以便他们回到社会以后能够尽快找到工作。这样的做法一方面为服刑人员当下找到精神寄托与对未来的希望，另一方面也使得出狱之后他们能够尽快进入一个恰当的、有益的社会角色，而不至于因为多年的监狱生活丧失对外界的适应能力甚至因此引起社会的动荡。然而，在我看来，这样的做法尚不足以使我们对他们服刑结束后的个人生活抱有极大的信心。因为随后在我们与警官的深一步交流中，他们也告诉我们他们的无奈。首先警察与犯人之间处于“双盲”状态，即使出现犯人瞒报个人姓名及信息的状况，警官也不可严刑逼供，最终只能根据他所提供的信息填写。这样一来警察就很难进行服刑人员出狱后的跟踪、了解。其次，警察与服刑人员存在着管理与被管理的关系，服刑人员对于警察并不轻易透露，甚至是抵触警察对他们的心理干预。“有困难找警察”的口号很难在监狱中贯彻，因此，警察对于服刑人员尤其是在精神层面能提供的帮助是较少的。最后，警察自身也会出现职业倦怠的状况，因此对于服刑人员的关注也会因自身的状况而有所不同。当谈到解决办法时警官们却也感到困难，不是因为没有方案，而是方案的执行与贯彻遥遥无期，譬如在我国建立起个人的终生身份证，这不仅关乎既得利益者的利益问题，也因为终生身份证的建立意味着人口的完全自由流动，而这对于一个人多地大的国家而言更加容易引起社会的震荡。

总之，监狱作为我们社会建制中的一部分而存在，虽然离我们的个人生活比较远，但是它的存在也关乎着我们的个人生活状况，我们应该予以更多的关注与关怀，帮助服刑人员重新树立起生活的信心，投入新的人生中去，而不让他们出狱后成为被边缘化、留待我们进行道德审判的人群。（杨思敏）

到了与服刑人员的咨询与交流的时间，只见他们整齐有序地搬凳子坐成一圈，这样的行事风格真的像极了军队管理。起初，我们一行学生对与他们面对面交流都是抗拒的，我们把手牵在一起远远站着不敢过去，但见他们都已在对面坐好等待，我们便也陆续入座。一开始我是跟另一位同学一起与一名犯人交流，他是一位五十多岁的大叔，似乎并不健谈，我们也很久没有打开话匣子。不一会儿我对面坐下了一位看起来挺年轻的服刑人员，他手里拿着纸和笔，肩上还背着一个单肩的小包，径直走到我面前坐下，或许是因为只有我面前是空的吧。他坐下便开始在小本子上写下标题“中山大学师生交流会”，下面写着时间、地点，接下来就开始问我贵姓，然后很快就开始采访起我到这里（指监狱）是什么心情。我被问得有点莫名其妙，看他这身装备又以为是服刑记者之类的，便敷衍地回答了几句，才没聊两句他就开始说个不停了。此时我才觉得他应该也是前来咨询的服刑人员吧，我便干脆与他聊了起来。但是这位小哥似乎很健谈，一直说个不停。我看到他的姓名牌，姓付，从交谈中了解到他今年 30 岁，已在监狱中服刑 10 年，经过减刑还剩 8 年的刑期，也就是说他入狱时不过也就是我现在的年纪。所以可能看到我特别有感触吧，他一直在向我灌输人生道理，告诉我现在我们还是太单纯，说如果做官一定不能贪，还说一定要找准自己的人生方向，做好人生规划之类，等等。整个交流过程中我几乎没什么机会插上话。而且他还一直将他说的关键词写在他面前的本子上，由于现场环境太嘈杂，确实很难听清他在说什么，所以这不失为一个好办法，整个交流过程下来他写了满满三面纸。其间我有试探性地问道是因为什么入狱，但是其实他们都很不愿意回答这个问题，他苦笑着在本子上写下“讲义气”三个字，又写下了一个字——“信”。他说他在读书的时候就可以一个月有500元的生活费，但是毕业工作之后一个月工资还是只有500元，所以嫌钱少。虽然从他写下的几个字里我依然不太明白他在表达什么，但是可以想象在他的20岁大概发生了什么，这大概也是他这么想告诉我要过好自己人生的原因吧。想想在十几年前可以有一个月500元生活费的生活，应该是很不错的家庭吧，也难怪他向我感叹说如果不是入狱，自己现在应该是个企业家了吧。

他应该是个挺有文化的人，他说自己是编辑部的，所以也会看很多服刑人员的文章，尤其是许多落马的高官的文章。还记得一开始交流的时候他向我问起“电商”，但知道我是学哲学的之后也就迅速转了话题。他说他对于哲学了解得不多，然后写下了“智慧”二字。这也难怪他会有那么多想倾诉的东西，可能是有许多在外面世界不易得到的人生经验想要传递给我吧。我也有问到他最遗憾的是什么，他的表情也发生了微妙的变化，淡淡地说道是父母吧。他说，出去父母就70岁了，恐怕也是见不到了，也嘱咐我一定要从现在开始就好好孝敬父母，不要等。在后面和同行的同学的交流中才发现，几乎所有的服刑人员最后悔、最牵挂的都是家人，尤其是父母、妻子、儿女。

其实我们也很关注他们对于自己未来的看法。然而即使如我的交流对象这么自认有能力有文化的人，也很坦然地告诉我："我出去应该是找不到工作的"。其实听到这些我还是有一点点心寒，但是他也很有正能量地说相信出去踏实努力还是能有一个比较像样的生活的。不管我们看到服刑人员再就业情况有多好，不能否认社会对他们无法不戴有色眼镜去看待，他们在工作上也是几乎无法享有正常权利的。

交谈的时间很短，等到他准备开始问我有什么想说的时间，交流时间就已经到了，他对我说了一句"出去有缘再见"，就随着队伍一起离开了。事后与同学们的交流让我更有感触。这些服刑人员普遍都并不认为自己是恶人，他们犯法只是因为一些非常偶然的原因，社会确实很复杂容易让人犯错。虽然此时我并不能说他们没错，但确实这也是我们在服刑人员身上看到的一个共性。其次就是短短的交流并没有让他们打开内心，他们大多不愿意讲自身经历，他们也不了解外面的世界，很怕出去之后会和社会脱节。而且我们无法持一种平等的态度去看待他们，或多或少对他们带有一种恐惧或同情。

总之，这是我第一次到监狱实习，见识到了许多不一样的人，也看到了社会上我们不易看到的另一面，收获颇多，期待下一次的实习。（王昊）

我不禁暗想现在的监狱真是大不同于脑海之中的"印象"，

似乎这倒是一个“清静”的地方，但这毕竟是监狱，是一群曾经蔑视法律、沾染罪恶的人进行改造的地方，他们应该为自己的枉法行为承担责任，接受惩罚！直到我们真正与犯人面对面交流之时，我才真正体会到一个犯人内心自我的挣扎和救赎。

在狱方的安排下，我们与狱内改造相对积极的服刑人员进行了交流，我所遇到的是一名贪污犯。曾经他在单位之时，可谓“吃香喝辣”，人有欲望无可厚非，这是人之本能，但如果欲望无所节制，必将走向毁灭。他说自己是在这两年整肃风气的时候被当作“典型”抓起来的，原单位负责拆迁工作，其中经济利益来往较多，自己心怀侥幸，没能做到廉洁自清。现在想想悔之晚矣，且不论前途和工作没了，深居于高墙之内甚至连家人都难得一见。当他聊到家庭，说起自己还有一个七八岁的女儿时，这个一米九几，身材魁梧的男人眼圈红了。目前他能想能做的就是在服刑期间好好改造，争取减刑早日出狱，他扳了扳指头，两年前进来，最快也还要五个年头出去。也许这样的情景我们或多或少在荧屏上都有所见，但当你亲身面对这样一个场景之时，你同样会无法平静。所谓天网恢恢，疏而不漏，无论是身居庙堂还是地处江湖，人若蔑视法纪，终将自食其果。在此监狱内，有曾经主政一方的厅官，有来自非洲的外籍人士，有刚成年从少年管教所转来的年轻小伙子，也有头发花白的老者，还有丧失劳动能力的残疾人，但在这里身份都是平等的，同等地接受思想改造，在高墙之内争取重获新生。

短短数十分钟的交谈，似乎还不足以了解这些犯人所要表达的内容，随着狱警一声号令，他们有序地离开了。其实他们跟平常人并无两样，甚至在生活中同样是有理想、有爱心的人，在家庭中是好父亲、好儿子，但他们终究要为自己所犯的罪行付出代价。在离开监狱的时候，我们一群同学聊起刚才各自交谈的犯人，有同学说“他才刚成年，还要待六七年”，有同学说“他是故意伤人，因为一时冲动”……但有一个声音让我一怔，“他说他已经待了八年了，现在连新出的智能手机都不会用了”。这是怎样一段生活呢？纵然在监狱内有劳作，有运动，有一群人天天在一起生活谈天说地，而且国家在改造他们的思想之余也着力提升他们的文化水平和知识技能，以促使他们将来能够更好地适应这个社会，但他们的世界仍然只局限于四周的高墙之内。我想也许只有真正从内心反省自我，端正思想，重塑价值观才是他们的新生之途。

这一天，有雨水，有阳光，而我认为这一天，一半是海水，一半是火焰。（法学院　徐健伟）

进入咨询的一楼大厅，服刑人员已经完全坐定成两排，人数恰好与我们今天参观访问的中山大学帮扶团人数一致。我坐在一个和我父亲年龄相近的叔叔面前。“您好，我有什么可以帮到您的？您有什么想法都可以和我聊聊！”这是我的开场白，我用微笑尽量掩盖自己的不安，看着他的眼睛，明亮中有说不出的黯淡。我们从中山大学聊起，聊我在中山大学生活这些年的经历，聊广州这些年的变化，聊习近平主席这些年来带给国家的变化，聊一切正能量的内容，却一直不敢触及主题。此时，他渐渐打开心扉，告诉我自己曾经也在中山大学上过两年的在职研究生，我突然意识到他也许并不是一个罪大恶极的暴力型刑事罪犯，我开始试着引入正题，“我想您孩子应该和我们差不多大吧？他现在在哪里呢？”“在武汉读大学呢，和你们一样都是大学生。”片刻的沉默后，我不知道自己是否问了一个合适的问题：“您想自己的孩子吗？”“想是肯定很想啊，可是现在又有什么办法？当初若自己小心一点，拒绝该拒绝的诱惑，拒绝那些不该去的饭局，那些不该参与的旅游，也许就不会有今天了。”我瞬时明白了，他是一个因贪污受贿而锒铛入狱的官员。由于之前的铺垫已经占用了太多的时间，我努力加快自己的语速，但却时刻记着自己脸上必须挂着的笑容，我合上面前那本原本打算记录谈话内容的笔记本，试着让他完全放下包袱。原来他曾是荔湾区的一名公务员，一时糊涂，伸了不该伸的手，最终因为贪腐被判处五年半有期徒刑，时至今日已经服刑两年半，算是熟悉了监狱的环境，并且做了电子厂生产小组的组长。我依旧看着他的眼睛，我想这是对他最好的尊重，另外，我也更想从他的眼睛里读出更多的东西。其实，他从打开心扉那一秒就在跟我说自己稀里糊涂地就进来了，我静静地听他说着那些糊涂，这两年来的生活，我更深深地记得他告诉我有一次服刑人员家属参观活动时，几年来第一次不用再隔着玻璃看见妻子时，那种幸福的笑容（在聊天中得知每个月只许亲属会见一次，并且就是在我们在相关影片中见过的中间隔着玻璃，双方用电话交流的标准会见室，每次会见最多30分钟，而给家里打电话也只是宽管犯人的福利，多数服刑人员半年才能获得一次这种机会）。

帮扶活动就这样在狱方警官的命令中停止，也许是自己才刚刚进入状态，我本来还想深入了解他的更多故事。可惜只能停止，我友好地伸出手，主动和他握手。松开手后，看着他远去，刚刚握住的右手突然莫名有种灼热感，我明白那种火辣是来自内心，我更明白那是一种“莫伸手，伸手必被抓”在内心给予我的羁绊。

走出监仓，我也想问问自己：我是什么人？我为什么要读研究生？回忆自己这些年所浪费的那些光阴，以及那些宿舍楼都不下，靠外卖度日的日夜，我岂不是也是变相的服刑吗？我们大部分当代大学生又是如何呢？（法学院　李立琪）

第六章　2018 年监狱实习报告

2018 年 7 月 13 日下午 2 时，我们中山大学哲学系和法学院师生一行共 20 人在杨老师的带领下前往一个男子监狱进行帮教活动，这是“福柯研究”课程的第三次见习。大巴抵达后，我们首先在一位副监狱长的带领下来到会议室中，其间副监狱长向我们介绍了监狱的概况，并给我们播放了监狱的宣传片，通过宣传片我们大致了解了监狱的日常，以及过去一年中组织的一些活动。随后，副监狱长和教育科长向我们介绍了帮教活动的注意事项，其中让我印象深刻的一点是，警官提到，作为还没有走出校门的大学生，我们的生活阅历、社会阅历比之监狱中的服刑人员要少得多，所以很容易被他们占据对话的主动，进而难以控制自己的言论，对监狱之后的管教造成不良的影响。的确，作为还没有走上社会的大学生，我们究竟能在何种意义上帮助监狱中的服刑人员，我们的专业知识究竟能否发挥作用，这些问题在周二的课上已经被提了出来，而现在，这些问题给我带来了极大的焦虑感，仿佛我接下来要参加的不是一次帮教活动，而是一次重要的面试。

随后，我们在几位警官的带领下来到了马路对面的监区。走了一会儿，我们终于来到了今日的目标监区，监区大楼下是一片篮球场，给人一种在监狱外的自由感。沿走廊走到尽头，我们进入了一个非常空旷的大厅，此时已经有许多服刑人员整齐地坐在大厅的中央等候，他们的四周各面都摆着两排紧挨着的桌子，桌子之间没有任何空隙，由此形成一个“围栏”，把里面的人和外面的人分隔开来：里面的人没法找到一个缺口出来，外面的人也没法进去。而大厅的最里面也摆了两排桌椅，只是桌子上都铺着红布，因此一下就显出不同了，我们就在警官们的指引下在这里就座。坐下以后，我发现一件有趣的事情：负责这次活动采风的人员也在“桌子围栏”的里面，而且也穿着囚服，也就是说，他也是服刑人员，这大概也是在监狱中自我实现的一种方式吧。在教育科科长和杨老师依次致辞完以后，帮教活动正式开始。

我首先接触到的是一位身体强壮、面色严肃的大叔，在我询问了几句之后，他并没有任何反应，而只是十分严肃地看着我，这不免令我有些紧张。在与身边同学交涉以后，我才发现这位大叔只是更习惯说粤语，因此无法与不懂粤语的我正常地交流。这使我联想到，监狱内的权力关系可能不单单只存在于警官与服刑者之间，服刑者内部也可能因为语言、地缘等因素形成小团体，而被分离于小团体之外的人势必会沦为权力关系中的最底层。

我接待的第二位服刑人员是一个看起来年龄与我相仿的年轻人，虽然穿着囚服，但是他的脸上依然透露出了一种读书人的儒雅感，这一下子就使我放松了不少。我注意到他还准备了一张纸条，上面大概是他今天想要咨询的问题。他主要咨询的是心理方面的问题，第一个问题概括起来大概是，如何克服长期服刑所带来的空虚感和面对未来的迷茫感。据他所说，自己是因为大学毕业以后加入传销组织而被判刑的，刑期 11 年，现在已经过了四年，还有七年左右。平时他在监狱里面也想着做一些事情丰富自己的生活，让自己不要过得太空虚，也试着帮助他人，让别人摆脱空虚感，但是最终发现依旧无法实现。这引起了他更大的焦虑，即自己回到社会以后还能干些什么：在他看来，自己的刑期实在是太长了，以至于常常会想，自己出狱以后已经没办法像个正常人那样工作了。因此他问我，自己该做些什么才能在狱中为未来出狱后的工作和生活做好准备，摆脱自己的空虚感和迷茫感。我首先询问对方在大学中所学的知识，试图挖掘他的兴趣点及专业上的特长，以此为他的未来规划提供帮助，但是得到的回应是，他的大学专业虽然涉及动画设计、计算机相关的知识，但是他却将大学四年荒废了，加之本身就并不喜欢这方面的东西，所以已经很久没有学习相关的知识，根本无法为以后的工作提供帮助。接下来又询问了他的兴趣爱好或者在监狱中的空闲时间喜欢做的事情，他的回答让我相当惊喜：他相当喜欢书法、国学等人文知识，然而又觉得这些东西对于以后找工作并没有什么用处。由于与他兴趣相同，我的热情一下子更加高涨了，为了让他将这些爱好与活动坚持下去，我也将自己的兴趣爱好以及一些相关的想法告诉了他：我同样是一个书法爱好者，也喜欢国学，曾经甚至是现在我也非常怀疑这些东西是否能够给我的未来就业带来帮助，但是我能够肯定的是，这些东西已然给我的生活带来了许多有益的影响，在我的个人素养、人际交往方面都有极大的益处。在当今这个社会，除了一些具有不可替代性的工作之外，大多数工作都并不需要特别对口的专业知识，更为重要的是个人综合素质的比拼，因此个人素养、人际交往能力都会在就业市场上起到重要的作用。正如他的这些爱好与特长拉近了与我的距离一样，这些东西同样也能给未来的面试官们留下非常好的印象，因此即便不能成为这些领域的大师，依然会对就业带来帮助。他一边记着笔记，一边频繁地点头，这一刻我真的感觉对面坐着的就是我的一位朋友，我们可以互相诉说自己的人生体验，完全不像是两个世界的人。然而，“桌子围栏”却使我们没办法靠得更近，无论是物理意义上，还是身份认同的意义上，我只得趴在桌上，尽力地向他那边靠拢，既是为了更好地听清他的问题，也是为了拉近我们之间的距离，消除彼此的戒备感。

在第一个问题得到解答以后，他又提出了另一个担忧：11年的刑期会不会使他在出狱以后完全与世隔绝，再也没法融入这个社会，尤其是在科技进步如此迅速的今天。他说他曾亲眼见过一个刑满出狱的人，他的衣着简直是上世纪的款式，完全与外界格格不入。针对他的这个担忧，我的看法是，外在的东西与时代脱轨并不是什么可怕之事，虽然刚出狱时的衣着显得非常过时，但是完全可以在商场里采购几套当下的时装换上，更加重要的是心态不能就此沉沦，在狱中依然有许多培养自身视野的方法：可以从报纸的报道中了解到最新的时事，可以从新入狱的伙伴那里得到外面世界的动态，这些东西才是出狱以后融入社会更加重要的因素。至于科技的进步带来的忧虑，我的观点是，科技的进步总是使生活更加便利，产品的发展更趋于智能化，所以只需要积极地了解认识新产品，就一定可以很快地适应产品的功能。他问我现在“苹果”手机是否像一些同伴说的已经出到10代了，我的想法是，在产品更新换代如此迅速的今天，我们根本不需要真的把每一代产品都买过来使用，也许在他出狱时，手机已经出到15代、20代了，那么只需要买一部最新的手机，就又是时代的弄潮儿了，又何必在意之前的几代产品是怎么样的呢？因此，这些身外之物与时代脱轨其实并不可怕，重要的是心态的调节、视野的培养和综合素质的提高。

在我们对话之时，有另一位服刑人员凑了过来，我见他年龄大概在三十岁左右。与之前那位年轻人的满目愁容不同，这位大哥显得非常轻松活跃，因为他还有一个多月就可以刑满出狱了。接下来我与他的对话与其说是咨询与解惑，不如说是他的服刑感悟与人生体验分享。据他所说，自己在入狱之前是一个商人，在大学毕业以后的人生体验可以说是一帆风顺：娶妻生子，钱也赚了不少。现在的入狱可以说是自己人生的谷底，但是几年的服刑经历也并非一无所获，在此期间，他真正认识到，在自己危难之时唯一靠得住的只有自己的家人，回想起之前一心想着赚钱而冷落了家人，他感到深深的懊悔。待到出狱之后，他一定要把自己人生的重心放在家庭上面。

在真正与服刑人员交流接触之前，我想大部分人都会把他们视作“恶人”“坏人”，认为他们大都性情暴戾，但是从我接触的这两个人来看，其实他们也并非十恶不赦之徒，他们也和我们一样，会为过去的错误懊悔，也会为未来的发展担忧，有着和我们相似的爱好。半小时的交流很快就接近了尾声，我注意到服刑人员带来的纸上已经密密麻麻地记了许多东西，最后他对我说了一句：“谢谢你，今天和你聊天真的很开心。”我又鼓励了他几句，我们便互相道别了。我看着他随着人流往外走，背影显得有些落寞。我想到，在短暂地与外面世界的人接触以后，他们便又要回到监狱的束缚中去了，在同情与惋惜之余，我也不免有了一些伤感。（陈煌辉）

这次见习的核心内容是对服刑人员的帮教，即为他们提供哲学层面上的心理咨询。在大约半个小时的帮教过程中，我一共与两位服刑人员展开了交流。

服刑人员 A 是一位约莫 50 岁的中年男性。他说他来自广西，曾经在中铁建工作，因为贪污了 17 万元公款而入狱。在互相打了招呼后，A 显得有些迫不及待地先后向我咨询了三个法律问题：为什么自己在坦白后没有被从宽判罚；为什么自己只贪了 17 万元就被判了 10 年，而有些更大的贪官贪了上百万元也只是判十几年，是否量刑的尺度上存在问题；自己出狱后需要赚钱养家，国家对服刑结束的人有没有什么政策支持或优惠。因为被特别交代过，并且我也确实对此不甚了解，所以我对这些问题的回答保守而谨慎，可以说基本上没有解决他的疑惑。我表达了自己作为哲学学生无法有效地提供法律咨询的歉意，A 也表示可以理解。让我“松了一口气”的是，A 的第四个问题是关于心理的咨询。

A 说，自己已经进来五年多了，但是到现在为止，还是时刻感到紧张和害怕，有时严重到晚上连觉都睡不好。当我询问他在害怕和紧张什么的时候，A 表现出了一丝茫然和犹豫，给出了“害怕自己做错事”这个有些宽泛的回答。于是，我尝试找出 A“害怕自己做错事”的原因，以便给出有针对性的建议。这初看起来并不是什么难事：监狱对服刑人员进行着全方位无死角的监视与管控，各环节上严丝合缝，不容一丝纰漏，在这种高压环境之下，人很难不产生害怕和紧张的情绪。然而，A 否定了我的想法，他说他在这五年里已经基本上熟悉和适应了监狱的生活方式，他认为自己的害怕并不是来源于此。接着，我又尝试从“对减刑的渴望”这一角度去分析他害怕做错事的原因，但再次被予以否认。交谈中，A 说他自己也找不出这个害怕的原因在哪儿，身边认识的狱友也都没有这种心理，只有自己有。背负着这种害怕的心理，A 说自己平日里如履薄冰，小心翼翼，令他十分困扰。在交谈中我隐约产生了一种感觉：A 其实也并不真正清楚自己在害怕什么——这甚至让我联想到了先前在精神病医院接触到的病人，A 和他们带给我的感觉有一种微妙的相似。当然，我百分之百地肯定，A 是一个精神健全、智力正常的人。

面对 A 这一无迹可寻却又无处不在的“害怕”，以及他和蔼真诚的目光，我在窘迫的同时有一种深深的无力感。

服刑人员 B 在我与 A 交谈的中途坐到了我们身边，左顾右盼，似乎是在等着附近正在聊得热火朝天的学生可以得闲，以便接受他的咨询。在结束了与 A 的交谈后，我主动向 B 打了招呼，听他说起了自己的经历。B 是一个 30 岁左右的男性，外表看上去显得比较精瘦。刚一开口，他便说，自己真的是被冤枉进来的，是法律的执行出现了问题。接着，他开始滔滔不绝地讲起了自己对法律、监狱和正义的看法。值得注意的是，B 在讲述过程中并没有对自己因之入狱的案情作多少介绍，而只是零星地穿插在他举的几个例子中，有些例子甚至都没有说明故事的主人公就是他。

渐渐地，我勉强拼凑出了B口中的他的经历：十多年前，一起命案发生，凶手始终未能找到，而B在几年后作为嫌疑人被定罪。但是B对我说，他根本不是真凶，而且根据当时的证据，他也不能被定罪。他用“必然性”与“或然性”来形容了当时审判的情况：已有的证据只能证明在一定几率上他有罪，然而根据法律的无罪推定原则，没有构成必然性的证据是不能判决一个人有罪的。但是最终，他还是被他所谓的“或然性”证据给定了罪，因此而入狱。B说，从刚入狱开始，自己就没有停止过申诉，但是没有一次成功。

起码在和我的交谈里，B并没有表现出多少愤世嫉俗的情绪，在讲述自己的审判与申诉经历时，他也只是带着些许的情绪波动。可以看出，B有强烈的倾诉欲望，在交谈的全程里，我基本上只是扮演着一个听众的角色。末了，可能是看出了我基本上没有提供任何咨询的尴尬，B真诚地说：“非常谢谢你能听我讲这些，你在听就能给我力量。”（李宇哲）

在进入监狱之前，监狱副监狱长说的一句话令我印象非常深刻：“世界上最笨的人和最聪明的人都在这里了。”在狱警的安排下，我们与服刑人员进行了面对面的交流——比起帮教，我更倾向于使用交流来描述，他们的疑问更多的是法律方面的问题，很多已经超出了我的知识范围，而在人生经验方面，他们大部分都比我要老到得多，所以我跟他们的对话，就像与我对话的两位服刑人员A和B所说的，更像是一次相对轻松的没有茶水的

“茶话谈”。但是对于这样一场特殊的茶话谈，他们还是有所担忧的，他们一开始就询问我，是否会对他们这些人有不好的想法，我回答，“只是人生经历不同，在这一点上，大家都一样”，从而试图抹消在这场对话中双方在心理上的不平等。我并没有过多关注他们具体因何而进的监狱，正如A说，尽管他们对于自己的案子有很多疑惑，但我并非是法学院的也不能解决他们这些问题。对于这一点，他们说有被欺骗的感觉，因为他们真的为此准备了很多问题，他们也以为询问对象是专业人员，而不是学生，所以对于这种情况感到有些失落。但是后来他们跟我说，“在这个外边的鸟儿都飞不进来的地方，能呼吸一下你们带进来的新鲜空气，也是好的。”然而，这样一种与外边社会的接触也是非常有限的——我们之间始终隔着两张桌子，有时候我甚至不能听清楚他们说的是什么。

我问他们是否有机会得到一些法律援助或者专业的法律咨询，他们说从来都没有（关于这一点，我事后询问了法学院的朋友，他们说可以申请法律援助，但有很多嫌疑人或罪犯可能并不清楚这样一种权利，这也许与他们的文化水平有关）。他们说他们已经在监狱里边待了七八年了，有些问题他们到现在也没有机会搞明白。A说，有些人并不是真的想要犯罪，只是受当时情况所逼，不得不犯罪，比如家里人病重，但你却没有钱去救她，现在有人说只要你签个字就能得到一笔钱，在这种生死抉择下又能够怎么选择。有些人不过是在情与法的拉扯下挣扎。A说他知道他破坏了游戏规则，他也甘愿受罚，但是监狱对所有的犯人都是一视同仁的，他想不明白为什么因为一时冲动而犯了罪的人，或是逼不得已犯了罪的人，和真正十恶不赦为了犯罪而犯罪的坏人，受到的是无差别的惩罚。

我问到他们在监狱里的生活如何，他们说机械而绝望。每天在同样的时间面对同样的事情，“都没有感觉了，麻木了”。A 说在监狱的生活远没有他在军队里的生活那么辛苦，但在监狱里“是一种折磨”。这样一种折磨并不仅仅是来自肉体上的限制，更多的是对精神和心灵的禁锢，“在这样一种生活下，人早就没有活力了，都不像是个人了。”A 和 B 都说监狱的体制不会将他们当成一个人来对待，他们被剥夺了适应社会的能力，早就与社会脱节。尽管他们每天还要劳动，但是这也只是在一种完全被规定的模式下劳动，就像是被安排好的机器，这也充分体现着福柯所说的“对肉体的驯服”。A 说正是由于这种被剥夺自由，从而人不像人的规训的生活，让他感受到违反游戏规则会带来多么沉重的后果，也让他在以后能够时刻警醒自己别再犯错。

他将犯罪描述成是违反游戏规则，我问他有没有想过这样一种游戏规则的正当性，他说这只是社会上不可能改变的规则。并不是对犯罪本身是错的这一事实本身的自我反省，使他能够在以后的生活中不重蹈覆辙，而是违反这一规则所带来的后果对他具有足够的威慑力。他说，监狱的改造也就是形成足够的威慑力提醒人们犯罪可能给自己带来的严重后果，而很难真的唤醒道德上的良知。但是对于维护社会稳定发展这一目标来说，监狱的功能仅仅是前者，也足够了。康德所说的那种依靠理性每个人为自身立法的情况，在现实生活中似乎难以实现。道德的约束似乎总是没有法律的约束来得强而有力。A 和 B 说这么多年了，他们也习惯了这样的生活，尽管偶尔还是会有负面情绪，但想着每天努力工作，表现良好，争取早点出去与家人孩子团聚，生活也就有了一些盼头。然而他们也会担心出去以后生活要如何继续。

半个小时后我们结束了交流，我们分别握了握手，他们祝我一切顺利，我希望他们能保重身体，争取早日出狱。我们离开了监狱，大铁门在我们身后缓缓关上，隔绝了两个截然不同的世界。

这次去监狱心情沉重，这也许是因为我们与受控制下的人进行面对面的直接交流，让我感受到一种想要改变什么却又似乎无法改变什么的无力感。我们都知道社会以稳定发展为目标就需要一种标准，甚至这一标准可能是必然且是内在于人类群体中的，但是这一标准应该如何确定——它是由人来制定还是由人来发现，又应该如何执行，始终值得我们思考。去监狱帮教的过程中，我们很难看到将人视为人之为人的个体来对待。在这里，我看到的是统一化的标准与个人特殊性不兼容，是强权试图抹消个体特殊性而强行对其进行规训，进而纳入统一化标准中来。而在福柯看来，这种做法实际上比我们表面看到的更为彻底，个体的主体性实际上也是通过强权塑造出来，并不存在所谓的个体仅属于他本身的特殊性，“权力形式一旦在日常生活中直接运作，就会对个体进行归类。在他身上标示出个体性，添加身份，施加一套真理法则，这样，他本人和其他人都能借此认出自己。正是权力形式，使得个体成为主体。”① 这样看来，人之为人不过是权

① ［法］米歇尔·福柯：《福柯读本》，汪民安主编，北京大学出版社 2010 年版，第 284 页。

力形式的集合，但这样一种对人的描述，也终究给人本身以一种难以摆脱的无力感。（曾吕汶）

我帮教的第一组一共有三个犯人，A 和 B 都是 20 岁上下的样子，C 明显年长一些，应该在 30—40 岁，且上过大学。这一组犯人主要都是想咨询法律问题，在了解了他们的问题后，我表达了我作为哲学系的学生无法确切回答法律问题的歉意，但这时 C 面带笑容地主动跟我表示“没有关系，聊什么都可以”，于是我定下心来跟他们三人展开交流。

在简单的交流中我了解到，A 和 B 的刑期不算很长，A 算上在看守所的日子，他一共被关了两年八个月，而他和 B 都还有一两个月就可以出去了。C 则表示他因为经济犯罪，被判了七年。不过，值得注意的是：A 和 B 相比于 C 不仅年轻，而且服刑期也短，但他们却更沉默一些，并且看上去压力很大（比如 B 虽然没有主动参与交谈，但他的眼里一直含着泪水，并时常望向天空）。反倒是 C，他显得精神十分充足，在我问到他的监狱生活时，他跟我表示他会关注很多新的消息，比如新的信息技术的变化、人才市场的变化，并且时常跟大学同学有书信往来（这也是他获取新信息的一个渠道）。C 表示他的兴趣爱好很广泛，在知道我是哲学系学生之后，他说他也会读读《论语》《孟子》和曾国藩的家书等。不过，当我问到他这些兴趣爱好在平时的监狱生活中能不能找到人交流时，他则明确表示基本没有，他说在监狱里要找到一些有思想的人是很难的。

最后，当我问到他们在进监狱前后心态有什么变化时，A 突然笑着跟我说“能有什么变化?”B 仍没有说话，C 则没有正面回答我的问题，只是说他出去之后打算东山再起。

我帮教的第二组有两个犯人，D 和 E 年纪都比较大，大约在 50—60 岁，文化程度高，D 表示他是 1978 年念的大学，E 甚至是中山大学地院的毕业生，两人认识并都是因为经济犯罪而进监狱。

D 和 E 外表看上去都十分和蔼，D 总是面带微笑，E 则没什么表情，也不怎么参与交流，一直在一本笔记本上拿笔零散地默写着一些诗句。由于我们都是广东人，且我与 D 的家乡离得很近，所以我们直接使用粤语来交谈，这也使我们更快地拉近了彼此的距离。

D 在一开始就坦白跟我说：“说实话，我们这个年纪还有什么大风大浪没有见过?我们都是你的爷爷辈，你可以叫我 × 叔……我们其实也没有什么问题要问，不过今天我看到那么多年轻学生过来我十分开心，你们正青春，而我们已经没有这个东西了……”在进一步交流中 D 表示进监狱对他来说也不算是一个太坏的结果，因为他以前在外面应酬的时候，平均每天都要喝三斤酒，抽几包烟，现在监狱让他的生活变得规律了起来。看他比较乐观我便问他进监狱以来的心态是否一直都是那么好?他答道，一开始进来被剥夺自由的时候是很难熬的，不过后来就慢慢看开了，在监狱里面可以看看书、写写毛笔字，这些东西都是他感兴趣的，而且在这儿“什么东西都不多，就是时间多”，他觉得有充足的时间去做他感兴趣的事。

基于 D 的乐观以及我在上一组看到的问题，我接着问 D：

“我在上一组对话的过程中，发现那些年轻人在监狱生活都比较苦闷，而且感觉压力很大，另一个虽然也有自己的兴趣，但似乎找不到人聊天，你比较乐观，那么你平时会主动跟这些年轻人聊聊天，帮助或开导他们吗?”D明显地摇了摇头，表示不会，他说有文化的人和没文化的人是很难聊在一起的，“他们（年轻人）讲的那些东西我不想听，我讲的那些东西他们也不关心、听不进去，没必要谈!”进而，他接着说道：“他们这些年轻人很多放出去之后又会继续小偷小摸，没办法的，没读过书就会这样。我呢，我的初心是没有变的，虽然我犯过错，但是绝对不会反党反社会的。”

当我和D聊到他因为犯了什么错进来时，他没有直接回答，而是给我打了个比方，他说就好比赛跑，有人偷跑一步，有人偷跑十步，有可能偷跑十步的没被看见，偷跑一步的被抓进来了。我问他是否会觉得不公平，会不会感到气愤?他说他从来不生气，他经常会想，历史上鼎鼎有名的大人物比他冤得多了去了，他算什么，而且他现在定期还会和他的女儿（从英国留学回来，现在在国内当律师）讨论讨论法律问题。

总体来说，从我接触的这两组人中，无论是根据他们自己的表现还是他们对监狱生活的描述，都可以看到一个明显的对比，即受过高等教育和没有受过高等教育的区别，或者再粗陋点说，有文化和没文化的人在监狱生活的心态是明显不一样的。比如第一组读过大学的C，和第二组读过大学的D和E，他们在监狱生活中有一些兴趣能支撑他们度过漫长的时间，或是关心新兴的技术，或是读书练字，对他们来说，他们并不觉得生活枯燥乏味得难以忍受，更多不满意的是监狱在这方面的资源不够多。同时，对比年轻的 A 和 B（都没受过大学教育），C、D 和 E 明显精神状态更好，更能够调节自己的心情，换言之，在监狱生活中他们的自我安慰、自我鼓励能力比较强。比如 C 觉得自己出去之后还能东山再起，D 则认为对比历史上的名人，自己并不算冤，甚至监狱的规律作息对他这个年纪来说并不是一件坏事；而 A 和 B 则表现出对出狱后的生活比较迷茫，说“没想清楚要做什么”，而且也面临着比较大的心理压力。

而关于“规训”对他们的影响，我在这次的监狱见习中，除了看到一些外在的明显的表现（比如着装、发型、作息、动作）外，并没有发现监狱在“规训”这一方面对他们有很强有力的影响，比如 A 就表示自己进监狱前后心态并没有什么变化，C、D 和 E 则都有自己专注的一片“小天地”，在他们的兴趣的支持下，他们还是基本保持住了一种专属的个性。（黄锦坤）

监狱共有 16 个监区，我们这次虽然主要是在一个监区开展见习，但面对的犯人是经过挑选、来自不同监区的。我们走进最近的一个监区，这里有一栋小几层的楼，在楼前活动区域的边上摆放着五颜六色的保温壶（看样子像是传统的软木塞保温壶）。在一楼一个较大的房间里（两面都有窗子，采光较好，从外面一眼可以看清室内的活动），有 50 名犯人整齐地坐在由铁桌围出来的室内空地中心，而这一圈铁桌外，又有长凳围成一圈。如果猜得没错，我们一会儿应该是坐在外围的长凳上同他们面对面交流。果然，在负责人简单地说明来意之后，我们坐下来开始了本次见习的最主要环节——同犯人交流。

犯人 50 人，我们一行 20 人，平均下来每个人要面对 2—3 个犯人。我坐下来就直面 3 个犯人，他们看着我，我看着他们，开始了“尴尬”的对话——“你们好，请问有什么问题是我能够提供帮助予以回答的吗?”其实他们看起来倒没有什么恶意，只是自己出于一种“他是犯人”的恐惧，而有些放不开。不过在简单地聊了一些之后，了解到他们的一些基本境况，而我也简述了一些自己的学业情况，话匣子就算是打开了。我没有刻意去追问他们所犯的罪行，只是提了下他们在这里待的时长，然后得知他们三人都已经在监狱待了七八年，因为是同一个监区的彼此认识所以坐到了一起。三人年纪看起来不大，相比起旁边年纪较长的犯人，聊天中他们脸上的表情更为轻松一些，没有那种沉郁苦闷的感觉，但从谈话中这种轻松似乎可以理解为另外一种意思——无所谓，就是这样。

为什么我会有这样的解读呢?这跟他们提的问题和回答有关。

聊天中，他们问起我对于监狱的看法，我的回应是我很好奇他们在“行事”时会为什么做出那样的“决定”?身在这样一个法治国家，基础教育在不断发展，法律知识也不断普及，人人都知道触犯法律会有相应的后果，但究竟是在什么样的情况下他们会最终跨出那一步呢。这个回应明显让他们脸上一滞，停顿了一会儿，左边的犯人先开口了。“我是因为制造枪支进来的，我懂法，我也知道会有什么后果，但就是贪呗，这个来钱快。”左边的犯人说道，“人都有贪欲”。他把自己过去的行为归结于

“贪”，并且他有一个基本认识“人有贪欲”，这本是一个再简单不过的回答，但让我感到不简单的是他脸上的神情。那是一种接受自己贪欲的坦然，这坦然不是参破世间道理、对事事接纳的坦然，而更像是对自己罪行的习以为常。“那你就没有想过因为这件事进了监狱后家人的处境？他们怎么办？”我看着他说道。他眼神闪到其他角落，没有回答。这时最右边的犯人打破这个僵局，开了口：“你刚才说你不明白为什么有人会犯罪，那我举个例子，比如你跟一个人起了冲突打架，如果他打死了你，你现在就死了，而如果你打死了他，你现在还是活的，虽然是在监狱里，但是不是活着更好一点？”我回答：“那为什么不在一开始就不要打架，为什么不能换种方式，能够让事态不要发展到打架这种不是你死就是我活的状态？如果是我，我会根据对方的性格态度来采取行动，尽量不把事情激化到需要动手的地步，而是以更和平的方式解决矛盾。”“但是一旦动手，你说是不是你在监狱活得更好？”他还是固执地要我在“死”和“在监狱活着”之间做一个选择。我说：“无论是哪种情况，我的家人、朋友都会难过的。我死了他们会很伤心，但我这样活得不好他们也不会快乐。你的家人也是一样的，他们心里都希望你过得好。”他看着我，快速而小声地说“我知道你的意思了”。

谈到了家人的话题，我继续往下说，“你们在外面都还有家人吧，他们经常来吗？”左边的犯人说：“来啊，但是我让他们不要来。”我问：“为什么呀？你不想念他们吗？”他说：“来也没有用，而且每次都只有半个小时，来这里也很费劲，路远还有住宿都要花钱。”这下轮到我沉默了，我对家人的陪伴看得很重要，我相信家人的陪伴对他们的生活、成长来说也很重要，但是路程长需要一定的花费，而换来的仅仅是半个小时的相聚，这也是现实问题。我不得不将话题绕回到“监狱”上：“那你觉得在这里待了那么久，对你来说有什么改变吗?”他们也沉默了。

后来他们还零零星星地问了我一些关于外界的问题，因为在里面已经待了七八年，他们在能够阅读到的报纸上看到的关于现如今无现金支付的问题很感兴趣，要我跟他们说说监狱外的情况。我们还聊到了书籍，中间的犯人是三人中说话较少的，但他想要跟我讨论一下“知行合一”的问题。

半个小时很快结束，还有很多东西没能详说就不得不结束了交流，我们走出了那间活动室。(黄惠玲)

根据问题列表显示，服刑人员大多是想得到法律问题的解答，亦有少量的求助是关于心理问题的。在简短的介绍后，帮教活动正式开始。说是帮教，对于我来说更多的是对话，我与服刑人员平等地交流，他从我这里获得所需要的帮助，我从交流中获得体验及思考。

由于法学院同学不够，服刑人员们向我咨询的问题仍然多是法律问题，但凭借着基本的法律素养，自己还是能够尝试解答。第一位与我交流的是一位 27 岁的小伙子。在握手和自我介绍后，他开始向我咨询。在知晓我不是法学专业的同学后，他先是不屑地说：“算了。”在我表示我会尽量解答之后又表示：“还是问问你吧。”他的问题是关于小孩抚养权的。他进来已经四年了，还有七年的刑期，现在妻子要与他离婚，他担心他服刑的经历会影响他获得抚养权。我告诉他："子女抚养权的确定一般是以有利于孩子成长为原则，客观来讲，因为你在服刑，所以或多或少会有影响，但不是绝对的。"他便急忙补充说他妻子一直没有管小孩，这几年都是自己的父母在带小孩。我告诉他这便是他获得抚养权的有利因素，但最终还要看法院综合各种因素做出的判决。在听完我的回答后，他看起来轻松了很多，还问了我"哲学学什么"之类的问题，和他攀谈一会儿后，与他的交流便结束了。

在与这位服刑人员交流的过程中，有两点让我印象深刻。一是在我问到刑期时，他反复强调自己是因为醉驾进来的，与其他人是不一样的。根据他的刑期我推断他是逃逸致人死亡的严重交通肇事。即使已经服刑了四年，但他仍然对自己入狱前的身份保持着一种"优越感"，或者说是不想让自己忘掉，我想毕竟这可能是他为数不多地在追求同质化的监狱之中能够体现的个性。第二点是在提到自己孩子时他眼中闪过的最真切的渴望和期待，我认为亲情、父爱也是支撑他坚持下去的重要动力之一。

第二位服刑人员与第一位相似，一开始不愿向我咨询法律问题，经我再三沟通后，他最终还是说出了他的问题。他的问题分别是：（1）法院判决没收个人财产，但如果没有个人财产，能结案吗？（2）在判刑之后，对方提出了民事赔偿，现在无法赔偿，会影响减刑和假释吗？我告知他对于第一个问题很抱歉我无法解答；第二个问题的答案则是不影响减刑但无法申请假释。

与我交流之前以及交流的整个过程中，他都眉头紧锁，看起来十分苦恼。在咨询完法律问题后，我尝试性地对他说了一句："你压力很大吧。""很大，非常大。"这一问仿佛打开了他心里的泄洪闸，他开始向我讲述他的痛苦。他已经服刑四年，还剩二十多年，具体犯了什么罪我没有过多追问，根据刑期及咨询的问题来看应该比较重。据他讲述，自从入狱后，就开始回忆起一些本已经忘掉了的东西，如童年的生活。他说他平时根本无法集中注意力，控制不了去想东想西，连劳动的时候都是，完成劳动的整个过程的体验是麻木的。我问他具体想的是什么，他却说不知道；问他平时是否会看书，他说看，但根本看不进去，仿佛字都不认识了。晚上会做噩梦，很痛苦，大喊大叫，但自己根本醒不来。虽然平时集中不了注意力，但在弹了歌曲（应该是指弹琴）之后，自己会深深地陷入曲调之中，导致自己难以入睡，十分痛苦。

我意识到他已经有了焦虑症的相关症状，问他是否去看过监狱里的心理医生，他说没去过，去了也没用。我用一些案例及自己的亲身体验帮助他舒缓焦虑并劝他之后去心理咨询室。我尝试让他把对自己罪行的悔恨与克服现在的痛苦联系起来，将此看作一种“救赎”，让自己的生活有一个目标。我问他对将来回归社会是否抱有期待，他说没有吧，“我觉得可能出不去了，永远出不去了。”我一时有点语塞，后来帮教的时间就到了。

在交流的开始我告诉他我并不能保证可以解决他的问题，只是尝试帮他分析，看看有没有解决办法。在交流的最后，他说：“你能听我讲我就很开心了。”我对他深深鞠了一躬，能帮助到他让我感到些许的欣慰。

在此次帮教活动中，我深刻感受到监狱服刑人员的心理健康是一个值得关注的问题。作为监狱服刑人员，面临的压力实在太大。这种压力可能来自监狱封闭的环境与管理、遥遥无期的刑期、对未来回归社会的未知的恐惧、出狱后还要面对的赔偿等，而在监狱中，压力缺乏释放的途径。

该监狱作为设施比较完善的监狱，设立了心理咨询中心，干警中亦有150余位心理咨询师。但服刑人员的心理问题的排查看起来仍然缺乏可靠的方法。我们将监狱的作用不仅仅定义为惩罚，同时兼顾到改造的任务，解决服刑人员的心理健康问题是必要的要求，这也是对服刑人员人格的尊重。

为什么要惩罚罪犯？答案可以很简单，那就是他犯罪了。在帮教活动中，我真真切切地感受到了这种惩罚带给他们的肉体之外的精神上的痛苦。在我国，监狱对罪犯实行的是惩罚和改造相结合、教育和劳动相结合的原则，将罪犯改造成为守法公民。

这让我想到了有关自由意志的问题。法官判罪犯有罪，实际上是假定了自由意志的存在，犯罪行为是在罪犯清醒状态下做出的，他应该为此负责。若否定自由意志，则罪犯仅仅是社会不良环境等的产物。西方法学界甚至有人提出“罪犯受罚是他的权利”。因为制定法律的时候，罪犯是赞同的，犯罪行为对于其来讲是明知故犯，所以受罚只是实现了其自由意志，相反如果释放，反而是剥夺了他应该享有的权利。理性告诉我罪犯们是该受罚的，但这丝毫不影响我面对一个个鲜活的服刑人员，去聆听、感受他们的人生之时会产生强烈的情感。前几天我还做了个梦，梦里的我犯了罪，具体是什么罪已经模糊了，但到现在还让我忘不掉的，是梦中的我面对即将到来的刑罚时的自卑、悔恨、恐惧之感。这种感觉像深渊一般，使我陷入其中无法脱身，即使是在梦里也真实无比。后来我惊醒了，其实梦里我还没有真正受到什么惩罚，但我已经有些喘不过气来。

醒来的我翻出了第二位服刑人员在我本子上写下的“歌曲”二字，看着他工整的笔迹，我衷心地祝福他能够救赎自己。（张杰铭）

下　篇

特殊教育学校和智障儿童家庭、托老院访问报告

- 第七章　2014年、2015年和2017年特殊教育学校调研报告
- 第八章　2013年和2015年智障儿童家访报告
- 第九章　2014年和2015年托老院访问纪实

第七章 2014年、2015年和2017年特殊教育学校调研报告

我们与他们——走进自闭症儿童的世界

杨玉昌

2014年春季学期我为哲学系哲学专业2011级学生开设了专业选修课“福柯研究”。在授课期间，我想带学生继2013年之后再去一次中山大学南校区旁边的启能学校，以便进一步了解智障儿童并且看看能帮他们做点什么。经过联系，4月11日下午三点，我和课上的两个学生李超、胡子恒以及心理学系的博士生孙莎莎，常来旁听我的研究生课的画师何锦传如约来到启能学校（大约四点，下午前两节有课的李潇和阮婧媛同学在下课后也赶了过来）。开校门迎接我们的是我早已认识的周思佳老师，她把我们带到教学楼二楼的会议室（本来李校长要接待我们的，但她中午一点多来电话说她下午要开会）。

一

围着会议室的桌子坐下后，我向周老师介绍了同行的两位学生，她就开始说起学校的情况，首先谈到两个需要帮助的案例。第一个案例是一个学生，他心智正常，但由于脑瘫造成身体残疾，身体半边不能自由活动，这种对比使得他的心理产生问题：

一方面很自负，不屑于上课，觉得自己都已经会了，不应该在这里；另一方面实际上又不具有自己想象中的能力。“他其实很适合在这里。比如，他老想去学少林武功，真让他学又学不了。我们经常和他在一起，说什么他都已听不进去，烦了，你们作为陌生人跟他说，或许他会听得进去。”说到这里，锦传就问，对这样的学生，是先打击他一下呢，还是先肯定他？周老师说还是先肯定为好，让他觉得自己找到了知音，跟他做朋友之后再谈别的，这样他才听得进去。第二个案例是一个家长，一个患有严重抑郁症的女人，她有两个孩子，大的是正常的，小的有自闭症。她已经离婚了，离婚时她坚持不要男方出孩子的抚养费，现在经济拮据，希望男方能出钱相助，而男方以她自己主动放弃为由不肯出。她正在跟男方打官司，法官企图调解，但并不顺利。在这种情况下，她把精力都用在大孩子身上，对小的不关心，总想扔下不管。听周老师说完这两个案例，我就说我们学生可以尝试去帮一下他们，看有无效果。周老师说学校也在组织有智障孩子的家长进行互帮，我说这种形式很好，她说是，但有时也不尽然，有的家长会对来帮他的人说：“你的孩子比我的孩子好，你站着说话不腰疼。”我突然觉得人真的很复杂，难以捉摸。这也反映了尼采的权力意志，人即使处在很不幸的情况之下，也总是在攀比，在追求优越感。

接下来，我就问：“我们对智障儿童的情况不太熟悉，你能否介绍一下，比如自闭症儿童是怎么回事？”这显然是周老师的强项，她开始行云流水般地谈起了自闭症。自闭症有典型和非典型两种，典型的自闭症有三大症状：（1）一个人生活在自己的世界里，不跟人交往；（2）对物的兴趣超过对人的兴趣，喜欢长时间玩弄一个东西，如手机等（这使我想起现在许多年轻人也喜欢一个人玩手机，不愿跟人讲话，两者之间有什么不同呢?）；（3）有异常感知觉。自闭症的一个特点是刻板。有一个自闭症孩子一到下午五点就得回家，不然他就会迷路。另一个写字时总是横平竖直，不能有弯。周老师在谈到后者时一边说一边用手比画着，让我们有一种身临其境之感。有的自闭症患者有超常能力，如学校里有个孩子能很快地准确说出三位数乘三位数的答案，老师同时用计算器算都不如他快，另一个孩子对音乐很敏感，听到中文及各种外文（英语、日语、韩语等）歌曲后就能很好地唱出来。有这种特殊能力的孩子是少数，多数孩子还是平常的。除了典型的自闭症还有非典型的自闭症，就是前面三个特征中只有一两个特征，“说他不会跟人交往吧，他也有喜欢的人。”“有一个有意思的现象，在我从事这项工作的几年前典型自闭症较多，而近几年非典型自闭症多了起来，不只是我们这里，美国也是如此。”我对此觉得奇怪，就说这应该是一个好现象吧。孙莎莎补充说，这样的患者至少还能与人交流。

了解了自闭症的特征后，我想起上次来这里时见到的患有唐氏综合征的孩子，就问起后者的特征。周老师说，唐氏综合征与自闭症是两个极端，患这种病的孩子会主动拉着你的手，跟你说话，看起来能与人交流，其实也不正常，有一个就专门爱找陌生人说话。我想起上次来这里去教室时，刚一进去，就有一个孩子过来拉我的手，让我坐过去，这才明白是怎么回事。

接着我问到自闭症的治疗情况。周老师提到了一些流行的治疗方法。李超问，是否应该考虑其内部的特点，治疗效果会更好。他说起了自己了解的一些情况。他的声音较小，加上外面传来的各种噪声很大，我听得不很清楚。周老师对他的看法给予肯定，说原来治疗自闭症采用的是行为主义疗法，就是注重行为刺激和条件反射，运用强化物。“要求孩子眼睛看着我，如果他不看，就用东西把他的眼睛上下都遮住，让他只能看着我。这样的治疗效果不是太好。现在多采用人本主义疗法，疗效更好一点。也就是同理和同感治疗，不是去纠正他，而是与他做一样的事。”周老师一边说着，一边模仿自闭症孩子，旁若无人地用一只手敲着桌子。还有一个孩子总是从口里吐出一种珠子，老师也就像他这样在一边吐，直到有一次两个人的动作发生了交叉（具体情形我一时没听明白），孩子对老师跟他一样的动作感到奇怪，这样就有可能形成交流。《天才在左，疯子在右》中也有个与此类似的小故事：一个总是打着伞蹲在墙角的精神病患者对也像他一样长时间在他旁边这样做的医生说：“你也是蘑菇?”周老师还谈到一个案例：一个孩子坐不住，总要躺在地上，这样就没法上课。他又没有任何强化物，也就是对什么都没有特别兴趣。老师就用躺在地上自己做强化物，让他在椅子上坐两秒，好，可以躺下了，下次坐三秒……我一边吃惊于这些孩子的种种不可思议的特征，一边叹服老师们发明的种种奇特的教学方法。周老师说现在自闭症儿童的治疗方法进展很快，她要经常参加培训才跟得上。目前广州做得很好，主要是在跟美国等，尤其是我国台湾地区学，这方面他们比较领先。目前学校已经购买了“沙盘”，过一段时间就能用。莎莎说沙盘可以让孩子自己随意动手制作东西，特别适合自闭症患者的治疗。

二

我们随后聊到了一个智障孩子给家庭及社会带来的问题。周老师说，有一个深圳的房地产商，不缺钱，但精神压力很大，在我面前痛哭。一个这样的孩子会影响一个家庭，包括父母、祖父母等，而一个家庭又影响到与其有关的周围的人们，所以这是一个值得整个社会重视的问题。这样的家庭常常会因此离异，只有一方带孩子生活，有的收入不高，一个月两三千元，很困难。“我跟一个家长联系时问他：‘对你来说，工作重要，还是孩子重要?’对方回答工作重要。”周老师对这一回答很不以为然，大概觉得不可理解。不过细想一下，这问题对家长来说真是一个残酷的选择题。从现实来说，如果这个人失去了工作，他的家庭会怎样呢？难以想象。这是一种情感与理智的冲突，他的回答也不是没有缘由的。这样看来，刚才那个案例中的母亲把精力大都用在正常的大孩子身上，而对有自闭症的小的不怎么照顾似乎也就不难理解了。这让我想到我的一个亲戚也是如此，我的一位表姐曾有一段时间代为照看其弟弟的智障孩子，有一次她跟我说，她跟孩子相处后有了感情，觉得其父母把爱大都给了智力正常的姐姐，而对有智障的弟弟爱护不够，言语冷淡讽刺，甚至打骂，而他已经这样了，本该得到更多的关爱才是。的确，人的爱和精力都是有限的，也就是说资源有限，是用来培育优秀的，使其更优秀，还是用来照顾最差的，使其避免沉沦和毁灭？这也是一个残酷的选择。每一个人，乃至每一个家庭和社会都常常面临着这样的选择。

周老师说到家长在得知自己的孩子是智障儿童后的反应。这一反应通常有三个阶段：一是愤怒，拒斥，不接受；二是到处求医，不惜重金；三是接受，放弃。要求家长配合时，有家长会说："老师，我们的孩子就是这样的啦。"我顿时想起课上讲到的后现代的情绪和态度：在经历过现代性的理想及其失落之后，对于现实既不再抱不切实际的过高的希望，也不再沉浸于失望之中消极低沉，无所作为，而是在如实接受现实的基础上以一种平和的心情做好自己力所能及的事情。我说出了这种态度，周老师说："说起来容易做起来难。"我承认这话有道理，可还是觉得面对残酷的现实，这是唯一可取的态度和做法。其实后现代思想家也认识到了后现代的难度，但仍然希望我们能够接受，甚至欣赏现实。"现代性以批判和进步的名义不辞辛苦地不断与传统抗衡，而后现代则要从现代的战役中逃脱，它的出路不再通过超越，而更多的是'挨过'（verwindung）。'挨过'，指的是既不完全被动地接受现状，也不是用批判将其驳倒，而是承认，我们无法将我们的现实，我们的出身置之不理，就像我们无法摆脱一个错误或者一场噩梦一样。人们故地重游，把所有的错误都看成财富的源泉，这些错误组成和造就了我们，并给世界赋予了乐趣、色彩和存在。"① 智障儿童家长反应的三个阶段也让我想到了以前看到的癌症患者在得知自己得了癌症后的类似反应。医生说，很多癌症患者其实不是病死的，而是吓死的，也有的死于过度治

① ［德］英格博格·布罗伊尔、彼德·洛伊施、迪特尔·默施：《法意哲学家圆桌》，叶隽等译，华夏出版社2004年版，第195页。

疗，或者在病魔的折磨下抑郁而终。然而，也有一些病人接受了现实，乐观地生活，延长了自己的寿命，使得病症减轻乃至消失。即使未能做到这些，他们也愉快地度过了自己最后的时光。其实，进一步推想，即便是正常人，我们不也从一出生就被判了死刑吗？我们不是从呱呱坠地起就在一天一天地走向死亡吗？小时候我们并没有后来的理智和成熟，总是会问大人一些看似荒唐的问题，喜欢做一些看似荒唐的事情，尽管我们也会因此而受到大人的斥责，可是那时我们并没有因为自己的不理智、不成熟而痛不欲生，相反，我们总是快乐地沉浸于自己的言行之中。因为无知，所以我们无惧。那么，我们是怎么从天真无知到开始知道自己终有一死，陷入惊慌失措，甚至恐怖绝望之中，再到后来终于能够接受和面对这个事实的呢？通过模仿、遗忘，还是信仰？或者兼而有之？不管怎样，我们大都闯过了这一关，也就是从拒绝、求医到接受，就这样在死亡的威胁下心安理得地生活下去了。我们很少听说有孩子自杀的。这是为什么呢？是因为“少年不知愁滋味”？还是因为其他？即便后来知道了“愁滋味”，绝大多数人还是能找到消愁的方式而生活下来。这说明我们每个人天生就有一种生命力，在其发挥出来之前，即便是死亡也不能使其窒息。生命如花一样开放和凋零，凋零总是也应该是在开放之后。所谓生如夏花之绚烂，死如秋叶之静美。

周老师还介绍了国外的情况。她说美国等发达国家在这方面做得比我们好。政府有专门机构帮助那些有智障孩子的家庭，包括提供经济资助，派人上门帮助照看孩子等，后者指的不是像国内我们的志愿者那样偶尔上门，而是长达几个月一直不间断。每年还会请孩子的父母定期外出旅游，这一段时期由专门机构负责照看孩子。说到这里，锦传问："他们的宗教机构是不是也会起作用呢?""宗教慈善机构也会做，不过并非主要力量。"后来锦传跟我说，他想表达的是宗教在精神方面对这些家庭的支持，西方人会把孩子看作是上帝的礼物，所以不管怎样都要养他。而中国人总是把家庭的希望寄托在孩子身上，如果是智障的孩子，他们就失去了希望。周老师也谈到我们正在迅速改进，政府把这件事当作民生工程的首要事情来抓。

三

约四点半左右，我问周老师，能否去看一下孩子呢？她说学生已经放学了，可以去楼上教室看一下他们的作品。于是我们就跟着她到了三楼美术教室。教室中间是几排小课桌，四周也有一些桌子和柜子，里面摆放着学生们的作品，有用彩泥制作的各种雕塑：帆船、鲸鱼、五羊（广州城市标志），还有唱歌的、踢球的小孩，憨态可掬。桌上有各种纸质品，教室的前后黑板上有孩子们画的植物花卉及人物面貌，很有特色。周老师跟我们说："他们看世界的角度跟我们是不一样的……"我就在一边请教在场的美术老师是如何教授这些孩子绘画的。过了一会儿，美术老师因为有事走了。我们的参观基本上也结束了。不过我们没有马上离开，而是继续站在教室里交谈了一会儿。周老师向我们介绍了智障儿童的另一面，即"正常的"一面。这同样是我先前所不知道的。她说："不要小看他们，他们有的会对电脑着迷，可以在电脑上写日记、随笔，发邮件……"我就好奇地问："他们写的东西会是什么样的?”“虽有点问题,但基本能看懂。他们也有正常人的感情,包括爱情。男孩子会喜欢女老师,女孩子喜欢男老师。不过他们的喜欢是直白的,会说:‘我喜欢你’,一般不会撒谎,如果学会了撒谎,他就了不起了。”“曾有一个漂亮的小女孩,有自闭症。每天都是她家的保姆来接她回家,有一天到时间了却看不到保姆,我就到处找,终于在厕所里找到了,带到她面前。小女孩突然抱住我亲了一下才走。我后来问保姆是不是她教给她的,保姆说不是。那一刻我很感动。”

大约五点半,我们与周老师告辞回中山大学。路上大家还在讨论着刚才的话题。子恒说:“我们每个人都是自闭症患者。”我对这话有些感触。幼年时我们都是不自觉地生活在自己的世界里,直到有一天被唤醒,自己意识到了,那是我们开始长大,迈向社会的第一步。至今我都还记得我小时候最初意识到自己不同于别人的情形:“每个人都有一个脑袋,我怎么知道别人的想法呢?”这个问题当时让我大为困惑。至今我也不能说已找到了答案。尼采说:“监狱。——我的视力,好也罢赖也罢,都只能看到一段特定距离,而我就生活和活动在这段距离中,其延伸边界构成了我不能从中解脱的大的和小的活生生的命运。在每一生物的周围都存在着这样一个同心圆,这同心圆具有一个圆心,并是该生物特有的。听觉将我们封闭在一个差不多的边界里,触觉也是如此。根据这些由我们每人的感官闭合而成、将我们禁闭起来的边界,我们开始测量世界,说这是近的,那是远的,这是大的,那是小的,这是硬的,那是软的;我们把这种测量称为感觉：——所有这一切全都错了！”[①] 尼采称我们对世界的上述感觉为欺骗。如果确是如此，那么我们每个人不就是生活在自己的感知所形成的监狱里吗？不是天生处于一种自欺之中吗？他人只是我所产生的一个空洞的幻影吗？哲学家维特根斯坦反对私人语言，认为语言是在其使用中获得意义，因而语言都是公共的。他说："但是否也可以设想这样一种语言：一个人能够用这种语言写下或说出他的内心经验——他的感情，情绪，等等，以供他自己使用？……这种语言的语词指涉只有讲话人能够知道的东西；指涉他的直接的、私有的感觉。因此另一个人无法理解这种语言。”[②] 他假设每个人各自有一个盒子，每个人只能看到自己的盒子里装的是什么，而看不到别人的盒子里是什么。在这种情况下，谁能知道盒子里装着什么东西呢？实际上，盒子里装的很可能不是甲虫，而是和甲虫完全无关的东西，可能盒子是空的。[③] 私人语言就像是这样一个甲虫盒，它告诉我们内部世界和外部世界是截然分离的，内部世界就像盒子一样是个封闭的世界，而私人感觉则是盒子里的甲虫，没有可能被外部世界理解。维特根斯坦认为私人语言是不可能存在的。但也有哲学家反对这种观点，认为存在着私人语言。争论双方各执一词，难有公论。

---

① ［德］尼采：《朝霞》，田立年译，华东师范大学出版社 2007 年版，第 160－161 页。

② ［英］维特根斯坦：《哲学研究》，陈嘉映译，上海人民出版社 2001 年版，第 135 页。

③ ［英］维特根斯坦：《哲学研究》，陈嘉映译，上海人民出版社 2001 年版，第 153 页。

今天周老师谈到的关于自闭症儿童的一些情况让我对此重新疑惑起来：如果说语言是公共的、透明的，那么人们在交往中为什么会发生那么多误解、不解，甚至隔膜呢？生活中因此而导致的悲剧不在少数。如果说语言是私人的，那么人们又是如何共处在一个世界之中并且进行相互交流、合作的呢？我和学生曾去过精神病医院，在那里看到一个房间里住着七八个精神病人，而并不太大的病区里住着上百个病人，就好奇他们并没有我们常人的理智和语言能力，彼此之间是怎样相处的？特别是看到有些病人在一起打麻将，这种困惑就更加强烈。一周前的 4 月 2 日是世界自闭症日，那天中午我在电视上看了一个谈自闭症的节目，其中说道我们和自闭症患者就像分别处在两个封闭的房间里，我们原先老是想在中间开一个洞，把他们拉过来，也就是把他们变成正常人。这样做实际上加重了他们的病情。我们应该有一种新的哲学：他们不过来，我们就过去。我现在想：我们真的能够过去吗？我们怎样才能过去呢？我原来并不知道有自闭症，没有认识到我们与他们的不同，后来我认识到这种不同，便以为我们和他们是生活在两个完全不同的世界里。今天周老师的一些说法又让我觉得我们和他们还是处在同一个世界里。如果说“每个人都是自闭症患者”（我们每个人的确常常感到自己不被理解，也理解不了别人，处在一种十分孤独无依的境地），那么他们的世界也就是我们的世界；如果说他们其实也有着我们的感情，那么，我们的世界也就是他们的世界。那么，我们与他们，我们的世界与他们的世界之间究竟是什么关系呢？

希望与重生

王雪柯

2015年5月30日上午，借着“福柯研究”课程的机会，我们以志愿者身份参加了启能学校的六一儿童节活动。这所学校是广州一所特殊儿童学校，收入患有自闭症、智障、唐氏综合征、脑瘫等智力发育障碍疾病的儿童和青少年。这天是启能学校2015年儿童节庆祝的汇报表演，几乎所有的老师和孩子们都准备了节目。早上我们进了校园，在启能学校一位老师的带领下走过一楼的走廊，经过几间教室的时候我看到一些孩子，还未仔细观察，老师就分配我和一位同学一起做一年级的志愿者。我们就跟随一年级的老师进入“教室”，与其说是一间教室，还不如说是一间舞蹈房，里面大半的地面上铺了海绵垫，老师和孩子们都在垫子上，调皮的孩子们姿态各异，老师在为他们化妆，准备当天的表演。我看到这些一年级的孩子们都是五六岁的样子，除了一个小女孩天生腿部肌肉发育不健全无法站立，其他孩子跟普通孩子别无二致，小小的身材，细嫩的皮肤，可爱的脸蛋。毫无准备的我被安排帮助一个小女孩化妆，虽然有些手足无措，我仍以对待普通小孩子的方式试着做。跟他们接触的短短十几分钟内，我已经可以明显感受到每个孩子的异常，他们大多不能像正常孩子一样听懂你的话，做正常的回应，每个小孩的异常都不同，理解能力也有很大的差别。我为这些天真烂漫的孩子们患有如此疾病感到惋惜的时候，老师催促表演要开始了，我们组织孩子们排队走到场地入座。让他们排队也是一件很困难的事，有的孩子根本注意力不在这里，我看到老师的做法是直接用手去拉他们，给他们摆放好身体，再拉着手带领他们过去。

表演开始，好多学生家长到场，小小的校园一下子热闹起来。我们带领一年级的小朋友们坐在安排好的位置上，接下来的任务就是看好他们不要乱跑。当时有两位老师在场，还有一位家长在照顾，所以我认为这个任务比较轻松，就和同学一起看节目和拍照。一些学生小主持人的报幕让我感到很欣慰，虽然只是拿着稿子和话筒，直挺挺地站着，硬生生地读出来，但在这里看到他们如此的表现真的会触动人心。轮到一年级的表演了，认识到他们的状况之后我也很担心他们怎么表演，基本上好几个孩子都不太能听懂话，又怎么能组织起来跳舞呢？但是音乐响起来后，他们的表现远远超出我的想象，看得出老师在挑选节目和设计上的精心。几个小朋友的动作是一致的，他们自己做得很整齐，这几个想必是影响相对较小，相对正常一些的孩子；其他几个小朋友在老师的陪伴下做动作，最后谢幕的时候大家都很开心。不知道老师是用什么方法让这些孩子们记住动作并且协调配合的，看了他们的表演，我想应该是不断地重复训练，才让这些孩子对音乐有反应，凭着记忆做相应的动作。我深切感到这些老师的辛苦和不易，接下来的事更加证实了这一点。在老师们汇报演出的节目之前，一年级的两位老师交代我们要看好这些孩子们，一共是11 位，要反复检查不要有漏掉的。那位老师向我强调说，不要看节目，要看孩子，她说自己都是不敢看节目的，怕一分心就出现意外。我这才意识到看护这些孩子的困难。老师们对每个孩子的特点了如指掌，告诉我哪几个孩子比较好动，需要重点看护，哪些孩子比较乖，不用主动管他们。之后我就坐在一个“重点看护”的孩子旁边，这是个小男孩，长得白白胖胖，虎头虎脑，挺招人喜爱。他总是左顾右盼，不能专心看节目，老师告诉我要不断用语言提醒他专心看节目，他看了一会儿，又左顾右盼，我就跟他说话，想不到这个孩子突然看着我说：“马上就要下课”。这个时刻深深印在我的脑海中，那个孩子白白胖胖的小脸，急迫的眼神，清晰的言语，都是这么真切，但是说话的内容我却不能理解。那时的感受有些恍惚也有些阴沉，这孩子不停重复着这句话，我给不了什么回答，只能引导他看节目，他竟然说着说着自己哭了起来，眼泪一滴滴流下来。我正手足无措，幸亏老师及时赶来帮忙，她让我让开位置坐到那孩子的旁边，对我说一句“看我怎么搞定他”，让我悬着的心放下了。孩子还是重复着下课那句话，只见老师严厉地看着他对他说不能下课，要看节目，要坐好，这个孩子果然就不再说什么转过头去看节目了。在规训这些孩子们的行为上，严厉果然是有效的。我后来问那位老师刚刚那个孩子所说的下课是什么意思，老师回答说就是他自己不想在这里待了想离开。我又回想起那个孩子近乎正常的表情、语气和眼神，再一次惊叹于精神疾病对人的改变是这么强大，也这么可怕。

在启能学校汇报表演接近尾声的时候，老师在一遍遍强调告诉孩子们要喝水。我又有些诧异，喝水这种事竟然也需要对全体学生强调，稍后我就明白了这些老师们的用心。当时我们把每个孩子的杯子给他们，大家都喝水，喝完之后再收回来放回去。我刚收回一个孩子的杯子，他的妈妈就走上来让他喝水，我解释说他刚刚喝过了，没想到这位妈妈回答说“他没喝，你看这半杯水都没下去”。我惊诧于这孩子竟然会含着水不往下咽，也感动于这位妈妈如此细微的关心和照顾，可以想象他们平时的生活就是如此。表演结束之后孩子们回到教室换回自己的衣服，家长们纷纷来接，看到那些面带笑容的家长，我有些心酸。离开启能学校后，我们又说起此事，老师说那些孩子们的家长，每一个都有一肚子的苦水。我想是啊，有这样的孩子，又心疼，又无助，要从小照顾他们，甚至连喝水都要反复叮嘱，每一个家长都不容易。而据我所知，这些天生的疾病在医学上基本是很难逆转的，而且错过婴儿时期的最佳治疗阶段，就更难有所好转了，他们注定要做一辈子的孩子，家长在有生之年要为他们操心一辈子。多少家长哭诉自己多么希望一觉醒来孩子就是个普普通通的小孩子，眼前的一切都只是梦，治疗和好转是这些家长最大的希望，但是这希望着实渺茫。

对于这些有着天生疾病的孩子们，社会应该为安置他们做些什么？又该如何帮助他们的家庭？我认为这是社会需要去承担的责任，这负担对于家庭来说太重了，父母也不可能永远照顾这些孩子。一些针对某些疾病、利用其特性提供相关职业的方案或许可行，例如利用自闭症患者严谨守常的行为特征，雇佣其作为图书馆整理员等。但这也仅仅适用于智能丧失没那么严重的患者，从更广泛的意义上解决问题仍然需要家庭的力量，社会应该向家庭提供不论是精神上还是物质上的支持和帮助，减轻家庭的负担。另外，促进精神病问题的解决仍需要对相关医学研究的重视和不断投入，我们需要对这个领域有更深入的了解，做出相应的对策。

智障儿童及其家庭生活状况调研报告*

陈晓雪　马思雯

智障人群是各类残疾人中最弱势的群体，他们很难清楚表达自己的意愿，更多依靠家属、亲戚、朋友来代表他们的意志。智障儿童家庭在孩子长期照顾和教育过程中面临着重大压力和困惑，如何解决他们的生存和生活问题必须引起社会的关注并得到有效解决。此报告我们就以智障儿童及其家庭的生存现状为对象，分别从学校、家庭、政府和民众四个方面进行论述，最后提出建议。首先我们来梳理一下特殊儿童的概念，然后再展开具体讨论。

特殊儿童一般包括残疾儿童、特殊儿童以及特殊教育需要儿童。残疾儿童指身心发展上有各种缺陷的儿童，又称缺陷儿童、障碍儿童。① 特殊儿童在广义上指与普通儿童各方面有显著差异的各类儿童，这些差异可以表现在很多方面，诸如智力、感官能力等；在狭义上专指残疾儿童。特殊教育需要儿童指因个体差异而有各种不同的特殊教育要求的儿童，这些要求涉及心理发展、身体发展、学习生活等各方面，长期或一定时间高于或低于普通儿童的要求。它们不仅仅包括对某一发展中的缺陷提出的要求，

---

* 该报告是陈晓雪和马思雯同学在中山大学哲学系专修课“中国底层社会研究”上的一个调研报告，陈晓雪是我指导的哲学系哲学专业14级本科生，当时她请我推荐调研对象，我在和启能学校李彩珍副校长联系后向她推荐了关于智障儿童的访问活动，随后她们做了相关调研，完成了这一报告。鉴于该报告与本课程的实习活动密切相关，所以在征得作者同意后也把它收录了进来。

① 美国《百科全书》第九卷教育条目。

也包括对学习有影响的能力社会因素等提出的要求。也就是说如果一个儿童具有学习困难，而这个困难需要给予特殊教育条件才能够克服，那么这个儿童就具有特殊教育需求。[①] 而特殊教育的目的和任务是最大限度地满足社会的要求和特殊儿童的教育需要，去发展他们的潜能，使他们能够增长知识，获得技能来完善他们的人格，增强社会适应能力，成为对社会有用的人才。

一、学校部分

2017 年春季学期，我们调研走访了海珠区启能特殊教育学校，了解到其基本信息如下：启能学校一共有九个年级，一个年级一个班，一个班 12 个学生左右。学校主要接收海珠区户口的具有残联鉴定证件的中重级智力残疾的符合义务教育要求的孩子，家长从网上申请入学之后，还需要经过面试和学校各方面的评估。但由于学校硬件设施不完善和师资不足等情况，学校招生规模有限，所以学校开设了一个康健班，非学校学生的智障儿童可以在学校接受康复训练。在课程设置方面，学校针对不同层次的孩子有不同的课程目标，比如说针对低年部的学生，主要是教导他们学会自理，成为一个“好照顾”的对象；中年部的学生主要是学习一些简单的家务，能够帮助父母做一些力所能及的事情，做一个“好家人”；而高年部的学生则是要学着去做一个“好公民”，学习一些新的技能，做一个有社会价值的人。而且有老师反映，虽然学校不定时会组织老师参加一些关于台湾、香

① 这一部分所展示的相关资料参考网易公开课：《特殊儿童导论》。

港等地特殊教育理念的讲座，但是由于自身条件的限制，这些理念并不能得到很好的学习和实施。在与学生家庭的沟通方面，学校也有意识地做好学校与家庭的沟通合作，不定期地开展亲子活动、开办一些主题讲座，与家长交流并且让家长了解在家庭环境中应该如何教育孩子，家长应该以何种心态照顾对待孩子。总的来说，学校的教学目标是训练孩子的自理能力，培养他们的一些生活技能，提高他们的适应能力。

分析：首先我们应该承认，特殊教育和特殊学校的兴起和重视本身就是社会进步的一种体现，但是我国目前与发达国家相比依然存在很大差距，特殊儿童教育的供给和需求间存在亟待解决的矛盾。残疾人平等参与社会工作和生活是现代文明社会的基本共识，而教育则是他们通往享有平等权利的必由之路。对于有特殊需要的儿童，适当的治疗和教育是他们战胜身体缺陷，获得学习和生活能力并更好地融入社会的关键。学校针对存在不同障碍的特殊儿童开设不同的课程，训练他们适应社会的能力，这对于特殊儿童及其家庭乃至整个社会都具有积极的意义。但是，很明显，我们的特殊教育起步晚，发展慢，实际中还是存在很多困难和不足。以我们走访的这所学校为例，事实上，虽然学校招收智障儿童就读，但是每一年招收的学生人数十分有限且存在很多限制，许多符合接受义务教育要求的智障儿童无法进入学校进行学习，有的可能需要延迟两三年才能入学。根据中国国家统计局的第二次全国残疾人抽样调查数据，全国残疾人的总数约为 8300 万人，占全国总人口比例的 6. 34% ，其中 6—14 岁学龄残疾儿童为 246 万人，占全部残疾人口的 2. 96% ，而他们当中的 63. 19%

正在普通教育或特殊教育学校接受义务教育。按照此比例推算，广州市的特殊儿童大概有 3 万人，但到 2014 年为止接受特殊教育服务的儿童还不到 1 万人①。我们很明显可以看出，针对智障儿童建设的特殊学校数量有限，硬件设施不够完善，加上专业医疗人员与专业师资缺乏，特殊儿童教育很难达到理想的效果。其次，虽然学校针对不同年龄阶段的孩子设置不同的课程目标，这很人性化也考虑到学生的实际能力，但在实际教学上，还是存在学生能力不足的情况，即对于学生并没有针对其自身特殊状况的详细分析和配套教学方案。再次，学校虽然考虑到了家校合作，举行开放日、开设讲座等指导学生家长在家中如何训练和教育孩子，但是笔者认为，智障儿童家长也是需要我们关注的一个群体，他们承受着更多的经济压力和心理压力，很多时候是需要心理疏导和心理咨询的，而据我们了解，这所学校并没有关于学生家长心理疏导的计划或者安排，唯一的一个心理老师也是针对学生的。智障儿童的家长同智障儿童其实一并处于一个需要人帮助的环境里，我们不能无视智障儿童家长存在的困境。

二、家庭部分

通过走访学校及智障儿童家庭，我们了解到多数智障儿童家庭的经济条件很是一般，极少家庭有经济能力给予孩子完善的康复治疗；且因多数孩子没有自理能力，父母通常有一方要全职照顾孩子，家庭收入有限，经济压力较大。更严重的是，有些家长

① 参见国家统计局、第二次全国残疾人抽样调查领导小组：《第二次全国残疾人抽样调查主要数据公报》，新华社，2007 年。

因不能接受孩子的状况以及无法担负家庭的重任而选择离婚，这样抚养孩子一方的生活就更加困难。考虑到这个群体和家庭的困境，政府也有提供相应的资金补助，社会热心人士也会伸出援手。智障儿童家庭存在的第二个问题是家庭教育问题，智障儿童学校有组织家长们进行家庭教育的学校，会给家长普及一些必要的理念和知识，希望能够家校合作给孩子一个更好的训练环境和条件，但是我们走访家庭后发现，即使家长有那个意识和想法，在家庭中也很难真正落实到位，家长更多地还是以一种陪伴的心态对待孩子。第三个问题是关于智障儿童家长，据我们走访所知，很多家长其实没有多少个人空间，尤其是全职照顾孩子的家长（通常是母亲），除了孩子上学期间可以有时间做家务，其他时间都要看顾孩子，很少有时间可以出去社交、做自己喜欢的事情，生活相对孤单和单调。

分析：关于特殊儿童及其家庭，在多数人的印象里，他们属于弱势群体，需要政府和社会的帮助和支持，政府也会针对这些家庭提供一些资金补助，但是在笔者看来，补助资金毕竟有限，且每个家庭的情况也不一样，补助或许能够给这些家庭一些生活上的支持，但这毕竟不是长久之计，如何真正在经济上帮助到这个群体值得我们思考，而且考虑到智障儿童的未来，智障儿童的家长对孩子的养育很多时候是一辈子的问题，极少数轻度智障的孩子能够学得一技之长，用自己的劳动养活自己，但大多数是要依靠父母的，这个孩子和他们家庭的未来是难以想象的。其次，智障儿童的家庭教育也是一个大的难题，很多时候即使家长接受学校的建议在家对孩子进行训练和教育，但是家庭和学校本身就是两个不同的环境，在学校适用的教育方式在家庭环境中不一定适用，要真正做到理论和实际的结合还是需要更多的投入和摸索。关于智障儿童家长，由于孩子的原因，他们和普通儿童的家长之间可能会有一些隔阂，很难真正地跟他们那个特殊群体外的人进行社交活动，活动范围很窄，长此以往可能会使得人变得比较孤僻，而且他们也极少有时间去做自己喜欢的事情，大部分时间都用来挣钱和看顾孩子，生活缺乏色彩，时间久了人也会变得烦躁和消极，这对他们自身和整个家庭都会产生不好的影响。

三、政府部分

底层群众政策——低保政策。1999 年 9 月国务院正式颁布的《城市居民最低生活保障条例》中明确规定："持有非农村户口的城市居民，凡共同生活的家庭成员人均收入低于当地城市居民最低生活保障标准的，均有以当地人民政府获得基本生活物质帮助的权利。"所以我们不难看出：户籍状况、家庭收入和家庭财产是认定城市低保对象的三个基本要件。该条例第 6 条明确规定：城市居民最低生活保障标准，按照当时维持城市居民基本生活所必需的衣食住的费用，并适当考虑水电燃煤费用以及未成年人的义务教育费用确定。

结合我们实地走访的一户特殊儿童家庭，据家长透露他们无法申请低保，主要是因为他们不是广州城市户口，并且由于孩子父亲在外打工月收入有 4000 元，属于中等收入水平且高于低保标准也就是高于最低生活保障线。这两个原因使得这户家庭不可以申请城市低保。而他们一家如果只从家庭收入来看，确实是高于城市最低生活保障线的，但通过实地走访和家长访问中得知，这个家庭是十分拮据的，不仅因为每月需要支出大量的复健、医药等费用，而且还要支出房子租金、水电煤气等费用。他们曾经也去相应的部门询问，但都由于低保政策具体条框限制，各部门表示无法给予这个岌岌可危的家庭低保。

任何事情都需要具体分析，尽管这个家庭已经有一个收入可观的劳动力，但是我们还需要考虑特殊性，因为孩子是特殊儿童，需要全天无间隙监护与陪伴，这就意味着需要一个人全天看护，因此减少了一个劳动力，便会相应减少这个家庭的收入；加之特殊儿童需要支付大量的复健等的医疗费用，每月 4000 元收入对这个家庭来说真的很少，所以享用低保对这个家庭十分重要。

但是现实生活中，低保对象选择硬性化，使得很多贫困人群无法真正享用低保。

首先这个标准的对象选择会忽略一部分真正需要低保但由于各方面原因无法申请的人群，即无法囊括城市边缘贫困人群。比如特殊儿童及其家庭等。而这些城市边缘人群往往是因为工作收入稍微高于城市低保标准，不能享受城市低保待遇，但实际上他们的收入往往不能保障家庭的基本生活。

再有，保障标准偏低，无法有效保障城市贫困人口的基本生活：从数据分析，在 2011 年当年全国城市低保平均标准是 287.6 元/人/月。全国城镇居民的人均可支配收入为 21810 元,[①] 明显

---

① 陈玲玲、刘敏：“我国城市低保制度的回顾、问题及政策选择”，载《中南林业科技大学学报》2013 年第 3 期。

可以发现低保资金仅能保障贫困群体的最低生活，而不能保障他们可以享有更好的生活。

有关特殊儿童教育的政策：

1982 年颁布的《中华人民共和国宪法》明确规定：“国家和社会帮助安排盲、聋、哑和其他有残疾的公民劳动、生活和教育。”

1985 年的《中共中央关于教育体制改革的决定》指出：“在实行九年义务教育的同时，还要努力发展幼儿教育，发展盲、聋、哑、残疾人和弱智儿童的特殊教育。”

1986 年颁布的《中华人民共和国义务教育法》规定“地方各级人民政府为盲、聋、哑、弱智儿童、少年举办特殊学校（班）”，把特殊教育作为国家、社会和家庭应尽的义务规定下来。

1990 年颁布的《中华人民共和国残疾人保障法》要求：“残疾幼儿教育机构、普通幼儿教育机构附设的残疾儿童班、特殊教育学校的学前班、残疾儿童福利机构、残疾儿童家庭，对残疾儿童实施学前教育。”

2001 年，国务院转发九部委联合制定的《关于“十五”期间进一步推进特教改革和发展的意见》，提出“要积极发展残疾儿童康复教育事业，使残疾儿童学前教育水平有较大提高；积极支持幼儿教育和特殊教育机构以及社区、家庭开展 3 岁以下残疾儿童早期康复教育活动……”

2008 年的《中共中央国务院关于促进残疾人事业发展的意见》强调指出：“依托各类残疾儿童康复机构、福利机构和学前机构开展学前残疾儿童早期干预、早期教育和康复，做好残疾儿童接受义务教育的转移衔接服务。”

2010年的《国家中长期教育改革和发展规划纲要（2010—2020年)》再次强调要“因地制宜发展残疾儿童学前教育”。

党的十八大和十八届二中、三中全会发布《国家中长期教育改革和发展规划纲要（2010—2020年)》，要求加快推进特殊教育发展，大力提升特殊教育水平，切实保障残疾人受教育权利。

国务院办公厅在2014年1月8日发布《关于转发教育部等部门特殊教育提升计划（2014—2016年）的通知》指出，教育部、发展改革委、民政部、财政部、人力资源社会保障部、卫生计生委、中国残联《特殊教育提升计划（2014—2016年)》已经国务院同意，请认真贯彻执行。

现状：在中国特殊儿童受教育的形式一般有三种：特殊教育学校、普通学校等机构附设的特殊儿童班级、普通学校的随班就读[①]。国家“九五”期间特殊教育发展的格局是“以大量的特教班和随班就读为主体，以一定数量的特殊教育学校为骨干”，现已经基本形成了以教育部门为主，民政部门、卫生部门、残联部门和社会力量做补充的特殊教育办学渠道，正在形成学前教育、基础教育、中等教育、高等教育的残疾人教育体系。[②]

在我们实地走访的广州市某特殊学校中得知，他们在招生方

---

① 蔺万斌、漆大鹏：“我国大陆地区特殊儿童教育的发展探究”，载《北京电子科技学院学报》2010年第1期。

② 钱志亮：“中国特殊儿童教育现状”，载 https://wenku.baidu.com/view/b169af4ccf84b9d528ea7a7d.html。

面主要是接受拥有本区的户口，并且具有残联鉴定证件的达到相应的等级以及智商达到相应程度的孩子。在这里依据智力水平，智力障碍分为以下几种。

极重度：IQ 小于等于 25，不能与人交流，不能自理。不能参与任何活动、身体移动能力很差；需要环境提供全面的支持，全部生活由他人照料。

重度：IQ 26—39，与人交往能力差，生活方面很难达到自理，运动能力较差，需要环境提供广泛的支持，大部分生活由他人照料。

中度：IQ 40—54，能以简单的方式与人交流，生活能部分自理，能做简单的家务，能参与一些简单的社会活动，需要环境提供有限的支持，部分生活由他人照料。

轻度：IQ 55—75，能生活自理，能承担一般的家务活动或工作，对周围环境有较好的辨别能力，能与人交流和交往，能比较正常地参与社会活动，需要环境提供间歇的支持，一般情况下生活不需要他人的照料。

这所学校主要接受中度、重度以及极重度的孩子，这些孩子基本上智商水平在 56 以下，即拥有残联出示的一级或者二级残疾证书。并且这所学校有针对性地对不同年级的特殊儿童设立不同的教学目的，这样既符合这所学校的办学理念又提高了教学效率。

分析：以广州市为例，据统计全广州的残疾儿童入学率不到 90%，相比于 90% 的普通教育入学率低了很多，以学前特殊教育为例，按照广州残联 2014 年公布的数据，全市有约 1000 位 6

岁以下的特殊儿童，还有一些孤独症儿童和发展迟缓不能取得残疾人证的儿童，其中能够接受学前教育的只有约600人[①]。而在我们实际走访中发现，广州市某特殊学校一共分为低、中、高三个年级。一个年级三个班，全校九个班，一般每个班有12个特殊儿童。受访的老师也透露，近几年在这方面的需求也越来越大，但是因为师资、场地等各方面的原因无法进行扩招。

其次，缺乏心理方面的介入，心理方面的介入不仅没有体现在政府的相关政策里，并且也没有在学校办学理念中有所体现。校方老师如实说道："学校配有心理学老师，但是要进行心理介入必须要求孩子能够听懂，能够和老师沟通；而这所学校配置的心理老师主要是对正处于青春期的特殊儿童进行性教育，着重教授他们能够自己保护自己；至于其他方面的心理问题对于这些孩子还达不到。"而我们在此强调的心理介入，不仅仅是针对特殊儿童，更主要的是特殊儿童的家长。因为我们都知道他们的压力无疑是最大的，不仅要承受精神上的巨大压力，还要承受现实生活的经济压力。虽然特殊儿童是身处底层的边缘群体，但是拥有特殊儿童的家庭更是底层边缘群体的主要组成部分，他们同样也需要政府政策的支持，需要人们的关注与理解。更主要的是他们的心理健康对特殊儿童的进步有至关重要的作用。因此我们呼吁应当从政策帮助等需要关爱特殊儿童家庭成员的心理健康。

再者，忽视了特殊儿童的家庭教育的培养。在政府政策中我们较多看到核心是"特殊学校的教育"，但是却忽视了对于特殊

① 参见朴永馨主编：《特殊教育学》，福建教育出版社2007年版。

儿童家庭的教育培养。政府目前主要做的是提供补助，但无法给予特殊儿童家长相关特殊教育的培训。

因为在实地走访中我们发现，受访家长给孩子进行的教育仅仅是颜色的识别以及最基础的线条画画（忽略孩子本身的智力水平），这是不能达到特殊学校的教育目标的。而在与校方沟通时他们也提到了这个问题："各班的老师在教孩子的时候也会通过微信等和家长沟通。但是他们的活动空间确实很有限，没有办法很好地教学，再加上父母的怜爱之心，他们在实际教授中无法像老师一样严格要求，这样的情况对老师的教学也没有多大的帮助。"因为他们本身很特殊，所以教育必须是家庭与学校两手抓，这样才可以使得学校教育更加有效率。我们向学校老师求证到，学校也发现了这个问题，在他们学校会开展讲座与相关教学的培训以此供孩子家长回家实施。尽管孩子家长的参与热情不是很高，但是学校老师会一直引导的。他们也希望政府能够多关注特殊儿童家庭的教育培养。

四、民众部分

为了调研民众对智障儿童的了解程度，我们做了一个简单的问卷，收集到 30 多份数据。数据显示，参与问卷调查的人当中大部分都是大学生，且对于智障儿童有初步的了解，但还是有 45% 左右的人对于智障儿童智力落后的原因并不了解。而对于智障儿童性格、能力的评估中，很明显部分人对这个群体的理解还是比较直观的。根据数据，接近 23% 的人认为智障儿童难以相处，60% 的人认为智障儿童不能够随班就读，以及接近 60% 的人认为智障儿童能力相对一般，在学习和生活工作中很多方面都可能对自己或者其他人造成不好的影响。

分析：很多时候我们对于这些特殊儿童群体的了解都只是一个表面的认识，我们看到的大多是症状而看不到症状背后的原因。就如数据显示，我们可以看到，即使是大学生，对于这个群体的认识也是比较浅显的，也因此，可能部分人对于这个群体并不是那么的宽容和友好。就以我们去家访的那户智障儿童家庭为例，孩子母亲跟我们讲述了他们遭受的不理解，比如说带小孩坐电梯的时候经常会被其他乘客自觉地隔离，感觉他们像是带着某种病菌一样，就因为孩子的行为与其他的孩子不一样。我们可以认为这只是个例，但这确确实实是智障儿童及其家人遭遇到的事情，我们应该看到社会上还是存在部分人对智障儿童这个群体并不理解和友好，甚至是歧视和嫌弃。如何消除这些不理解和不友好，也是我们帮助这个群体很重要的一个方面。

五、建议

第一，关于低保对象，要规范低保对象资格的审核制度，低保对象的筛选应该做到弹性地看待具体的审核条例，科学公平地设立城市低保的标准，对低保对象做出分类，让那些原本不满足城市低保标准但实际上生活很拮据的城市边缘群体可以享受低保，并且将对象进行分类可以比较高效地对他们进行评估，让他们可以享受更加合理的低保政策；进一步完善低保资金的筹集，通过更加完善的低保资金，可以让这些群体享受到更好的生活；或者可以考虑设立针对城市边缘群体的相关低保条例，例如针对特殊儿童的低保群体条例，因为这一类边缘群体是比较少受到关注的。

第二，关于特殊儿童教育，通过政府部门的统筹，整合各种教育机构的资源，提高服务质量，让更多的特殊儿童可以接受教育，进一步完善师资体系，让特殊儿童接受更高效更全面的特殊教育。只有开设更多的特殊学校，完善相应的学习和康复设备，并且培养更多的优秀特殊教育的师资人手，完善相应的硬件设施，特殊教育才能更好开展和进行。

再有，学校对学生进行分层管理和教育，笔者认为要更多地综合评估学生的学习能力和进步情况，如果能够配套相应的语言治疗师、职能治疗师、特教老师等相关人员成立专业小组，对每个个案共同诊断，并与家长共同评估结合，形成个体教学方案，相信教学效果会更加明显。

第三，相关政策可以加入心理学介入，可以组织社区的社工为特殊儿童的家庭成员提供有效的心理辅导，帮助他们舒缓压力，更好地为特殊儿童营造良好的家庭氛围。而在家庭、社区合作中，除了辅导家长学习如何在家中训练孩子，还要定期开设家长心理辅导课程，对家长进行相应的疏导和心理辅导，毕竟家长由于孩子长期处于一个压力大而且相对孤独的环境中，是很需要倾诉和关怀的。笔者认为有必要为这个群体搭建一个沟通交流的平台，学校也好、社会公益组织也好，可以开展一些活动来促进家长与孩子、家长与家长之间的交流，比如说不定期开展普通儿童与特殊儿童家庭的沟通交流活动，这不仅促进特殊儿童与普通儿童之间的关系，增进彼此之间的了解，也使得特殊儿童家长有一个倾诉、交往的机会，生活可以有一些不一样的色彩。

第四，针对智障儿童及其家庭的生存及未来，笔者认为可以借鉴香港的一些措施，为智障儿童开设一些特殊机构，让这些孩子能够在这个机构里做些力所能及的事情，获得一些劳动报酬；而针对家长们，也可以有这么一个机构，毕竟“授人以鱼不如授人以渔”，给他们一个稳定的工作收入比起直接给予资助可能会更好一些，这样既可以让他们在劳动中感受自己的社会价值，又可以有一个社交的环境。

第五，关于社会民众对于这个群体的理解，虽然社会上也有很多人在为改善这个群体的生存现状做出自己的努力，但是加大宣传，普及关于智障儿童的相关知识和信息也是很有必要的，只有更多的了解才能更好地消除智障儿童群体与普通群体之间的隔阂和不理解不宽容，才能给智障儿童及其家庭一个更加友好的社会环境和社会氛围，这对于改善他们的生存现状也是相当有益的。

第八章 2013 年和 2015 年智障儿童家访报告

脑瘫儿童家访报告

叶 涵

2013 年 5 月 31 日，借助“福柯研究”课程提供的契机，我与李潇、胡子恒两位同学前往之前联系过的脑瘫儿童家庭开展了一次家访活动。虽然只有短短的一个上午，但不论是这家人展现出的精神状态，还是这个孩子本人无形中透露出的“聪明”与“懂事”，抑或与同行伙伴们的交流讨论，都带给了我很多的感动与启发，并使我开始认真思考在中国现有的社会背景下，脑瘫儿童以及他们的家庭究竟应该何去何从，我们该如何伸出自己的援助之手，政府或公共团体又该扮演什么样的角色等诸多问题。现将本次家访活动中自己的一些所见所闻所感总结成文，以供分享。

一、家访前

脑瘫，即小儿脑性瘫痪，指出生后一个月内脑发育尚未成熟阶段由于非进行性脑损伤所致的以各类姿势性运动功能障碍为主的综合征。脑瘫作为一种常见的中枢神经障碍综合征，因其病变部位在脑部，所以往往累及四肢，引发智力缺陷、癫痫、行为异常、精神障碍、听觉语言障碍等症状。而在正式的家访活动开展之前，这些内容就是我所拥有的关于脑瘫患者的全部认知。因此一直以来，我都十分好奇真正的脑瘫患者如何维持正常的生活状态，他们的家庭面对这样的残酷现实又会做出怎样的选择。

二、家访时

从学校出发搭乘地铁再转公交最后步行，几经波折终于来到了脑瘫儿童（以下简称小天）的家，小天的父母以最大的热情迎接了我们。与想象中的不一样，小天本人并不是痴态毕显而是略有些羞涩地与我们打招呼表示欢迎，除去行动上的障碍（脑袋侧歪，单脚一瘸一拐，右手无力）之外，他的口头表达与思维能力似乎与正常人无异；再联想到他因为脑瘫从未受过正规的教育，只能长年累月闷在家里，两相对比之下，就令人更加唏嘘不已。

首先进行的项目是“三国杀”教学，这也是早在我们来家访之前小天就通过电话提出的愿望。说实话，一开始我对能否教会他玩三国杀这件事情并不抱有信心，毕竟即使是从大学生的角度来看，三国杀也是难度比较大的手游之一。没想到，在经过二十分钟的简单教学后，他就已经可以不错地理解，甚至提出自己的一些看法，唯一的缺憾可能就是因为不识字，所以只能凭借印象来判断手牌的内容，无形中增加了独立出牌的难度。小天对自己不识字这一事实表现得很无奈也很坦然，每当我们讲解的速度过快或是他还没有完全理解的时候，他就会主动告诉我们，“慢一点，我不识字的”。小天说自己凭借记忆也能认得一些字，但如果是写或者拼音就完全不行，所以他虽然可以半读半猜地理解他最喜欢的配图版《三国演义》，也能够认出刘备、关羽、张飞等人的名字，但如果遇到复杂的句子或其他没见过的常用字就只能缴械投降，直接放弃。

小天的妈妈告诉我们，小天的自尊心很强，总是觉得自己不比正常的小孩笨（半天的行程并不足以让我判断出他具体的学习能力和接受能力有多强，但显然如果是正常的教学，他应该是可以基本跟上的，至于成绩如何则另当别论），也不喜欢别人拿他当病人或傻子看待，所以一直都想进普通人的学校读书，但是没有任何一所学校愿意接收他。他们想过送小天进专门的学校，但小天自己从心理上十分拒斥，觉得这样是把他当作不正常的人来看待。所以到了最后，小天还是只能待在家里。谈及此事，小天的妈妈免不了又是一阵长吁短叹，她说，只要一想到自己的这个儿子，就真的连觉也睡不着了。我从小天的爸爸那里了解到，小天还有一个哥哥，已经大学毕业现在准备政法干警招录考试，目前唯一放心不下的就是小天。他自己常年在香港打工挣钱来维持家庭四口正常的生活，小天的妈妈就长期待在家里照顾小天（必须保证家里有人，防止小天随时可能发病），所有能想到的办法都试了，没有用，也就只能是现在这样一天一天过。最近几年，小天的妈妈也因为心理上的压力得了轻度的抑郁症，家里剩下的就是两个病人，真的不知道该怎么办才好。

与父母的焦虑愁苦不同，小天自己似乎对于这样的家庭困境一无所知，他所挂念更多的是一些具体的东西，比如今天的电视节目看不懂，想要出去玩但又害怕别人指指点点，家里有三国杀可是没人教更没人一起玩，等等。这可能是所有脑瘫儿童家庭都必须面对的绝境：你既无法解决孩子身体上心理上的痛苦，又必须承担家庭重担、考虑孩子的生活与出路，于是被困在家庭的问题中无法自拔，但这些孩子本人都一无所知。

第二个项目是简单的历史与数学课堂，场景从客厅转向了小天与哥哥两人的小卧室。卧室里除了一张上下铺设计的木床之外，只有简单的一张书桌和一把椅子，我们不得不坐在床边或是直接站立着为小天讲课。使用的教材都是小天哥哥在小学时使用过的课本，因为基础知识太过缺乏，落后了正常的小学生四五年的水平，所以尽管我们绞尽脑汁地想要表达得更生动形象或是通俗易懂一点，对于小天来说，都是犹如在听天书。举个简单的例子，在讲到中国历史的时候，我们发现，小天所理解的中国历史其实只有三国与现在两个阶段，主要原因是他只看过电视上播放的《三国演义》与《新闻联播》。因此当我们告诉他中国的朝代从夏朝开始的时候，他根本无法理解何谓朝代，何谓夏，更不用说历朝历代的具体时间分布与排序了。在进行数学教学的时候，我们遵从小天父母的意愿，给他讲解生活中比较常用的小数与分数，他一开始很快便接受了概念，但当涉及具体的通分约分问题时，他就根本无法理解。在连续三次都做错我们出的通分问题后，小天的情绪开始变得暴躁焦虑起来，不断地摇晃椅子显示自己的不满，我们好言安慰了许久他才又恢复正常的状态，最终小天还是没能弄懂这个问题，反而安慰我们说，毕竟没有按部就班地正规学过，所以无法理解也是正常。

这里有一个插曲，那就是在上课的过程中，小天的妈妈叫小天吃药，小天极有礼貌地先告知我们要暂时休息一下，然后又安排我们在椅子上稍坐，最后还坚持要自己独立倒水吃药，令我有些感动的同时又有些心酸。类似的情况也发生在后来的午饭时间，因为不能使用右手，小天不得不艰难地用左手吃饭喝汤，他因此对坐在他身边的爸爸说抱歉。不得不说，小天给我的感觉是矛盾的，他有的时候完全像是个心智发育不齐的幼童，完全不知父母的愁苦；可有的时候他又懂事得令人心疼，总是想尽可能地多做一点事来减轻父母的压力。我不知道是否还有更多的机会跟小天进一步接触，但我希望下一次来家访的时候可以真正为这个家庭带来些什么。尽管我们现在能做的就只是给他上上课，陪他聊聊天，可是他的父母已经无比感激，不仅再三请我们留下来吃饭，更亲自盛汤放到我们的面前，真是可怜天下父母心，以至于在返程的路上，我的心情一直有些低落，为自己的无能为力也为小天和这个家庭的不幸。

三、家访后

从小天家返回学校后，我想了很久应该如何为小天寻找出路，并为此查阅了很多关于脑瘫家庭的报道，得到的信息令人心惊。其中印象最深的是关于“慈母溺死 13 岁双胞胎脑瘫儿”的报道：“阿凤（化名）有两名 13 岁的脑瘫儿子。但在 2010 年 11 月 20 日的深夜，她给两个孩子吃下安眠药，然后一个接一个地把他们放入浴缸……孩子溺死后，她给他们换上新衣服，自己服下农药自杀。最残忍的是在两个儿子死后，她却被救活了，如今等待着她的是法律的制裁，还有那无止境的痛悔。”我不知道这样的“杀儿母亲”究竟该不该宽恕，但她确实值得同情。这样的人伦悲剧只是无数脑瘫儿童家庭的一个缩影，不论是选择放弃治疗还是积极治疗抑或消极治疗，家庭所面对的精神打击与物质压力都是无法避免的。某种意义上说，除去那些残忍抛弃脑瘫儿童的父母之外，大部分脑瘫儿童家庭的生活都像是没有希望的“无期徒刑”，能够坚持到最后不放弃的寥寥无几，即使坚持到最后也无法战胜现实与时间的残酷。

悲剧至此，反观社会。既然人是社会的动物，难道社会和国家就不应该有责任了吗？我认为，大部分脑瘫儿童悲剧的根源，恰恰就在于社会整体的“选择性失明”，没能给脑瘫家庭这些边缘化群体及时有效的关怀，也没有提供行之有效的帮扶手段，以至于让他们在不堪承受的生命之重面前选择了放弃，这是整个社会的悲哀。总结起来，就是三个方面的问题：（1）政府医疗制度的缺失；（2）社会慈善救助的缺位；（3）心理咨询救助的薄弱。而这些都需要我们去正视，去解决，不能因为难度大就放弃努力，这样对于脑瘫儿童，对于他们的亲人，都是不公平的。

我认为，目前中国的脑瘫儿童家庭社会保障现状仍然存在很大问题：一是脑瘫有时是因为无知导致。资料显示，如果孩子从6个月左右起至3岁之前被诊断，家长能和专业人员配合，每天坚持对孩子进行有效康复治疗的话，是有机会治愈或半治愈的。但是由于很多家长对脑瘫患儿的早期症状不了解或麻痹大意，导致错过最佳时间，最终结果就是即使家长不放弃，脑瘫儿也几乎不可能被治愈。二是严重匮乏的特殊支援机构。脑瘫的治疗是个长期过程，对家庭、社会都会造成很大的压力。尽管中国有残联这样的机构能从社会捐助中为脑瘫患者提供帮助，但也只是提供点儿药物且受助者微乎其微。很多家长无法借助少得可怜的助残机构获得专业的指导，而且即使有民间机构帮助，也必须承担高昂的费用。三是民办支援机构被绑缚手脚。在国家尚没有承担起救助无劳动能力的人的责任，官办公益组织才刚刚起步关注脑瘫患者的情况下，尽管有些民间支援机构出现，但是却要面临着资金的压力。而目前非营利民间支援机构的注册，按照当下政策很难获得申请，往往要选择工商注册，提供工商发票，这令很多希望免税的捐助人选择放弃。

我想，针对那些已有的脑瘫儿童家庭，如果我们的社会保障体系再完善一点，医疗制度覆盖面再广一点，社会志愿工作再细致一点，或许就不会有脑瘫儿童被“溺死”的故事。但是，就长远的角度来说，我国的脑瘫病人有600余万名，比起事后救济，如何预防脑瘫、控制发病率，才是拯救脑瘫儿童家庭最根本的手段。令人沮丧的是，我至今仍然不知道自己该如何为小天这样的孩子和他们的家庭提供帮助，但我希望脑瘫群体能够被社会更多地了解和关注，这样的话，也许在某天，社会保障体系就能够让小天的父母不再食难下咽，睡难安眠。

阳光照不到的地方

王夕心

2015年4月10日，从课代表处得到了小天的信息：他妈妈的电话、家庭住址、交通路线；他18岁了，喜欢下象棋、喜欢学习语文和与别人聊天。这是去之前我对小天的全部了解。同行的同学是郝诗语和邱梓豪，我们约好了 11 日下午 2 : 30 一起到小天家。

4 月 11 日早上给小天妈妈发送了一条短信：“小天妈妈您好，我们是今天来您家看望您和小天的中山大学的同学，大概下午两点半到，你们在家吗？”

大概一个小时后收到回复：“我们在家。”（到他家后才知道这条简讯是小天自己发的。）

“好的，一会儿见。”

下午 1 : 30 从东门出发，我们按约定时间到了小天家。这是一片紧凑的住宅小区，新旧楼交叉，住户并不多，位置也很偏。原本以为小天家条件不错，至少是小康水平，到他家后才发现并不是这样。

他们一家住在大概 50 平方米的廉租房里，除了最简易的家具再无其他，小天还有一个哥哥，刚大学毕业考上了公务员；爸爸在外开货船，工作很辛苦，偶尔经过广州，时间允许才回家一次；妈妈在家照顾他，陪他经受一切。

他妈妈来开门，唤他小名：“阿乐，哥哥姐姐来看你了。”他正在床上用爸爸给他新买的手机下中国象棋，看起来很开心，热情地招呼我们。

我第一次见到了小天，因为脑瘫留下的后遗症，他全身弯曲，重心偏向左腿，颈部僵硬不能扭动，行动很不方便，走路时总像有一股向前的力在压着他，随时都可能摔倒。中枢神经的损伤牵制着他，导致他说话很慢，一个简单动作的完成会比正常速度慢 3—5 秒。

2010 年从学校回家的路上他开始犯病，医院诊断是癫痫，此后一直在吃药，并未见好，仍时犯病，没有征兆，今年尤为频繁，他妈妈说我们去之前午饭时他才发作过一次。吃癫痫药带来很大的副作用，影响了他的智力发育和身体机能。

但在邱梓豪和小天下象棋的过程中，我发现他思维很缜密，喜欢游戏和挑战，有男孩特有的谦让和对游戏胜利的渴望。他很享受在博弈过程中的进退甚至是失误，和自己通过巧妙的一步扭转局面，那盘棋局快要结束时小天仍占优势，当我们都在等待着他获得最后胜利时他妈妈脸色一紧，他又犯病了。

这是今天的第二次了，他突然身体变得很僵硬，往下倒，他妈妈扶他在椅子上躺着，我跑进里屋拿来枕头；大概十秒钟后，他变得很难受，口水从嘴角溢出，不断地分泌唾液。这个过程会持续三四分钟，慢慢恢复意识后，他显得很虚弱，犯病的过程也不会记得。

每次犯病，小天妈妈就会在当天的日历上打一个钩，这个动作让我很心酸。再往前翻，皱皱巴巴的日历上记录了他犯病、吃药的日常，频繁、无规律可循。我仿佛听到每一次记录里他妈妈无声的、沉重的叹息。

小天很喜欢语文，特别是古诗。学校里面不教，所以他就让妈妈去书店买来三年级语文课本，他说妈妈普通话不好，认字不多，没人教他所以很苦恼，于是我开始教他读古诗。他认识“古诗”这两个字，并且会在目录中挑出来翻到那一页。我一次教他读两个字，再让他自己读整句，小天对熟悉的字、熟悉的事（例如爸爸在外工作很辛苦很久才回一次家、哥哥念书很厉害、小区的小朋友不和他玩）会有很强的表达欲望，虽然会慢一点，但说话发音很清楚；陌生的字他读得很慢很吃力，遇到不会读的字，他会羞涩地笑着挠挠头。读完一句诗给他解释意思描绘场景的时候，他听得很入迷很开心，我想他一定在脑海里勾勒着一幅美妙的景致，一幅春意盎然、充满希望、能给他孱弱的身体带来安慰的景致。

我猜想小天喜欢古诗是因为那种读来朗朗上口的雅韵感觉，又或者是人性对诗歌之美的共通的原始而纯粹的喜爱。

说实话在教小天读古诗的过程中我内心是很害怕的，害怕他又犯病，害怕他突然做出伤害自己的或我的行为……我想那种恐惧不是对小天本身（他很可爱很温顺），而是对未知的一切，对病痛可能给他带来什么的迷茫和恐惧，如同他妈妈日夜所经受的那样。

大概是心里太苦，平时又没有人倾诉，小天妈妈用并不标准的普通话向我们说了很多：吃药一直不见效，想带小天重新去医院检查，但挂号太难，医生一星期只去一天并且要看很多病人；要去清理城市“牛皮癣”才能得到区政府补贴，考虑到她家里的特殊情况，让她一个星期去两个上午，可又不能带着小天，只能把他一个人放在家里，每个小天独自在家的上午她的心都是悬着的，因为不知道他是否会犯病；小区不懂事的小朋友戏弄小天，嘲笑他，他没有朋友，很孤单……

因为时间关系，我们在五点的时候起身离开，小天一直问我什么时候再去，我们约定好两个星期后见，并“拉钩”作为承诺，他答应我下次会读学过的三首古诗给我听。

回来的路上想到今天发生的一切，心酸眼潮，心像被一根细细的线拉扯着。情绪在心上过一遍，试着去体会和谅解，但他们所经历的艰难、恐惧和生活的不易是我无法想象的。比起他们将一切交给未知的命运，我们是何等幸运，我们可以奋斗和选择自己想要的生活，而小天一家还有如同他一样不幸的家庭却连选择的权利都失去了，他没有被眷顾，却仍然向往着阳光，尽管艰难却倔强地生长着。

回到学校后我又传了条简讯给小天：“小天加油，病会慢慢好起来的，你要听妈妈的话哦！”

两个小时后收到回复，“小天，谢谢姐姐哥哥，你们好。”

这一定是小天回复的。

记一次志愿服务活动——“暖心行动”

宋俊佳

大一参加了为期一年的“暖心行动”。“暖心行动”是中山大学唯一一个关注自闭症儿童的公益活动，并与珠海市自闭症互助协会建立合作关系。活动的主要内容就是陪同珠海市的自闭症儿童玩耍，并且在近距离的接触中帮助他们学会一些简单的社交礼仪和兴趣技能。我们小组一共有六名成员，负责一个五岁的叫“微笑”的小男孩，我们有时候也会叫他“呱呱”。每个星期都会有三个人陪他去公园、海边或者中山大学校园，我们并不会非常具体地安排当天的日程，因为即使我们这么做了，不可控的因素往往也会打乱一切计划。

在正式与孩子进行接触之前，我翻阅了一些相关的资料，其中就有刘学兰主编的《自闭症儿童的教育与干预》一书，里面介绍了与自闭症儿童群体相关的背景知识和干预治疗方法。自闭症又称为孤独症，是一种发生在儿童早期的广泛性发育障碍性疾病，基本临床特征为三联征，即社会交往障碍、语言发育障碍、兴趣范围狭窄以及刻板、同一的行为方式。而这些表现在我接触了呱呱以后才有了更加清晰具体的认识。

印象最深的是带他去大镜山公园踏春的那一次。呱呱一开始并不喜欢与人有肢体接触，但是好在每个星期的见面冲淡了他与志愿者之间的陌生感，他在走路的时候已经能够接受我们牵着他的手，有时候甚至会主动挽起我们的手。但是在小朋友很多的游乐场区，他并不会主动与同龄人玩耍，并且排斥与其他人进行视线的接触。在游乐场区里，他最喜欢的是滑滑梯，可以连续玩上半个小时，重复地走上楼梯滑下来，并且乐此不疲。偶尔我们会建议他去玩其他的项目，但是一般情况下他并不会听从我们的意见。

自闭症儿童的兴趣比较狭窄，而且有些异常。呱呱还有一个比较特殊的爱好，这是我第一次与他接触就发现了的。他特别喜欢观察车辆驶过减速带，有一次在中山大学通往图书馆的僻静小路边，他蹲在减速带旁边足足 20 分钟。车辆远远开过来的时候他显得很紧张，在逐渐靠近我们以后他就会紧紧地盯着只有几步之遥的减速带，在车辆顺利通过减速带的一瞬间，他才会全身都放松下来，显得十分愉悦。志愿者需要花费一些时间，反复告诉他没有车过来了，他才会依依不舍地跟我们离开，但是在继续走的时候他会回头，如果看见有车呱呱还是会跑回去。

回到去大镜山公园的那段记忆，我和另外一位志愿者带着呱呱在一个宽阔的广场玩耍，而呱呱的爸爸则在不远处的草坪上休憩。实际上，我们很难真正与他进行交互性的游戏，大部分情况是看着他沉浸在自己的世界里，他的手上动作很丰富，并且喜欢蹦跳，有时候还会哼歌。我一直在旁边观察他，但是突然之间（在我看来是毫无理由的），他开始有些焦躁，并且愈演愈烈，开始尖叫、哭闹，躺在地上打滚，第一次看到情绪崩溃的他我有些手足无措，而另外一个志愿者则试图抱起他，防止他受伤。不过他并不配合，一直在扭动尖叫，引起了不少路人的关注。还好这个时候叔叔赶来救场，平静地与他沟通并拿出他喜欢的小零食转移他的注意力，在他父亲的安抚之下他才渐渐冷静下来，但这失控的一幕还是让我久久不能忘记。

自闭症儿童因为在思维、交流沟通、人际关系、情感认知上存在一定的障碍，所以当他的要求无法被满足的时候，就容易导致情绪失控，出现哭闹、蹦跳甚至攻击他人和自我伤害的行为。当时我认为，他情绪崩溃是毫无理由的，是突发性的，但实际上并非无迹可寻。我们为呱呱建立了一个成长档案，用记录分析的办法弄清楚孩子闹情绪的原因。

他非常喜欢吃零食，糖果、紫菜都特别喜欢吃，而且偶尔会捡起别人扔在路上的零食袋去尝，这个时候我们会制止他。但面对我们的时候，他好像知道哭闹会得到他想要的结果，所以就更加哭闹得停不下来。在遇到这种情况的时候，我们一般都是尽量转移他的注意力，可以笑着重复他的话或者唱歌。有一次他想要吃糖，但我们身上并没有带糖，他就一直不太开心地往前走，我和另一个志愿者紧跟在他身边唱小燕子，他竟然会停下来认真听，听完之后跑开，情绪也好转了。后来我们就会自己准备一些小零食作为他表现得好的奖励，偶尔也会吸引他的注意力，安抚他的情绪。

他不太能够集中注意力，尤其是一开始接触他的时候，会比较排斥我们，自己到处乱跑。也不喜欢人太多，过于嘈杂的地方，他对相对安静、绿色的环境是比较留恋的。因此当他出现反抗和激烈的情绪的时候，我们会试图蹲下来平视他，引导他用语言来描述自己的感受，比如会用一些简单的疑问句，“喜不喜欢”“要不要”，让他讲出自己的想法，并且在他平静以后鼓励他的沟通行为。

社会大众对自闭症的了解越来越深入，这是一个好的现象。在自闭症儿童身上，需要花费比普通孩子多几倍的耐心、时间、金钱和精力，我们作为志愿者只能在闲暇的时间陪孩子在公园玩耍，稍微缓解家长们的压力，但是在我们力所不能及的地方存在太多的苦涩和辛酸。

除了社会大众的理解，我想还需要更加专业的机构介入来帮助这些孩子和家庭，才能真正做到“暖心”。

第九章 2014年和2015年托老院访问纪实

托老院访问纪实

杨玉昌

时间：2014年7月18日上午10点，天气晴热。

地点：河北省故城县郑口镇某某托老院二楼办公室。

一个窗帘将一个普通教室大的房间隔成了两个较小的空间，西边的空间里并排放着两张床，上面铺着红色的被褥，应该是院长安某某夫妇的卧室。听说他们有一个9岁大的儿子，又生了一对双胞胎，有5个月大了。我没见过他们大儿子，只见过他们的双胞胎，长得很像，挺可爱的。东边就是办公室，靠北的墙边放着一张办公桌和椅子，靠西的墙边放着一对沙发。我和院长就分别坐在这对沙发上说话。院长40岁上下，后来听他说自己39岁了。他个子中等，人很瘦，与他颇肥胖的老婆形成对比。他递给我烟，我摆手说不会，他就自己点上抽起来。下面是我们的对话：

"你是怎么想到办托老院的?"

"我原来是杀猪的，在衡水，隔壁是一个养老院，我跟院长经常打麻将，有时也去他那里帮忙，了解了养老院的情况。后来生意不好做，我就想到了办托老院。"

“听说你是黑龙江的，怎么跑到这里来办托老院呢?”

“我以前在衡水当兵，转业回家后没事做，就又回到了衡水。我在网上查到郑口还没养老院，加上这里有两个朋友，就过来了。”

“你选的这个地方不错，离青年街（主要大街）不远，交通便利，院子前面路上车又不多，比较安静，适合办托老院。”

“以前不在这儿，那地方交通不方便，几个月前才来这里。当时民政局给我三个地方让我选，我看过后选了这里。这里以前是卫生防疫站，搬走了。”

“你办托老院有多久了?”

“三年半了。”

“这楼有两层，房间不少，不足的是老人们不能出门，要是有个较大的院子能让他们走出去散步就好了。”

“后面有一个空院子，现在租给了弄钢材的，我跟房主谈了，他想明年提高租金，如果对方不租了，我就提高点租金租下来，到时就可以让他们在院子里散步了。”

“还有，这里原来是办公用房，老人们去厕所不太方便。”（老人都住在楼的大门西侧，而厕所在一楼东边，对面的一个大房间就是饭厅。）

“厕所是我找人改造的，虽然远点，但老人们也可以多走点路，有好处。”

“晚上这里老人住的房间都要从外面挂住，有老人不愿在房间里大便，嫌有味。”

“有的老人经常拉在裤子里，我就在房间里放一个桶，让他们在屋里大便。”

“现在住着多少人呢？”

“目前一共住有35位老人，如果都住满了可住一百多位。二楼是不能自理的，只能在床上躺着，其中有10个要喂，晚上每两小时要帮忙翻一次身。这是一个辛苦活。一楼是能自理的，有十几位。”

“我看到二楼东侧阳面大房间里有五六个坐轮椅的老人，他们应该能动吧？”

“不能，也需要人推。”

“这里有几人为老人们服务呢？”

“我，我老婆，我母亲，还有两个服务员。不好找人，别的地方工资也就两千，我这里开三千，有个人干了一个月，刚适应，就不干了。楼下一个女的，一开始也不愿做。有的老人耳聋，需要对着老人大声喊。后来时间长了，她觉得也挺有意思的，就做下去了。”（我曾见到他说的那位女服务员，一个四十岁左右的个子高高的妇女。她经常在后面督促着一楼走廊里一个推着椅子的老太太走路。）

“楼上那些不能自理的，吃喝拉撒，都要你们亲自照料，挺辛苦的。”

“说到底我们就是做保姆的工作。”

“这里的老人有大病怎么办？有医生吗？”

“前面有诊所，老人有病，我会打电话给家属，家属同意，我就叫医生来打针。”

“老人之间相处怎样，也有矛盾吧？”

“说实话，来这里的老人都是有毛病的。老头比较好办，谁跟谁在一屋都没事。老太太心细，相处头一周还行，往后就会有事，过一段时间就需要给她们调换个屋。你母亲屋里那个80多岁，拄着拐的老太太也是经常换屋。那个年轻点的也才进去两周。"

"精神有问题的你也招吗？有个老太太总是在骂人。"

"养老院都不招有精神病的，我们一般也不招。这里那个骂人的老太太是内蒙的，她的女儿出车祸死了，儿子也病死了，可能是精神受刺激造成的，她是在骂自己（注：可我观察她总是对着人骂的，有的被骂的老太太就受不了）。她有个侄女住郑口，跟民政局熟，说让我无论如何得收下。这一段时间已经好多了，你要是不呛着她，就会好点。"

"现在经营情况怎样？"

"一楼能自理的，每月七八百元，二楼不能自理的，有1500元左右。一年大概有10万元，除了餐费，水电费，也就剩几万元。曾有衡水一家养老院招我去做副院长，年薪6万元，让我媳妇去做楼长，年薪4万元，一共有10万元。我想了一下，还是没去。去了还是给人家打工，在这里是自己做老板。"

"你做这个很好，现在年轻人都在外面打工，老人在家没人管，所以要住养老院，而且现在人的寿命越来越长，老人也就越来越多。"

他点头表示同意。

对话持续了半个多小时，十点半，我知道快到开午饭的时间了（11点），怕影响他的工作，就起身告辞，他礼貌性地挽留我吃午饭再走，我一边推辞，一边下楼了。

7 月 19 日，天气闷热。

上午 9 点到托老院，在一楼跟母亲聊了半个多小时后，我就来到二楼，碰见了一个四十岁左右的中年男人，他见到我，一边笑着，一边用手比画，嘴里发出“啊，啊”的声音，从他的神态中我知道他是一个哑巴，不过一开始不知道他想要表达什么，后来我才明白他是在用手引我来到二楼最东头阳面的一个房间。门开着，里面靠东墙有一排桌子，每张桌上都摆放着一排佛像，除了中间较大的坐式释迦牟尼佛像之外，两边还有菩萨像、太上老君像、财神像等。这些像都是金色，像前放着两个香炉，其中点着香。墙上贴着两个字：观香，30 元。进到房间后，哑巴仍然用手比画着，嘴里发出声音，我不明白他把我引到这里是什么意思，他要表达什么。

看了一会后，我就退了出来，来到隔壁的房间，哑巴也在后面跟着。我看到院长正在这个房间里照料一个老人，跟他打了招呼之后就问他：“这里有人信佛吗?”我怕他不懂，一边问一边用手做了一个双手合十的姿势。他说：“噢，是我媳妇。”“那些佛像是从寺庙里请回来的吗?”“不是，是从街上观音堂里请来的。”他一边回答我，一边用手在干活。这是一个较小的房间，可以猜想以前是防疫站的一个普通办公用房。现在房间里的四张床上分别躺着一个男性老人，下半身都盖着被单，上面露出头和上半身。我一到门口，就见靠门的西北床上的老人用眼死死地盯着我，我看了他一下，便将眼光转过去。院长在帮东南靠窗的老人翻身，只见他掀开被单，露出老人的身体，老人只穿着一条白裤衩，两条腿干瘦、暗黄、发蔫，看上去像两根木棍，机械、生硬，没有活力，似已不“工作”很久了，令人心生畏惧。帮这个老人翻身后，院长又来到东北的床前，同样掀开被子，我看到这个老人更瘦弱，他平躺着，胸部下面的肚子凹陷进去，像一个圆形的深坑，似乎他除了骨架外包着一层皮，里面已经是空的了。做完这个房间的事后，院长又来到隔壁的房间。这个房间比较大，有六张床，分别靠南墙和北墙放着，每张床上都有一个老太太。院长先来到靠门的一张床前，同样掀开被单，把一个全身赤裸的老太太翻过身来，用一卷卫生纸帮她擦屁股，然后用新的卫生纸换掉老太太身下的旧卫生纸，再用一卷卫生纸放在老太太两腿之间。他还用手把一种白色的粉末涂在老太太的背上，我不清楚这是为了什么。做完这些后，院长把老太太的手腕上的一根绳子系在她躺着的床头的铁架上。我当时对此感到不解，后来问院长，他说是为了防止老太太用手去抓自己的粑粑或抓自己的伤口，这样做是得到家属同意的。院长将用过的卫生纸随手丢在地上，跟在他后面的哑巴见到后就捡起来，然后走到门外丢到垃圾桶里。哑巴总是笑嘻嘻的，一副憨态可掬的样子。院长照料好一个老太太后就到另一张床前照料另一个老太太。六个老太太中有五个是躺着的，只有一个胖胖的白发老太太坐在床上，怔怔地盯着我看，似乎有些好奇。我以为她也像刚才那屋的老头一样没有意识，也就没有跟她说话，后来才知道并非如此，就和她有了一些交谈。在院长照料老人的过程中，我站在西门口看着他的动作，其间靠西门床上的老太太似乎在跟东边床上的老太太说话：“你躺在床上玩哩吧？”这是我这天在二楼见到的老人中听到的唯一的一句清楚的话，我没听到对方明确的回答。尽管身体处于这种状态，她们仍在相互交流，尤其是老人所说的“玩”颇值得玩味。

院长忙完后来到西头阴面一个大房间，我也跟了过来。这里没有床，中间放着一张大桌子，有四五个老人围着桌子坐在轮椅上，有一个老太太，其余都是老头。我一出现在门口，他们都看着我，眼神发愣。我就问院长：“他们能动啊?”“他们大都半身不遂，被拴住了，也不能用手摇轮椅。”　“能自己吃饭吗?”“能。”“那他们比那些只能躺着的强。”“是。”我这时注意到房间南墙上挂着一个大电视，正在播放电视剧，不过似乎只有一个老人在仰头看。

我从远处对每一个房间都拍了一些照片，看看快十点半了，院长很忙，我就告辞下了楼。只见楼下能自理的老人们已经围坐在门口饭厅的餐桌旁准备用餐了。今天中午要吃水饺，我在楼外经过厨房时看到里面一个大锅里正煮着水饺。我母亲曾抱怨这是买来的水饺，皮又厚又硬，她没有牙，咬不动。我到了门口，推上自行车就走了。

7 月 20 日，天气晴热。

上午我骑车去郑口售票处买火车票，下午三点多才去托老院。母亲跟我说昨天中午吃午饭时一个老太太突然倒在那里不行了，院长两口子赶紧给她服下速效救心丸，老太太过了一个小时才醒过来说话。院长又给她女儿打电话，她女儿很快赶了过来。原来老太太因为没钱买药，有一个月没服药了。这次她女儿也带了药来。

7月21日，天气晴热。

这几天我总在想，托老院里的老人们经历过许多事情，都是些什么事情呢？我很好奇，想了解，于是我就尽量多和老人们接触，聊天。我发现他们还是很愿意跟人说话的，只是有的表达不清，需要仔细聆听才能明白。

上午十点，在托老院一楼，我坐在一个86岁老头的身边，跟他聊起以往的事情。老头开始诉说当年抗战时的事："日本鬼子进郑口是10月1日（注：我不清楚历史上是否真是这一天，需要查查县志，也许会有记载），他们扯着旗进来，没想到小郑口还会有什么抵抗。老胡领着两连人马趴在事先挖好的沟里，他们很大胆，等鬼子走得很近了，用枪一阵猛打，鬼子纷纷后退，正好打在屁股上面。"（注：当时郑口还不是县城，县城是在故城。）我问老胡是谁，他说是二十九军的一个军官："二十九军在张家口，一人背一杆长枪，手拿一把大刀，晚上摸过去，像切西瓜似的，把鬼子的头砍下来。"这一段历史我以前读书时有所了解，可见老人所说并非虚言。

"后来老胡到哪里去了？"

"老胡的队伍在运河上搭浮桥，走了。"

"鬼子来的那一年我9岁，12岁那年被鬼子抓去修炮楼。鬼子占了郑口以后就到处建据点，到处讨伐。"

我在心里计算了一下，从他现在的年龄算起，他应该是1928年出生，到1937年日本全面侵华，进入华北那一年他正好是9岁。

"1937年还没有八路，鬼子跟中央军打。后来八路就越来越多了。”

“鬼子中也有好的，他们被逼急了，也会杀人，杀中国人就像宰个小鸡似的。他们眼光很毒，认八路军看手掌上有没有茧子。他们把八路军叫作‘马猴子’。八路军十人一队，等青纱帐长起来的时候就埋伏在里面，出其不意地打鬼子，一排手榴弹扔过去，炸倒一片……‘黄溜子’很坏，抢东西，有的真跟日本人一心，被八路军抓住就给枪毙了，有的暗中私通八路军，把几千箱子弹送给八路军，就说打仗用完了。”（我不解他为何称“黄溜子”，一般称皇协军。我小时候听老人讲打鬼子的故事一直以为是“黄鞋军”。）

我觉得老人讲的虽不是大历史，却是一些珍贵的历史细节，我们应该记下普通人经历历史大事件时的具体情形，这有助于我们看清真实的历史。随后我又与老人聊起了我比较关注的20世纪60年代初的大饥荒：

“大饥荒时有没有饿死人呢？”

“饿死了很多人，今天这家去报丧，明天那家去报丧。”

“饿死的有多少人呢？”

“这个咱不清楚，咱也不是干部，不了解。”

这是普通人的回忆，只有个人的感受和见闻，无法说出真实具体的数字。他反问我：“每人一天二两粮食，能够吗？”我记起老家村里的老人跟我说他们那时饿得吃豆秸，吃麦秸，压碎后磨成面蒸成窝头，人吃了以后身体会浮肿。

傍晚，我和6岁的小侄子出去玩，在街头看到一对老人在乘凉，我以前认识他们，就跟他们打了招呼，与老太太聊了起来，老头半躺在椅子上，没有说话。

“你们多大岁数了？”

“我 77，老头 86 了。”

“你们这一代人可真不容易啊。”

“能活下来就是幸运了，大饥荒时村里饿死了很多人。”

“饿死的都是什么人？老人，还是小孩？”

“老人多，都把吃的省给了孩子。”

“人都饿成那样，还有力气埋死人吗？”

“总得有人去埋啊。”

“你身边有没有人饿死呢？”

“有好多。”

“有多少人呢？”

“……”

对于如此重大的历史事件，我们却没有一个准确的记忆，这是一件令人遗憾的事。前事不忘，后事之师。我们需要把那些深藏不露的民间记忆挖掘记录下来。在今天这样一个物质丰富、浪费成性的时代，很多人会和我一样已经难以想象那个饥荒流行的世界究竟是一个怎样的情形。

7 月 22 日，阴，小雨。

昨天下午和晚上下了雨，今天上午去托老院的路上有多处积水，约八点半到托老院。路上我边骑车边想托老院的“托”字的意思，其中与托相连的词有“托运”“拜托”“托付”“托儿所”等，医学生入学誓词说“生死所系，性命相托”，其中也有托字。显然，这些词中的“托”都有一种责任、使命、信任之义，可现在到哪里去寻找堪与托付之人呢?

我走进托老院时，母亲正在她所住房间斜对面的空房间里，给我刚为她买的扇子缝一圈白布以作保护之用。她从对面房间的老两口那里借来了剪子，“反正也没事干，闲着也是闲着。”我们聊了一会儿后，走廊里来了一个穿红裤子的中年妇女，她是给对门老两口送东西的。母亲说这是他们的女儿，每天都来送饭，“他们吃不习惯托老院的饭”。

九点半左右，我来到一楼大门口，只见跟我母亲同屋的82岁老太太和昨天跟我聊天的86岁的老头正坐在沙发上，我也就坐下来跟他们聊天。老太太上身穿着一件褂衩，敞着怀，露出两个乳房，其中左边那个下半部有一片黑色，上面长着一个疮。老太太就跟我诉说她最近的病痛及治疗情况（刚才我母亲说这老太太昨晚疼了一晚上），说如何请小峰（院长）让人从外面弄来薄荷叶糊在伤口上以减轻疼痛。她说那个疮经常会破，往外流血，流了就会好一些。她也担心老是这样流，想让儿子、女儿带她到医院查查。以前去医院检查时说需要手术，但有风险，“弄不好下不来床”，“俺小儿子说那样俺就见不到俺娘最后一面了，他不让手术”。旁边坐着的老头说县医院不行，到省医院就能手术了。我附和着说可以到石家庄医院看看。看到老太太发黑的流血的乳房，我不禁想起叔本华在《作为意志和表象的世界》里面说的一个人因看到其所心爱的妇人溃烂的乳房而断绝欲念获得解脱的事。老太太还说到以前的病情，“那时俺娘还活着，她用土法帮我治（具体内容记不清了），一直没事，后来有一次生气，又犯病了，疼起来了。”大概是因为提到生气，老太太接着又说起现在托老院里那个精神病人的情况：“她经常骂人，把全身上下都骂遍了，什么难听骂什么……”“她这样指着你骂，能不让你生气吗?”“偏弄了这么个精神病来，让大家都天天生气。”

十点多，我到了二楼，在东侧阳面的一个房间里，我看到院长帮一个老头翻过身来，往老头背上涂抹一种白色的粉末，就问：“这粉末是起什么作用呢?”他说：“天热，防止生痱子。”我又问：“每天上午都要这样给他们翻身吧?”“每两小时翻一次。早上四点，六点，八点，十点，十二点，下午两点，四点，六点，八点，各一次。”同房间里，院长的老婆正在照料另一个老头，只见她用手敲着老头的肚子听声音，说：“有点胀。”我说：“你都成半个医生了。”她说：“天天照料，就熟悉了。”我又来到对面一个房间，看到左侧病床上躺着的两个老头都用手拿着一个奶瓶含在嘴里。他们看到我后就用眼睛盯着我看，似乎想跟我说话却说不出。我在房间里站了一会儿，用手机拍了一张他们的照片就走开了。看到他们刚才的情景让我想起婴儿吸奶的场景（我在郑口的小侄子因为他妈没奶从小是靠奶粉喂养的，前两年我来弟弟家看母亲时总是听见他嚷着：“奶，奶”，他的嘴离不开奶瓶）。从婴儿吸奶到现在老人躺在床上吸奶，人似乎转了一个圆圈又回到了原处。

然后我来到二楼阳面的大房间，只见东南角床上的老太太正盘腿坐在床上，她的对面靠门的老太太也坐在床边，两腿耷拉在地板上，双目低垂，旁边一个穿红上衣的中年胖女人站在老太太旁边，正在跟她说着话。看样子这是老太太的女儿，来给老太太送吃的。她见我进来，神情有些迷惑。我就说："我也是来看人的，我母亲住在楼下。"她问："多大岁数了？"我说："83 了。""能走吗？""还能走。"

这一对话让我心生感触："能走"在这里已经是一件十分庆幸和不容易的事了，而在外面的人们却是多么习以为常，不以为意！刚才就在一楼，我又看到那个驼背的老头用双手抓着他的铁架，在走廊里一步一步往前挪，铁架底部碰到水泥地面，发出"咔，咔"的声响，整个楼道里都听得见；另一个老太太用手推着一个类似椅子的东西，"椅子"前面两腿末端装了塑料套以减轻接触地面时的阻力，后面两腿末端则分别安装了两个轮子。老太太也是推着它在楼道里来回走。还有一个老太太则拄着拐杖几乎是一寸一寸地往前挪，刚才我在一楼门口的沙发上坐着跟老人聊天时见她"走"过来，就请她坐下，但她没理我，继续走向对面饭厅的门口，那里正在放电视，几天来一直在演着"许仙"，女服务员和几个老人正坐在那里看。

我跟穿红上衣的妇女聊了几句后，一个老年妇女抱着一个婴儿走进来。这是院长的母亲，婴儿是院长的双胞胎之一。穿红上衣的妇女问老人："孩子多大啦？""有五个月零十天了。"我不禁想，时间对于一个婴儿是如此准确清楚，对于我们这些成年人则早已麻木，而对于住在这里的老人们则已经停滞了，没有任何意义。妇女走上前逗小孩子玩，凑到孩子脸前扮怪相，孩子咯咯地笑着，虽然不会说话，但可以看出很开心。妇女又问到另一个孩子的情况，老人回答说："在睡觉。""一个醒着，另一个在睡，方便照看。"过了一会儿，话题又转到妇女的母亲身上，抱小孩的老人说："她昨晚突然大哭起来。"这时被说到的老太太说："我梦见阎罗王派人来拿我……"说着说着又不禁哭起来。站在一边的女儿就安慰她说："净瞎寻思，怕什么?"

我走过去跟坐在床上的老太太聊天，问她多大岁数了，她说："90 了，明年 91。""这里我最大，楼下还有一个 90 的。"她的口齿还算清楚，只是声音较弱。我又问起她家里的情况，她说："两个儿子，都不在了，女儿在照顾我。""你能活这么大岁数多好啊。""这么大岁数了，只是受罪，等死了。"我安慰她说："这里你岁数最大了，还能坐着，能自己吃饭，比他们几个强。"她说："她们三个都不能起床。""老是躺着，压得身子疼。"我又说"这样你还能看到窗外的风景"，边说边往窗外指了一下。由于阴天窗外风景有些模糊，老太太想看清楚些，我就打开窗让她看，说"你看多好啊!"我的意思像是说，活着，自由，外面是多么好啊!

回到楼下，我见母亲和其他老人们正在饭厅吃饭，就上前跟母亲打了个招呼，告辞回家了。

7 月 23 日，阴转晴，雷阵雨。

早 8 点，我骑自行车到了托老院，只见两扇大铁门仍在关着，不禁有些纳闷，因为我知道托老院每天早 4 : 30 就开门。我把车停下，正准备叫门，就听见二楼上有人喊："有人来了，开门。"原来是院长在楼上看到了我。

开门后我推车进到院里，令我吃惊的是，人们，包括我母亲在内的住院老人以及服务员都在院子里，有的坐在几个餐厅用的连着的椅子上，有的坐在凳子上，还有一个中年妇女和一个十几岁的中学生，像一对母子，大家都在聊天，看上去情绪不错。我跟母亲一起走进楼里说话，母亲边走边说：“今天停电，让大伙到院里透透气。这是我来这里两个月来第一次。”我跟母亲走到一楼西侧的一个空房间，在经过走廊时我发现有的房间里的老人正躺在床上，没有出去，应该是不能走动的。聊到九点左右，我就跟母亲又来到院里，与大家坐在一起。这时院长也在院子里，我就跟他以及来探望亲属的那对母子聊天，原来他们探望的对象就是那个驼背的总在走廊里推着铁架走来走去的老头，我后来还看到一个中年男人，是中年妇女的老公，他们是开车来的，从聊天中得知老头是这个男人的岳父。聊了一会儿之后，他们一家就告辞，开车走了。我看见此刻老头仍在院子里推着他的铁架来回走，就对院长说：“他很喜欢锻炼啊。”院长说：“他也害怕坐轮椅啊。”我这才明白他为什么要来回走，同时也为他与病魔斗争的精神而感动。老头看上去有些痴呆，我来这么多次也未见他说过话，包括刚才跟他的儿女家人也没说什么，他们跟他告辞时也未见他有什么反应。我不禁怀疑他是否还有意识，可是如果他没意识却又怎么知道害怕坐轮椅，坚持锻炼呢？我想不清楚。在我和院长聊这个老头的情况时，乳房上长疮的 82 岁驼背老太太插嘴说：“以前托老院在原来的地方时，那个走廊更长，他也总在走。”我问起她的病情，她说：“现在疮口总在流血，儿子们都忙，要等女儿来。女儿本来说好昨天从德州过来的（她在那里帮忙照看自己的外孙），临时有事没来，明天再过来，带我去医院检查。”

快十点了，院长到楼上去了。我知道他到了帮老人翻身的时候了。过了一会儿我也来到楼上，先到那个类似教室的大房间，只见东南角的老太太就像昨天那样坐在床上，面露微笑，靠门的老太太正躺在床上，脸朝里，没有什么动静。（我刚才在院里聊天时才知道她的双眼全瞎了，什么也看不见。院长说："给她喂饭才麻烦哩，两手乱抓。"82 岁老太太说托老院在原来的地方时她喜欢和对床的另一个老太太晚上聊天，让别人不能睡觉："不说了，不说了，一会又说起来。"）我向 90 岁的老太太问过好后正想接着聊，临床躺着的一个老太太说起话来："哥哥，没人听我说，我跟你说……" 90 岁老太太对我说临床正说话的老太太脑子不糊涂，能说话。我这才明白原来她刚才是在跟我说话，就问她："你多大岁数了？"她说："55 了。"我见她头发都已灰白，看上去至少有六七十岁了，就说："不对吧？你岁数应该更大吧？"她说："不清楚了。"她说话时裸露着上半身，头倾倒在床边（这个姿势让我回忆起自己在生病时会因躺的时间太久感到疲倦，在床上翻来覆去，有时把身体靠近床边，像要掉下来。小时候生病卧床时我总会把被子从炕上弄到地下，记得父亲就会在炕边放上一张家里吃饭用的长桌挡住），幸好床边有护栏，她掉不下来。"哥，俺十三岁没娘，有三个儿子，一个女儿，现在也不管我。"我说："不管你，你怎么来这里呢？他们要交养老费，你才能来这里啊。""我这才知道。""他们来看你吗？""从来不来。"

我又来到隔壁较小的房间，院长正在帮那些老头翻身，我跟他打招呼，他见到我，就一边工作，一边跟我聊天。我说："我来这些天了，发现这里也挺有意思的。”他赞同我说：“这里的事我自己干，我能掌握，平时跟老人、家属唠唠嗑，与别人也没纷争，不像干其他活。”“我做这事三年半了，从来没收过假钱，刚才有家属交养老费，我就交给师傅去买菜。”接着我们又谈到屋里床上躺着的几个老人。我见他帮一个老头翻身后用手敲打他的后背，就说：“这样他会轻松些吧？”他说是，指着一个老头说：“他已经是植物人了。”以前我只是听说过植物人，现在第一次见到，有些好奇，就仔细看了一下，发现他静卧在床上，似乎只有眼在动。令我有点困惑的是，刚才院长在帮他翻身和敲背时在不停地跟他说话：“翻过身来，头抬起来……”我就问：“他有感觉吗？”院长说：“有，你跟他说话，他有反应。”院长用手取下夹在他两腿间的导尿壶（一个塑料盒子，其开口正好对着他的阴茎），在他的两腿间及上身两个腋窝间夹上布，“不然他那些地方的肉会腐烂。”“他以前是工商局的，现在一个月有1900元退休钱呢。”他又指着对床一个老头说：“他脾气很大，以前他的儿子们来看他时，不敢进屋，老头拿棍子打他们。我有一次接他回来，他也拿棍子打我。”“相反楼下坐轮椅的那个老头，我接他时，他可高兴哩。儿子接他回家，他不愿意，他们在家里没时间照顾他。”他的话题又转到刚才的老头身上，“他就是自己把自己惯坏了，他本来是能走的，可是看着别人坐轮椅，觉得挺好，就叫儿子给买了轮椅；坐了轮椅，又觉得躺着叫人喂饭挺好，就躺着了。一躺下，就起不来了。”“他刚来时不吃托老院的饭，都是家属给送饭，后来就吃了。”

我接着又跟院长来到大房间里，刚才主动跟我说话的老太太又开始跟院长诉说儿子不照顾她，院长一边干活一边说："你这么说让你儿子听见多伤心啊，不管你，你能在这里吗？他们都给你拿了钱，不然我会照顾你吗？又不沾亲带故的。"老太太说："刚才这个哥哥说了我才知道，还要交费。""还不如抹了脖子，不再受罪。""我解不下手来，大便一粒一粒的，又回去了。"

看到这些老人的状态，尤其是那个植物人的状态，我不禁想起《道德经》中的一句话："吾所以有大患者，为吾有身，及吾无身，吾有何患。"

7 月 24 日，阴。

上午八点我带母亲去县医院做检查，开药。有一段时间我们坐在一楼门诊的椅子上等检查结果，母亲就跟我聊起了许多托老院的情况。我听后愿意把这些称为"托老院政治"——看来有人的地方就有政治。这是因为只要有人，就有人与人的关系，就有人与人如何相处的问题，也就有了"政治"。即便是托老院这样的地方也不例外。

母亲说在托老院里最不习惯的地方是被关在楼里不能出门，"很别扭，就像坐监似的"。可是也并非所有人都不习惯，母亲提到同屋住的一个 67 岁的老太太就没有不习惯的问题。她是同住的三个人中最年轻的，喜欢巴结那个 82 岁的驼背老太太："姐姐，我帮你拿杯子，我又累不着。"后者虽然年纪大，却是长期在郑口镇上生活的，为人精明，言语刻薄，颇有权威感。母亲说："她们俩合伙欺负我，嫌我事多。"原来我母亲有晚上用热水洗脚的习惯。本来一个房间只有一个暖壶，母亲让我弟弟又带去了一个自己用，这样方便。托老院也同意了。这其实跟另外两位老太太没什么冲突，却引起她们的不满。另外，我母亲经常失眠，加上起夜多，对她们有影响。还一件事，以前住另一个屋时，同屋的一个老太太夜里掉到床下去了，起不来，母亲想帮她却弄不动，就砸门，终于惊动院长来把她搬回床上。另一个老太太就埋怨母亲不该管闲事，“这跟你有什么关系？”现在这个屋的 82 岁老太太也说：“你是拿了养老费来的，只管自己就行了，管那闲事干嘛？”可是母亲说：“俺不能看着人家这样不管吧？”院长因此把我母亲调到了现在这个房间，他嫌我母亲老在夜里出去，就在房间外面用绳子挂上了门，里面的人就出不去了，晚上解手也只能在屋里的盆里，我母亲对此感觉很不习惯。

母亲说 67 岁的老太太腿脚灵便，能吃能喝，一顿能吃五根油条，她还喜欢巴结厨师，帮厨师端盘子，为的是能多吃点东西。有一次吃饭时她用筷子敲打另一个年纪更大的老太太的头，还戳人家的肚子，旁边有其他老太太看不惯，就说她：“你要是把人家打坏了，人家家人可不放过你。”每当有住院的家属来探望，她就会走过去赖着不走，直到人家给她点吃的才肯走。我对此有些体验，每次来看望母亲时，她都在跟前站着，我就给她点带去的吃的，如葡萄、甜瓜之类，她才走开。她对托老院很满意：“不用做饭，有吃喝。”母亲也提到了她来托老院的原因：“她嫁给了一个比她大 14 岁的老头，没有儿子，收养了一个儿子，有一个女儿。她老头死了，就到这里来了。”

十点半回到托老院。前几天我已跟在丹东的三弟商量好要把母亲送到他那里去，我就去跟院长说明情况，准备租车把我母亲接回孟庄我四弟家。临行前，为了表达心意，我递给院长 100 元钱，他坚持不要："钱我不能收，心意领了。"

回家后母亲发现刚才在托老院上车时因为匆忙把放在床头柜里的几包衣服忘了，于是我又骑车回到托老院取，这时候已经十一点半了，院长帮我把东西捆到自行车后座上。我说："我想起一个问题"。院长大概以为要起什么纠纷，紧张了一下。我接着说："你说那个植物人有感觉，你怎么确定呢？"院长说："他不可能一点感觉没有。我叫他的名字，他会醒过来，他的眼睛会动。"我本来还有好些问题，但时间有限，没能问下去。我带着东西回到家里，母亲又说她昨天洗了褂衩，放在其住的斜对面空房间里的暖气片上晾着，忘了拿来，还有一块肥皂也忘在了床底下。我也想趁机多了解一点托老院的情况，下午三点半又骑车到了托老院。在母亲说的那个空房间里，我没有看到褂衩，肥皂倒是找到了，就在我四下找寻的时候，对门房间里的老两口喊我："在这里"。我就走了过去，原来是他们看到褂衩掉在了地上，就帮我母亲收了起来。他们很热情，只是老头在床上躺着，似乎不能多说话，老太太耳聋，我说什么她也听不清。

我来到楼上，见院长又在照料那些老头们，在他翻动他们身体的时候，有的老头喉咙里发出很大的声响，有的在咬牙，皱眉头，显出痛苦状。我想这大概是他们的身体对外来的力产生的自然反应吧，过一会儿应该就好了。旁边，院长的媳妇在给一个老头的肚子打针，我问打的是什么针，她说是胰岛素，治糖尿病的。我又见院长掀开那个植物人身上的被子，拿开尿壶，用一种药水擦洗老头的阴茎。我又问他用的是什么药，他说是自制的药："干这行的都会自制药水。不然，他们会感染。"他又接着解释说："病人长期卧床，皮肤很容易腐烂。"我问他那个植物人在这里多久了，他说有一年半了。"他们能活多久？""这要看照顾得怎样，气血耗尽了，也就完了。"

我又跟着院长来到老太太们所在的大房间里，卧床的老太太大都醒着，有的在彼此说着话。院长开始照料三个卧床的老太太，其中喜欢说话的那个老太太与院长聊起了天。"大哥，都仗着你帮我拉粑粑。""你儿子们给你出钱。""出多少啊？""一个月一千五，另有一百买手纸，不够另算。""还不如死了哩，自己受罪，孩子也跟着受罪。有么法哩，有么法哩……"过了一会儿，我对院长说："老太太比老头好照顾吧？"院长说："不是，老太太小便容易感染。"我又问："卧床的不如能自理的好照顾吧？""也不是，卧床的更好照顾，他们只能听摆布，叫怎么着就怎么着，能自理的就不行。""二楼比一楼的好照顾，除非有拉粑粑的。"与院长感觉相反，我觉得二楼空气中夹杂着各种药物的难闻的气味，令人窒息。我很佩服他能长期在这样的环境里工作和生活。

忙完了照料老人的事，院长又来到二楼一个阴面的房间里整理轮椅，那里放着许多轮椅，有的好久未用，不太好使。他说："上午有人签约，准备入住这个房间，需要把这些轮椅搬到一楼楼梯底下。"他把这些轮椅一一合并起来以方便搬。我说："人不能走了就坐轮椅，轮椅不行了，就只好卧床了。"他说："是，一步一步往前进。"

7 月 25 日，晴。

早晨五点多，母亲起床后就又开始唠叨托老院的事（这个时间在托老院已经吃过早饭了），睡在同屋的我被弄醒后一开始依然很困，后来却对她唠叨的内容渐渐产生了一些兴趣。母亲说有一个老太太头脑不是很清楚。她有三个儿子，一个女儿。三个儿子说什么都不管，不肯出钱。老大夫妻俩上班，没时间管；老二媳妇有孩子，说老太太成天跑，她不能抱着孩子到处追；老三……老太太这才来到托老院，她原来摔过一次，来托老院后又摔了一次，骨头摔裂了，女儿来托老院住了两夜照顾她，第三天家里有事就回去了。女儿种着十亩棉花，都是一个人管。为了来托老院照顾母亲，她雇人帮着打棉花杈，每天 40 元。老太太天天闹着回家，使劲地砸门，喊着："这里不是家，俺要回家，俺家里种着棉花哩，没人管。"还有一个老太太，嫁给老头后没儿子，把一个收养的儿子从六岁拉扯大，儿子却不管老太太，也不肯出钱。老太太的外甥看不过去，就到法院打官司把老太太的儿子告了，要求他出钱扶养。法院审理时老太太没出庭，说："衡水那么远，不去了。"人家都说她傻。结果老头留给她的每月 180 元退休钱，她的 50 元补助费，共 200 多元都算在了儿子该出的养老费里，按理说那些不应该算。现在儿子不来看她，只有儿媳妇来给她送衣物，买药。

敬老院实习报告

王　黔

2015 年 2 月 1 日，正值春节即将来临之际，我参加了于贵州省纳雍县锅圈岩乡举行的“敬老人·献爱心”实习活动。自上大学以来，我一直想找个机会到敬老院实习一番，并不是为了学什么社会经验，而只希望了解老人们在敬老院的生活。

其实作为一个哲学人，对生与死总会有些许思考。而我一直以来所困惑的是：活着如果不能寻找意义，那和死亡有什么区别呢？这个问题在我很小的时候就在我心里扎根了，每每提到人老病死，我会想：当人老了之后，如果生活都无法自理了，那活着还能做什么？还有存在的必要吗？在我小时候并不懂事的时候，我目睹了自己的祖母去世的场景，在我记忆中唯一还保留得很清晰的，便是祖母过世时掉下的最后一滴眼泪。当时父母告诉我，祖母舍不得我们，离开时才掉了眼泪，而我在祖母的脸上，读出来的却不是离殇，而是一片安详。我记得当时问了自己本族的一个奶奶，为什么祖母走的时候，眼角在流泪，嘴角却在微笑呢？奶奶说：“她累了，要去做另外一些事，见另外一些人。”我到现在才明白这句话的含义，其实祖母走得并不悲伤，或许在这个世界的离开，对于年老体迈的她来说，是一种解脱，并非是痛苦。祖母的那滴泪，或许承载着的，是这一辈子的辛酸，流出来后，她便安详地走了。

是否所有的老人都是如此想呢？我带着这个问题走进了敬老院。农村的敬老院比不上城市，没有什么娱乐和保健设施，工作人员也只有两位阿姨，整个敬老院除了一栋楼外，就只有楼下一片空旷的院子，几张座椅不规则地摆放着，除此之外，似乎看不到任何其他东西。我们一行十人分为两组，负责对敬老院里的十位老人进行慰问。

我手提着一箱牛奶，怀揣着紧张走进了我所负责慰问的老人所在的寝室。老人似乎老早就知道我的到来，已经准备好两个面对面的座椅。我走进寝室时，没有看到想象中敬老院的舒适环境，老人的寝室甚至和院子里面一样空旷，硕大的房间除了几张桌椅，一张床，一个衣柜，没有其他能映入眼帘的物品了，我只能暗自感叹面前这位老人生活的艰辛。

这位老人姓张，至于名字，可能连老人自己都不知道，他只告诉我，他从小在家排行老大，所以别人都叫他张老大，因为没念过书，所以对名字也并不讲究，我也就索性叫他张爷爷。这位张爷爷看起来很是精神，尽管岁月的折腾已经让他的身体消瘦不堪，你却依旧能从他炯炯有神的目光中发现正能量。在进来之前，我听工作人员介绍过，张爷爷是个能说会笑的人，只是因为没有接受过文化教育，时不时便会“出口成章”，让人难以接受。我心想这位阿姨平时肯定也是吃尽了张爷爷的苦头，才会如是说。然而当我真正面对他时，却感受不到在他身上的任何流氓气质，相反，这位老人洪亮的声音和时不时的微笑，让我感觉到他内在的威严和外在的慈祥。这种气质是我在很多老人身上无法找到的，或许，在这位老人身上，曾有一段离奇的经历，才让他显得如此特别。

和张爷爷在一起没有一丝尴尬，因为你会很快被他的热情感染，张爷爷是一个性格开朗的人，纵使身体衰老，却充满无限能量，一说起话来便滔滔不绝，听起来却并不让人厌烦，相反，奇怪的口音加上洪亮的语调，显得更加幽默风趣，让人听得津津有味。我刚坐下，张爷爷便端来茶水，开始向我嘘寒问暖。那时候正值春节快要来临，关于过年的话题永远也说不完，张爷爷还没等我慰问他，便主动开始询问我的家庭情况还有最近乡里热闹的事情。

因为和张爷爷的交流并不困难，从他那里我也获得了很多关于他的信息。从老人自己的口述中，我了解到在他一生中所发生的事迹，足足可以用“传奇”来形容了。老人于 1932 年在四川绵阳出生，自打出生之后，就随家人过着颠沛流离的生活，因为当时土匪盛行，张爷爷的父亲很小就抛弃了他们母子和自己的两个兄弟，上山去当了土匪。于是张爷爷的母亲带着他们回到了贵州娘家，也就是我的家乡，在这里一直生活到 10 岁左右，虽然当时贵州远离战区，农村地区受战争的影响更小，但土匪的横行也让家乡的农民们苦不堪言。小的时候，张爷爷虽然矮小，却机智灵活，平时便率领着家乡同龄的孩子们与土匪斗智斗勇，打游击、修暗道、设机关、布陷阱，在张爷爷口里，这些事情是他最为骄傲的一段经历。解放胜利后，张爷爷联合解放军一起解决了家乡的匪患问题，随着年龄增长，张爷爷在乡里的威望也越来越高，很多人想选举他作为新任的乡长，而张爷爷却坚持认为自己没有文化，搞不了行政工作，宁愿过散漫的生活。放弃从政后，张爷爷放下了手中的枪杆子，在当地结婚生子，开始过着平淡的生活。然而好景不长，张爷爷的妻子后来因患肺炎，在当时无法医治，只能抱憾离去。张爷爷便带着唯一的儿子一起生活，儿子成年后便随着自己的伯父进城生活，张爷爷却坚持不肯进城，因为他爱着自己土生土长的家乡。在张爷爷心里，战士的情怀一直没有褪去。到了越战时期，他虽已过盛年，还是响应了国家的号召，参加志愿军迈向了去越南的征程。张爷爷一到军队，便要求进了先锋队，这种队伍在战争中实际上便是敢死队，因为越战中地形复杂，行军时遇到的地雷数不胜数，而先锋队的任务，说来是清扫地雷，实则是蹚雷。张爷爷自小就对机关陷阱有很丰富的经验，因此，在越战中也贡献了不少功劳，但遗憾的是，在一次夜间行动中，张爷爷一行 15 人不幸被逼入地雷圈，除了他和另外一名战士受重伤外，其他人全部阵亡。自那以后，张爷爷被送回家乡，住进了当时乡里唯一的仓库，担任仓管员，一直到近几年敬老院建成后才搬了过来。

张爷爷的儿子也已经是 50 岁高龄，互相之间的看望很少，每到过年时候才会和家人见一次面。然而从他的口中，我似乎看不出他对自己亲人的挂念，好奇之下我问了张爷爷为何如此不在意这一年仅团聚一次。张爷爷的回答还是很随性：自己在敬老院住着没什么担忧顾虑，要家人照顾也是拖累，让年轻人多出去耍耍，和老人在一起也是闲着。

这让我想到了自己祖母的事，张爷爷不也是和祖母一个想法吗？老人们早已经把该走的路走过了，剩下的只能留给子孙后代，他们不管是独处还是离开这个世界，只想让自己的后代没有负担。如此洒脱地看待死亡和离别，又有多少人可以做到呢？

这次敬老院实习让我收获颇丰，不仅让我更加懂得老人们对孩子的用心，也对生命的意义和死亡有了一些自己的思考，我很希望以后能多参加一些类似敬老院志愿服务类的活动，因为自己所获得的，远远不止是一次实习经历这么简单。

探访留守儿童家庭纪实

王　黔

2015 年 7 月 4 日，回到家之后，我随同贵州省纳雍县锅圈岩中学老师一起开展“下乡探访留守儿童”活动。参加此次活动其实在我心里已酝酿已久，我曾在学校时就看到新闻报道过贵州省毕节地区发生了两次留守儿童事故，另外一个重要原因是，我在小时候也是属于留守儿童，因此，或许我对留守儿童的生活体验，会比其他人要更为真切。参加这次活动，也希望把自己的经历和经验带给其他留守儿童。

出发前，校长将我们一行分为四组，每组两人，各组负责探访一个村庄，探访的任务包括家庭状况调查并记录，了解受访家庭的困难并提供一些力所能及的帮助。另外，在探访完每个留守儿童家庭后，每个老师还需对自己所探访的家庭进行长期调查和协助，以期让留守儿童们感受到身边人的温暖，对生活充满信心，进而避免留守儿童事故的发生。

我们乘坐一辆灰色的面包车驰向目的地，因为是山路，急弯很多，车路像是硬生生从悬崖上凿出来的一样，车的一面紧靠着崖壁，而另一边就是万丈深渊。其实这种路对于我来说早已习惯了，只是同行的另外一位老师才刚到贵州不久，早已经受不住汽车在山路上的左右摇摆，还没下车就吐得不行。从他一路的抱怨和难受来看，可能这次活动对于他来说并没有想象中那么轻松。其实事实也是如此，这次活动对于我来说只是一时兴起参加的，而对于他来说，却是不得不参加的任务，因为自从上次毕节地区留守儿童事故发生并曝光后，当地教育局就开始重视起留守儿童的安全问题了，这次活动也是出于此缘由才得以开展的，而当地的老师，自然也成为这次活动的主要骨干。背负如此巨大的责任，我想他们内心也会承受很大的压力。

我尽量调整好自己的心态，同时安慰着一旁趴在车窗上狂吐的老师。目的地是一个名叫“文化村”的村庄，面包车在柏油路的尽头转向了左边的岔道，这时尽管没有了悬崖峭壁，路面却再也不平坦了，一路的坑洼让我们受尽了折磨，还好这段路并不是很长，不一会儿，车便在一个牌坊前停了下来，我看到牌坊上书写的三个大字——文化村，便迫不及待地跳下车来。

等同行的老师下车好不容易休息好之后，我们的任务便开始了。从牌坊入内，我们展开了地毯式的搜寻，先是挨家挨户地询问，是否有父母出去打工，只有孩子留守家里的人户。不出意料，这个村子里基本上都是属于留守家庭，因为村里比较贫穷，大多数人只要成年后就跟着村里的长辈一起出门，去往沿海城市打工挣钱，而自己的孩子，也只能把他们留在家里，独自一人或同兄妹一起生活，这些孩子往往很小就会做家务，因为父母在外，照料自己和兄妹以及家中老人的担子自然就落在他们身上。

我注意到这个村子里面基本没有一个青年人，或者说，只要是有劳动力的，都不会留在家里了，偶尔遇到的成年人，我想也是回家探亲的人。因为留守家庭过多，我们只能缩短在每个家庭逗留的时间，每到一个家庭，便直接开始询问家庭状况，记录好便只能简单询问，然后离开去下一个家庭。尽管如此，时间还是不够用，两个人在一个下午的时间内，需要探访一个村大概四五十户的人家，这种工作量对于我们来说肯定过于繁重。所以，在一个下午的时间内，探访的工作并非像我之前想象的充满人情味，而只是简单的调查和记录。但即使是枯燥无味的工作，对我来说还是颇有感触。

在我们的询问中，我了解到这个村子的成年劳动者大多都是出门去广州，在广州的工厂里面上班。这对我和当地老人和孩子的交流来说无疑是一个很好的切入点。作为一名在广州读了三年大学的学生，我在平时也有探访过身边一些从家乡来广州打工的亲人朋友，对于他们的生活环境、居住条件、工作情况也有一定的了解。而我所了解的这些事实，无疑是每天在家留守的老人和孩子迫切想要知道的。这些老人和孩子每天待在家里，闲暇的时间只能消磨在对自己出门在外的孩子或者父母的挂念上。从老人们的口中，我发现他们对自己出门在外的孩子的情况基本上一无所知。我想是因为出门的大人们不愿意让家里的老人和孩子们担心，所以自己的艰辛也只能埋在心里，每天面对着工厂里不会说话的机器，从早到晚重复着一系列动作。这种无趣和痛苦的生活，我想换作我也不会愿意让家人知道。除了每个月从广州寄来的生活费，没有什么还可以成为大人们和自己家人的沟通纽带了。而这些留守的老人，只能凭着自己拿到的生活费的多少，来判断自己的孩子在外面受苦的程度。

一位老人曾问了一个在别人看来很滑稽的问题，然而这对我来说却深有感触。老人问我："在外打工是不是挣钱越多越辛苦啊？孩子们现在寄回来的钱越来越多了，我们用不完，怕的是孩子们越来越辛苦了"。挣钱对谁来说都是越多越好的事，可在老人的话里，却成了让人受苦受难的罪孽。这让人觉得好笑，却又不得不感叹。那位老人已经是 80 岁的高龄，孩子已经 54 岁了，还是不得不出门打工，老人知道自己出门的“孩子”身体欠佳，劝说他不必再出门了，但这些劝说在经济压力面前毫无意义。大人们在外挣得钱虽然越来越多，但只要停止了，这些钱对一家人来说却也坚持不了多久，回家待一段时间之后，大人们还是不得不踏上出门的征程。

我曾问过那位老人平常的一天是怎么度过的，她的回复是：“每天除了吃饭睡觉，就是坐在门前。”我很好奇地追问为什么不好好休息，要在门前坐着呢？老人的回答却震惊了我，因为没有电话联系，老人们只能每天在门前守着，这样孩子们回来就可以第一眼看到了，他们知道自己所剩的年月已经不多，还能看到自己的孩子多少次也是未知数，唯一能做到的，就是在门前等候孩子们回来，以便可以尽早看到他们。

面对这些淳朴的孩子和老人们，我也只能胡扯着自己了解的出门在外的生活。如果把事实告诉他们的话，或许会让老人和孩子们更加担心。我告诉他们：广州的工厂很大，条件很好，人多热闹，而且给的工资很高，每天的工作也很轻松。我只希望自己的这些话能让那些留守的孩子和老人们减少一些担心，这就足够了。

当然，除了每天挂念自己出门在外的家人，自己的生活还是要过的。每天放了学，这些孩子们便抱着书回到家，然后一个个光着膀子，下身穿着硕大的短裤，用鞋带勒紧后，一群人开心地在村里的院子里玩耍，老人们则在门前坐着看着这一切。如果你只是路过，或许你会感叹村里的孩子们是多么幸福，没有大人们的约束，老人也只能坐视不管，这些孩子们虽然身上挑着照顾自己和老人们的担子，却也没有失去自己的童真。每个黄昏便是他们最开心的时刻，没有了挂念，离开了书本，他们找到了属于自己的那份快乐，尽管这快乐好似晚霞，在落日前绽放光彩，却也在落日后变得暗淡，短暂却又美好。

接近天黑，孩子们停止了嬉闹，我们也结束了一天的工作。在孩子们的欢送中，我们踏上了回去的路途。不知夜晚降临后，这个村子会是什么样的情景呢？我透过车窗远远眺望，看到的却只有一盏盏暗淡的电灯，在黑夜里摇曳着，像天上的星星，看着灯下的老人和孩子们，幸福地眨眼。这暗淡的灯光也像是黑夜中明亮的眼睛，望向远处，黯然神伤，好像在召唤着什么，也好像在期盼着什么……

附 录 | 女监咨询法律问题解答

一、2014 年

（一）婚姻与抚养权问题

1. 服刑人员可否结婚？需要什么手续？

2004 年 5 月 13 日，民政部门对外公布了《关于贯彻执行〈结婚登记条例〉若干问题的意见》，其中第 10 条规定：服刑人员申请办理婚姻登记，应当亲自到婚姻登记机关提出申请并出具有效身份证件；服刑无法出具身份证件的，可由监狱管理部门出具有关证明材料。这是婚姻法律的一大进步，是迄今为止我国现有法律法规中首次对服刑人员申请结婚作出的积极明确规定。但是如何操作没有进一步作出明确规定，这也为在司法实践中出现不同意见埋下了隐患。一般来说，服刑人员若想要结婚，应该向狱政管理部门提出申请，由他们对服刑人员的情况进行审核，若通过审核，则服刑人员可在狱警的陪同下带着有效的身份证明去婚姻登记机关办理结婚手续。办理服刑人员婚姻登记的机关可以是一方当事人常住户口所在地或服刑监狱所在地的婚姻登记机关。

从现行法律看，我国原则上规定在押人员、被监禁服刑人员由于已经失去了人身自由，不能进行结婚的法律行为。在有特殊情形时则允许结婚：

（1）对于劳教前确有婚约关系、现在双方要求结婚，或已经离婚，双方又要求复婚的应当允许向政府登记结婚或复婚。

（2）对于未婚的或正式已离婚的男女劳教人员，相互间在改造期中建立了感情，并且双方要求结婚的可根据情况劝导他们解除劳教后结婚，如劝说无效，亦应准予向政府登记结婚。

（3）被判处徒刑缓刑和假释的罪犯，在缓刑或假释期间，他们的恋爱与结婚问题，只要合乎婚姻法规定条件，可以允许，不必经过公安机关或人民法院审查批准。

（4）被管制的罪犯要求结婚的，即可照准其按照婚姻法进行登记结婚，不必由其主管部门（公安机关或人民法院）审查同意。

（5）对于因年龄在 55 岁以上，身体残疾而取保监外执行的罪犯的恋爱和结婚问题，可以允许，由婚姻登记机关审核即可，无须经过公安机关或人民法院的审查批准。

（6）对于因犯妨害婚姻家庭罪被判处徒刑宣告缓刑的罪犯，在缓刑期间不得与原通奸人结婚。

2. 我丈夫已经和我失去联系 4 年了，他不愿意见我，但又怕离婚需要赔偿我，所以一直玩失踪，我想问这种情况能否离婚？

答：根据《婚姻法》第 32 条规定："男女一方要求离婚的，可由有关部门进行调解或直接向人民法院提出离婚诉讼。人民法院审理离婚案件，应当进行调解；如感情确已破裂，调解无效，应准予离婚。有下列情形之一，调解无效的，应准予离婚：……（二）实施家庭暴力或虐待、遗弃家庭成员的；……（四）因感情不和分居满两年的；……”因此，你可以根据第2款或第4款提起离婚诉讼。而且，《婚姻法》第46条还规定：“有下列情形之一，导致离婚的，无过错方有权请求损害赔偿：……（四）虐待、遗弃家庭成员的。”由于你的经济来源都依靠你的丈夫，夫妻之间也有扶养义务，你丈夫在这4年中没有支付你必要的生活费，属于遗弃家庭成员，你可以在提起离婚诉讼的同时要求其给予损害赔偿；如果不离婚也可以向法院请求作出让你丈夫支付你这4年扶养费的判决。①

3. 我对我丈夫已经没感情了，我想离婚，但是我丈夫不同意，请问这种情况我可以离婚吗？在监狱里要怎么办理？

答：这种情况下，一般第一次向法院提起离婚诉讼，法院会驳回起诉，但时隔6个月再次提起离婚诉讼，法院会准予离婚。在监狱里可以委托律师或亲属作为代理人帮你办理相关手续，但开庭时一般需要原告出庭，特殊情况下法庭允许的话也可以通过递交书面材料表明离婚意愿的方式代替出庭，具体程序需要向监狱的工作人员询问。②

4. 某女与丈夫结婚数年，育有一儿子，不满十岁，与丈夫感情不和，丈夫与公婆把自己和孩子赶出家，多次打骂自己和孩子，不给孩子抚养费，现在已分居五六年，自己一人抚养孩子，想离婚男方从未露面，怎么办？到法院起诉男方也不出现，怎

① 现行《中华人民共和国婚姻法（2001年修正）》将于2021年1月1日失效，届时，相关问题依据《中华人民共和国民法典》以及有关司法解释的规定处理。

② 现行《中华人民共和国婚姻法（2001年修正）》将于2021年1月1日失效，届时，相关问题依据《中华人民共和国民法典》以及有关司法解释的规定处理。

么办?

答：离婚分协议离婚和诉讼离婚两种，既然男方一直躲避不见，不同意离婚，只能通过诉讼离婚解决。到法院起诉离婚，请求分割夫妻共同财产，因为丈夫常有家暴，可以请求离婚损害赔偿。关于孩子抚养权的问题，法院会根据有利于孩子身心健康成长、有利于保障子女合法权益的原则来判定，因为男方有家暴，经常打骂孩子，法院更大可能会判决女方抚养孩子，男方为孩子提供抚养费。

《中华人民共和国婚姻法》第46条规定："有下列情形之一，导致离婚的，无过错方有权请求损害赔偿：（一）重婚的；（二）有配偶者与他人同居的；（三）实施家庭暴力的；（四）虐待、遗弃家庭成员的。"①

《中华人民共和国婚姻法》第37条规定："离婚后，一方抚养的子女，另一方应负担必要的生活费和教育费的一部或全部，负担费用的多少和期限的长短，由双方协议；协议不成时，由人民法院判决。"②

至于男方一直不露面，法院经两次传票传唤，其无正当理由拒不到庭的，法院可以拘传。

《中华人民共和国民事诉讼法》第109条规定："人民法院对必须到庭的被告，经两次传票传唤，无正当理由拒不到庭的，

① 现行《中华人民共和国婚姻法（2001年修正）》将于2021年1月1日失效，届时，相关问题依据《中华人民共和国民法典》以及有关司法解释的规定处理。

② 现行《中华人民共和国婚姻法（2001年修正）》将于2021年1月1日失效，届时，相关问题依据《中华人民共和国民法典》以及有关司法解释的规定处理。

可以拘传。”

5. 我的丈夫和儿子都是军人，我为了保护我的侄子，为他顶了罪，结果现在被判了很重的刑，我担心会影响我儿子的前程，希望能和我丈夫离婚，我该怎么办？

答：根据《婚姻法》第33条规定：“现役军人的配偶要求离婚，须得军人同意，但军人一方有重大过错的除外。”在你丈夫没有重大过错的情况下，你只能通过协议离婚的方式离婚，但是如果你丈夫不同意的话，就不能离婚。目前你的案件判决刚下来，只要你能提出新的证据事实，在两年内都可以申请再审，建议你申请再审。具体的程序操作可以咨询监狱里的工作人员。

6. 我和我老公处于事实婚姻的状态，没有领结婚证，平时我们赚的钱都混同在一起，没有做特别的区分，现在我进监狱了，我很担心我的钱会被他挥霍掉，我该怎么办？还有在我进监狱后我的家人帮我去查了我老公的情况，发现他并没有和前妻离婚，之前他欺骗我说他已经离婚了，而且还带我去他家里见过父母，我们一直以夫妻相称，在一起6年多了，我想告他，可以吗，怎么告？

答：现在事实婚姻属于同居关系，不受法律保护，对于你们平时的财产如果想予以区分应当有确切的证据证明其归属，在这种情况下你应当尽快列一份财产清单让对方签名，以便将来区分和追回财产。事实婚姻可构成重婚罪，你老公的行为已经触犯《刑法》第258条的规定：“有配偶而重婚的，或者明知他人有配偶而与之结婚的，处二年以下有期徒刑或者拘役”，构成重婚罪。重婚罪属于亲告罪，你可以直接向法院提起诉讼，或者委托律师、近亲属予以起诉。

7. 入狱之后丈夫向她提出离婚，她不同意，现在男方向法院起诉离婚，是否会因为女方无法应诉而在其不知情的情况下“自动离婚”？获得其12岁的女儿（愿意随母亲生活）的抚养权的机会有多大？

答：按照法律规定，离婚分为协议离婚和诉讼离婚。男方现在启动的是诉讼离婚的方式。诉讼离婚是指夫妻双方对离婚、离婚后子女抚养或财产分割等问题不能达成协议，由一方向人民法院起诉，人民法院依诉讼程序审理后，调解或判决解除婚姻关系。无论是协议离婚还是诉讼离婚，都必须经过夫妻双方亲自办理，不会存在在一方不知情的情形下即解除婚姻关系的情况。①

关于12岁女儿的抚养权问题。孩子归谁抚养，双方可以自行协商。如果协商不成，可以到法院去起诉，争夺抚养权。一般是根据“有利于子女健康成长”的原则来决定，而根据《婚姻法》第36条第3款规定：“离婚后，哺乳期内的子女，以随哺乳的母亲抚养为原则。哺乳期后的子女，如双方因抚养问题发生争执不能达成协议时，由人民法院根据子女的利益和双方的具体情况判决。”父母双方对十周岁以上的未成年子女随父或随母生活发生争执的，应考虑该子女的意见。② 因此，该女服刑人员享有优势。

---

① 现行《中华人民共和国婚姻法（2001年修正）》将于2021年1月1日失效，届时，相关问题依据《中华人民共和国民法典》以及有关司法解释的规定处理。

② 现行《中华人民共和国婚姻法（2001年修正）》将于2021年1月1日失效，届时，相关问题依据《中华人民共和国民法典》以及有关司法解释的规定处理。

8. 我和我男朋友没有领结婚证，但是我们有一个孩子，一直没有户口，现在孩子要上幼儿园了，我想问怎么办？我和我男友想结婚应该怎么办理，他在揭阳男子监狱服刑。我们俩的罪犯身份会不会影响我们孩子的入学？我的亲属是否可以未经我们允许直接用我和我男友的财产抚养孩子？

答：在非婚生子女上户口的问题上，具体解决方法各地方各有不同，一般来说，非婚生子女上户口时除了要有出生证明以外，有的地区还需要进行身份公证或者亲子鉴定等，此外，在需要生育证的地区，父母要先到户口所在地的街道计生办缴纳一定数额的社会抚养费（计划外生育罚款）、落实计划生育措施；之后才可以凭计生部门开出的证明到公安机关上户口。由新生婴儿监护人持以下材料在三个月内向婴儿父亲或母亲常住户口所在地公安办证中心或派出所申报入户：（1）婴儿出生医学证明；（2）父、母亲的居民户口簿或户籍证明；（3）父母亲结婚证；（4）怀孕三个月时在女方户籍所在地计生部门的登记证明；（5）在办证中心先登记并到有关计生部门办理有关手续，三个月内到派出所或区办证中心办理户口登记。

你和你男友想结婚可以向监狱写申请，申请批准后是可以办理结婚手续的，具体程序要咨询监狱的工作人员。你们的身份不会影响孩子的入学，但是有可能会对孩子的成长造成一定的不利影响，建议可以先由你的亲属抚养孩子，对你们俩的身份予以保密。由于父母对孩子是有抚养义务的，因此你们本该每月给孩子支付抚养费，你的亲属在合理限度内使用你和你男友的财产抚养孩子是可以的，但是最好事先征得你们的同意。

9. 因被老公教唆去抢劫，被抓之后，老公哄骗她会照顾好刚出生不久的小孩，并会常来监狱探望她，她因此心软，加之之后与老公联系过程中被他威胁，因此没有供出老公，一个人把罪扛了下来，但是她进监狱之后老公从未来看望过她，也未照顾小孩（现在小孩一直由她外祖父母照顾），她想和老公离婚，并且出去之后想要孩子的抚养权，但她的老公每次都不予理睬，她现在应该怎么办？

答：离婚可以通过两种途径：协议离婚和诉讼离婚。若协议不成，可提起离婚诉讼。按照描述，该服刑人员的老公不愿离婚。因此可通过诉讼途径离婚。她的老公对她和孩子都不闻不问，可以视作《婚姻法》第 32 条第 2 款遗弃家庭成员的行为，可据此请求法院判决离婚，法院应会准予离婚。[①]

孩子归谁抚养的问题，双方可以自行协商。如果协商不成，可以到法院去起诉，争夺抚养权。一般是根据“有利于子女健康成长”的原则来决定。根据《婚姻法》第 36 条第 3 款规定，子女由谁抚养分为两种情况：

（1）两周岁以下的子女，一般随母方生活。

（2）两周岁以上的子女，要考虑父母的情况，一方有下列情形的优先考虑：①子女随其生活时间较长，改变生活环境对于子女健康成长不利；②无其他子女，而另一方有其他子女的；③子女随其生活，对子女成长有利；④双方条件基本相同，但子女单独随祖父母或外祖父母共同生活多年，且其有能力帮助子女

① 现行《中华人民共和国婚姻法（2001 年修正）》将于 2021 年 1 月 1 日失效，届时，相关问题依据《中华人民共和国民法典》以及有关司法解释的规定处理。

照顾孙子女或外孙子女，可作为优先条件考虑。[1]

由于该服刑人员出狱后小孩只有两岁多，无论从生理上还是心理上，跟随母亲生活对小孩更有利，并且出生后一直由外祖父母照顾，这会作为一个优先条件考虑；加之她老公从小孩出生后就未尽到父亲的责任，综合考量，还是很有希望争取到小孩的抚养权的。

10. 孩子从出生到现在10岁一直跟随外祖父母生活，和外祖父母感情很深。入狱之后和老公离婚，孩子判给了父亲，跟随父亲到广西桂林生活。但是由于父亲忙于工作，根本无暇照顾小孩，她出去之后想争夺孩子的抚养权，有希望吗？

答：这涉及变更抚养权的问题。夫妻离婚后的任何时间内，一方或双方的情况或抚养能力发生较大变化，均可提出变更子女抚养权的要求。变更子女抚养权一般先由双方协商确定，如协商不成，可通过诉讼请求人民法院判决变更。有下列情形之一的，人民法院应予支持：（1）与子女共同生活的一方因患严重疾病或因伤残无力继续抚养子女的；（2）与子女共同生活的一方不尽抚养义务或有虐待子女行为，或其与子女共同生活对子女身心健康确有不利影响的；（3）十周岁以上未成年子女，愿随另一方生活，该方又有抚养能力的；（4）有其他正当理由需要变更的。

由于该服刑人员的小孩已满10岁，小孩自己的意愿比较重要，按照描述，由于小孩和外祖父母感情很深，该服刑人员出狱

---

① 现行《中华人民共和国婚姻法（2001年修正）》将于2021年1月1日失效，届时，相关问题依据《中华人民共和国民法典》以及有关司法解释的规定处理。

后将与她父母一起生活，那么小孩应会愿意随母亲生活。其次，据服刑人员描述，她的经济条件比男方好，这也是一个有利因素。最后，男方疏于照顾小孩，对小孩的身心成长不利。因此，综合考量，还是很有希望争取到小孩的抚养权的。

11. 女方与丈夫都是二婚，育有一六岁儿子，丈夫与前妻有一儿一女，丈夫出力帮其与前妻儿女建一楼房，家有一块宅基地。（1）孩子户口问题。自己与丈夫结婚，户口仍在老家，未迁入丈夫这边，若给孩子上户口可不可以办理到自己户口那边，怎么办理？（2）现在想离婚，自己可以为孩子争取到什么权利？可不可以为孩子争取宅基地？（3）如果到法院起诉离婚的话，会不会因为自己曾入狱而影响到孩子以后发展？法庭会不会因自己曾入狱、吸毒而不相信自己的话？

答：（1）孩子的户口可以跟随母亲入到母亲户口上，办理手续与入到父亲户口上的办理手续相同。给婚生子女报户口，需携带以下证件到母亲户籍所在地的派出所申请入户：

①婴儿父母双方的《居民户口簿》或加盖单位人事、保卫部门印章的《集体户口个人信息页》复印件；②婴儿父母的《居民身份证》；③婴儿父母的结婚证；④婴儿的《出生医学证明》；⑤孩子的准生证；⑥女方所在单位或村庄的证明或介绍信。

（2）如果离婚后孩子归自己抚养，可以向男方要孩子的抚养费。如果孩子归父亲抚养，则自己要给孩子抚养费。[①] 对于夫

① 现行《中华人民共和国婚姻法（2001 年修正）》将于 2021 年 1 月 1 日失效，届时，相关问题依据《中华人民共和国民法典》以及有关司法解释的规定处理。

妻共同财产，离婚时是夫妻双方之间的财产分割，不属于孩子的权利范围。

农民宅基地是仅限本集体经济组织内部符合规定的成员，按照法律法规规定标准享受使用，用于建造自己居住房屋的农村土地。服刑人员孩子没有户口，自己的户口也未迁入丈夫这边，所以离婚后自己和孩子对宅基地并无使用权。《中华人民共和国婚姻法》第37条规定："离婚后，一方抚养的子女，另一方应负担必要的生活费和教育费的一部或全部，负担费用的多少和期限的长短，由双方协议；协议不成时，由人民法院判决。关于子女生活费和教育费的协议或判决，不妨碍子女在必要时向父母任何一方提出超过协议或判决原定数额的合理要求。"

（3）自己吸毒入狱的行为对孩子以后发展会有一定影响，主要是在考公检法类的公务员方面，但是影响已经造成，不会因为自己起诉离婚而增加影响。另外，自己的吸毒入狱行为可能影响到孩子抚养权问题，法院根据有利于孩子身心健康成长、有利于保障子女合法权益的原则来判定抚养权归属。

法院会公平公正地审理案件，根据证据进行判决，不会轻易偏信或否定某一方，所以对这一方面不必太担心。

（二）财产问题

1. 我的公公在我和我丈夫结婚之前就已经去世了，他留下了一处房产，没有留遗嘱，我有没有份？现在我丈夫的哥哥也去世了，我丈夫的嫂子直接霸占了这处房产，声称自己出钱买了这处房产，我和我丈夫没有份，请问我们应该怎么办？

答：由于该法定继承发生在你结婚之前，所以属于你丈夫的婚前财产，属于其个人，不是夫妻共同财产。该房产应当由你丈夫和你丈夫的哥哥一人继承一半，你嫂子是没有权利将其完全霸占的，其买房产没有经过你丈夫（共有人）的同意，合同是无效的，你们有权要求其返还一半房产或者相应折现补偿给你们。可以考虑寻求第三方，如村委会、居委会等主持调解的方式解决这一问题，如果调解不成，再考虑起诉事宜。

2. 入狱之后丈夫向她提出离婚，她不同意。男方现已将夫妻二人婚后共同办的工厂转移到男方父亲名下（该工厂原来在男方名下），双方若离婚，女方是否能够获得该财产？女服刑人员与男方结婚之后一直住在男方父亲名下的一套房子里，若双方离婚，女方对这套房子是否享有权利？

答：《婚姻法》第 47 条第 1 款规定：“离婚时，一方隐藏、转移、变卖、毁损夫妻共同财产，或伪造债务企图侵占另一方财产的，分割夫妻共同财产时，对隐藏、转移、变卖、毁损夫妻共同财产或伪造债务的一方，可以少分或不分。”[①] 因此，该工厂仍应作为夫妻共同财产进行分割，并且男方会因其行为而少分甚至不分。

房子的所有权归女服刑人员的公公，不属于夫妻共同财产，女服刑人员对此不享有权利。

3. 入狱前与另外两人合伙做生意，出狱后能否索要自己服刑期间的分红？

答：可以的。合伙企业的利润分配、亏损分担，按照合伙协

① 现行《中华人民共和国婚姻法（2001 年修正）》将于 2021 年 1 月 1 日失效，届时，相关问题依据《中华人民共和国民法典》以及有关司法解释的规定处理。

议的约定办理；合伙协议未约定或者约定不明确的，由合伙人协商决定；协商不成的，由合伙人按照实缴出资比例分配、分担；无法确定出资比例的，由合伙人平均分配、分担。

4. 入狱前有一单生意，货已经发给对方，对方收货后未付款且老板也逃跑了，双方未有书面合同，仅有出货记录、发货单等单据，出狱后如何追这笔货款？

答：若是属于民事纠纷，可以将有关证据整理后向法院起诉该老板。另外，因为事件的相关的细节、证据不是很了解，有涉嫌合同诈骗的可能，可以尝试向公安局报案。

5. 因透支信用卡经合理催款，未能按期还款。透支中国工商银行5万元，工商银行起诉判刑入狱2年，罚金2万元。透支中国建设银行3.5万元，中国建设银行起诉，知晓其入狱后撤诉。同时还透支其他各银行累计19余万元，不包括滞纳金在内，刑期2年，出狱后，自己出去也只能找工作慢慢还钱，害怕别的银行起诉，又要进监狱，该怎么做？

答：这个问题有两个方案。第一是出狱后主动联系银行。透支了银行的数量比较多，那么多家银行不可能同时找到她。然后和这些银行进行协商，待找到工作后，每月工资留下个人及其抚养对象（如果有的话）的基本生活需要之后，剩下的工资根据欠这些银行的钱按照比例偿还，这样不容易产生纠纷，不然银行之间可能因为分款不均产生不满，从而对当事人不利。第二个方案是服刑人员出狱后可等待银行与其取得联系，再与银行进行协商。但是无法判断银行的行动，银行一旦采取诉讼，则服刑人员要承担刑罚风险。所以这个方案有法律风险，当事人要慎重选择。

6. 其在2012年12月借了一笔钱给甲，且甲写下借条，借条上未注明还款日期，该借条是否会在2年后失效？

答：不会。《合同法》第206条规定："借款人应当按照约定的期限返还借款。对借款期限没有约定或者约定不明确，依照本法第六十一条的规定仍不能确定的，借款人可以随时返还；贷款人可以催告借款人在合理期限内返还。"同时，一般的民事行为诉讼时效期限为2年①，法律另有规定的除外。因此，对于没有约定履行期限的债务关系，债权人可以随时要求债务人履行义务。对于债权人一直没有主张权利的，则适用最长诉讼时效期间，从债权债务关系发生之日起计算20年，超过20年的，人民法院不再予以保护。

7. 十几年前的欠款是否还能追要（手中有欠条）？

答：该问题涉及法律中关于诉讼时效的规定。诉讼时效是指民事权利受到侵害的权利人在法定的时效期间内不行使权利，当时效期间届满时，人民法院对权利人的权利不再进行保护的制度。在法律规定的诉讼时效期间内，权利人提出请求的，人民法院就强制义务人履行所承担的义务。而在法定的诉讼时效期间届满之后，权利人行使请求权的，人民法院就不再予以保护。我国民法规定，债权的诉讼时效为2年②，从权利人知道或应当知道

---

① 根据2017年颁布实施的《中华人民共和国民法总则》第188条规定，诉讼时效为3年。

② 根据2017年颁布实施的《中华人民共和国民法总则》第188条规定，诉讼时效为3年。

其权利受到侵害之日起开始计算，即从权利人能行使请求权之日开始算起。也就是说在一般情形下，债务到期后，倘若债务人未偿还欠款的话，诉讼时效就开始计算了。但是我国法律还规定了诉讼时效中断和诉讼时效中止。诉讼时效中断指的是诉讼时效因提起诉讼、当事人一方提出要求或者当事人同意履行义务而中断，从中断时起，诉讼时效期间重新计算。即倘若在债务人逾期未偿还债款的情形下，债权人向债务人主张债权、提起诉讼或是债务人向债权人承诺履行义务，均可以构成诉讼时效的中断，诉讼时效自发生此等情形之后重新开始计算。诉讼时效中止指的是在诉讼时效期间的最后 6 个月内，因不可抗力或者其他障碍不能行使请求权的，诉讼时效从中止时效的原因消除之日起继续计算。至于服刑能否作为诉讼时效中止的理由，法律没有明确的规定。但是考虑到服刑人员的特殊性，法院可能会根据案件的具体情形和服刑人员在服刑期间行使请求权的难度去考虑是否构成诉讼时效的中止。对于此问题，比较保险的做法是服刑人员可以委托代理人（包括亲属、友人、律师等）代为行使债权请求权。此外，我国有最长诉讼时效的规定，即从权利被侵害之日起超过 20 年，人民法院不予保护。根据这一规定，最长的诉讼时效的期间是从权利被侵害之日起计算，权利享有人不知道自己的权利被侵害，时效最长也是 20 年，超过 20 年，人民法院不予保护。

8. 服刑期间，家人可以为其买房买车吗？

答：理论上应该是可以的，但是在实际操作过程中会比较麻烦。因为，首先，要写一份授权委托书，委托家人办理买房买车相关的登记手续；其次，如果涉及银行贷款的话，银行需要核实身份状况、收入状况等信息。如果是全款买的话可以试一下。

（三）刑事问题

1. 因故意伤害罪服刑一年半，即将出狱，因受害一方未对其提起附带民事赔偿，问出狱后，受害方可否再次起诉将其送进监狱，能否再提起附带民事赔偿？

答：根据《刑事诉讼法》第102条规定，附带民事诉讼应当同刑事案件一并审判，只有为了防止刑事案件审判的过分迟延，才可以在刑事案件审判后，由同一审判组织继续审理附带民事诉讼。根据案件描述刑事附带民事诉讼的期间已过，受害方不能再提起附带民事赔偿。且故意伤害罪的刑罚执行完毕，也不会再被审判入狱。受害方只能根据民事侵权进行诉讼，根据《刑事诉讼法》第136条规定，身体受到伤害要求赔偿的诉讼时效为一年，因服刑一年半，受害方也未提起民事侵权诉讼，诉讼时效已过，不能再对此提起诉讼。

2. 在看守所被关了40多天后才判刑，为什么判决书上没有抵扣其在看守所羁押的时间？

答：根据《刑法》第47条规定，有期徒刑的刑期，从判决执行之日起计算；判决执行以前先行羁押的，羁押一日折抵刑期一日。

如果在看守所羁押属实，法律规定必须要在刑期抵扣相应的时间，否则违法。有两个途径可以救济：（1）可以写一个材料上去反映请求纠正；（2）出狱后申请国家赔偿。

3. 因非法持有毒品判了8年，处罚金8万元，被判8年是判的重还是轻？有些人贩卖毒品都没有罚这么多？毒品犯罪会根据成分不同而处罚不同吗？

答：根据《刑法》第348条规定，非法持有鸦片1000克以上，海洛因或甲基苯丙胺50克以上或者其他毒品数量大的，处7年以上有期徒刑或者无期徒刑，并处罚金。也就是说非法持有海洛因50克以上最高可判无期徒刑，8年有期徒刑是根据你的犯罪情节法官自由裁量的。可以认为并不算判得重。

每个案子的情节不尽相同，罚金的处罚力度并不一定要和有期徒刑的年限成正比，只要在法律规定的范围内，法官都可以自由裁量。

通过上述法律规定可以发现，毒品犯罪会根据毒品成分的不同在犯罪情节认定与惩罚力度上有所区别。

4. 被判了罚金，但是除了有几千元打到监狱这边来做生活费，已经没有钱了。这笔生活费会被用作罚金执行吗？

答：根据最高人民法院关于适用《中华人民共和国刑事诉讼法》的解释第439条第1款，罚金在判决规定的期限内一次或者分期缴纳。期满无故不缴纳或者未足额缴纳的，人民法院应当强制缴纳。经强制缴纳仍不能全部缴纳的，在任何时候，包括主刑执行完毕后，发现被执行人有可供执行的财产的，应当追缴。

法院在执行罚金时，必须保留被执行人必要的生活费和供养家庭成员必要的费用。至于未足额缴纳的部分，在以后任何时候，发现有可供执行的财产，应当追缴。

5. 入狱前购买一份商业保险，受益人为其女，只缴纳一期便入狱，此后由其女儿缴纳。其至今没有缴纳罚金，法院会执行保险金吗？法院执行扣工资会留给自己必要的生活费用吗？

答：法院对被执行人的合法财产执行罚金，商业保险的保险金属于受益人的财产，即属于女服刑人员女儿的合法财产，并非女服刑人员的个人合法财产，所以法院不会执行。法院执行被执行人的实际收入时会给被执行人留出必要的生活费用，即按照当地最低生活标准给被执行人留出必要生活费用。

6. 自己因受公司牵连而入狱，是否可找公司赔偿？

答：已经被追究刑事责任，从法律上看就应承担责任，所以此主张不能通过法律途径得到实现，如确有证据证实自己没有失职且没有实施行为不构成犯罪，可依法申请国家赔偿，但必须是不构成犯罪方能申请，否则依法应承担刑事责任。可以私下找公司协商。

（四）其他

1. 结婚之前身份证过期，一直没有重新办理。结婚的时候，其丈夫给了其一张身份证。犯事入狱后监狱工作人员告知其身份证是假的。户口在老家。要去哪里办理身份证？会不会因为之前犯罪不给其办理？

答：办理身份证应在户籍所在地，户口在老家，所以应该回老家办理。之前的犯罪不会影响身份证的办理。

2. 出狱后案底能消吗？是不是有五年消案底的说法？对就业有什么影响？

答：不会消除，也没有这个说法。你的案底会永久留在公安机关的档案里。但是除非有法律授权或者特别授权，其他法人、自然人等无权查阅你的案底信息。除一些工作，如国家公职单位、律师行业等有特殊规定外，一般情况下对就业没有影响。

3. 被判剥夺政治权利3年，出狱后能否做生意开公司、担任企业法定代表人？

答：做生意应该没有问题，但是担任企业法定代表人会受到一定年限的限制，在剥夺政治权利期间以及期满未逾5年的，不能担任企业法定代表人或其他高级管理人员。

剥夺政治权利包括剥夺以下四项权利：（1）担任国家机关职务的权利。国家机关包括国家各级权力机关、行政机关、司法机关以及军事机关。担任国家机关职务，是指在上述国家机关中担任任何职务。即被剥夺政治权利的人，不能担任国家机关工作人员中的任何职务。（2）担任国有公司、企业、事业单位和人民团体领导职务的权利。被剥夺政治权利的人可以在国有公司、企业、事业单位和人民团体中继续工作，但是不能担任领导职务。（3）选举权和被选举权。（4）言论、出版、集会、结社、游行、示威自由的权利。

而注册公司，或开公司，在民间可能有两种理解，一是投资，即作为股东之一，注册成立公司，另一种是当法定代表人并负责公司的运营。作为投资主体，我国公司法对自然人的要求并没有过多的规定，一般认为，应当以有完全行为能力为前提。但在继受股权时，对行为能力的要求有所降低，甚至有些省份已经放开了这种限制，未成年人和无行为能力人也能成为原始股东之一。这种权利实际上属于经济权利，而不属于上述政治权利的范畴。因此，剥夺政治权利，并不影响公民作为股东之一注册公司的权利。

但根据《公司法》第147条规定，有下列情形之一的，不得担任公司的董事、监事、高级管理人员：“（一）无民事行为能力或者限制民事行为能力；（二）因贪污、贿赂、侵占财产、挪用财产或者破坏社会主义市场经济秩序，被判处刑罚，执行期满未逾五年，或者因犯罪被剥夺政治权利，执行期满未逾五年；（三）担任破产清算的公司、企业的董事或者厂长、经理，对该公司、企业的破产负有个人责任的，自该公司、企业破产清算完结之日起未逾三年；（四）担任因违法被吊销营业执照、责令关闭的公司、企业的法定代表人，并负有个人责任的，自该公司、企业被吊销营业执照之日起未逾三年；（五）个人所负数额较大的债务到期未清偿。”

注：本解答中的问题源于2014年5月26日中山大学哲学系和法学院部分师生赴女子监狱为服刑人员所做的法律咨询活动，回答由法学院2012级硕士研究生曾文凡等同学提供，哲学系杨玉昌老师做文字整理。回答可能存在不完善之处，仅供参考。

二、2015年

（一）婚姻问题

1. 服刑期间收到配偶的离婚起诉，是否可以申请延迟离婚？

答：根据《监狱、劳改队管教工作细则》第85条第1款关于离婚问题的规定：“（一）处理犯人的离婚问题，必须严格按照婚姻法的规定执行。为了保障犯人的诉讼权利，在犯人的配偶提出离婚时，受理的人民法院应当通知劳改单位转告被告人提出答辩意见。劳改单位负责将法院对其配偶提出离婚的通知转交犯人，并将犯人的答辩意见转告人民法院。如犯人调动单位时，原劳改单位应将法院的通知转给犯人所在劳改单位。”

通过以上规定可知，首先，我国民法通则规定我国公民的民事权利义务平等，监狱服刑人员除《监狱、劳改队管教工作细则》文件限制的部分权利以外，服刑人员享有广泛的民事权利，承担同等的民事义务。

其次，现行《婚姻法》与《监狱、劳改队管教工作细则》中并没有关于服刑人员申请延迟离婚诉讼方面的规定，因此原则上不能延迟离婚。

另外，服刑人员的离婚诉讼同样适用《婚姻法》及相关司法解释，与普通公民相同，并没有特别的实质性限制规定。因此，服刑人员的离婚同样有两种方式：协议离婚和诉讼离婚。你收到起诉书，说明你所面临的是诉讼离婚，也就是说，法院已经正式受理了你配偶所提出的离婚诉讼，你成为了被告。

根据《婚姻法》第 32 条第 2 款，法院审理离婚案件，首先必须进行调解。只有在调解无效，认定为“感情确已破裂”，法院才会判决离婚。至于“申请延迟离婚”，法律没有这样的规定，在程序上也不存在相关的权利。① 所以，你如果不想离婚或者希望等待服刑完毕之后再解决纠纷的话，建议你通过家人或朋友，积极和你的配偶联系、沟通。

2. 夫妻双双入狱，共有财产 200 万元左右，女方分得一半，用作罚金以减刑。余下 100 万元男方不能使用。原因是，女方入狱前将 200 万元财产转给小妹；被捕后，小妹又把钱转回女方卡

① 现行《中华人民共和国婚姻法（2001 年修正）》将于 2021 年 1 月 1 日失效，届时，相关问题依据《中华人民共和国民法典》以及有关司法解释的规定处理。

上。夫妻二人想把这笔钱用作罚金，但警方认为这笔钱属于小妹，因此不能开罚金证明。女方认为余下的 100 万元不能使用，没办法减刑，非常痛苦，想咨询解决办法。

答：首先，依据《中华人民共和国刑法》第 52 条、第 53 条的规定，罚金是因犯罪而被人民法院判处的附加刑刑种，罚金可一次缴纳，也可分期缴纳，若被判处罚金刑应当庭宣告。

其次，罚金刑的随时追缴是指，被判处罚金刑的罪犯，对不能全部缴纳罚金的，人民法院在任何时候发现被执行人有可以执行的财产，应当随时追缴。即该 200 万元财产是否为人民法院判处的罚金的范围，是解决该问题的前提。

最后，财产刑由第一审人民法院执行。若该财产不属于罚金范围，则无从解决。若属于服刑前的合法财产，则请咨询监狱管教是否可以以金代刑。

3. 她与前夫没有领取结婚证，两人育有两个女孩，协议“离婚”时，前夫分走了大女儿，她要了小女儿。前夫好赌，将大女儿卖了两次，第一次她要了回来，第二次还没要回来就入了监狱。

答：首先，事实婚姻的构成需要以下要件：（1）男女双方的同居（即男女双方在一起持续、稳定的共同居住）行为是 1994 年 2 月 1 日以前；（2）同居是以夫妻名义进行的；（3）同居双方 1994 年 2 月 1 日以前同居时已经具备结婚的实质要件。

其次，所谓结婚的实质要件即男女双方建立夫妻关系所必需具备的条件，具体包括：（1）双方均达到法定婚龄（男 22 岁，女 20 岁）；（2）双方自愿结婚；（3）双方均无配偶且不属于直系血亲或者三代以内旁系血亲；（4）未患有医学上认为不应当结婚的疾病。[①]

综上，你们的婚姻是否有效，先要参看是否符合以上条件。如果不属于事实婚姻，则你们的孩子属于非婚生子。

最后，原则上非婚生子与婚生子享有同等权利，即使协议离婚的，无抚养权一方也同样有探视权，有抚养权一方阻碍探视的，无抚养权一方可请求居委会或村委会协助。另外，买卖亲生子女的同样构成“拐卖儿童罪”，你可以在监狱中向狱方报警，提请前夫户籍所在地公安机关调查取证并起诉。

同时，关于大女儿的监护权问题，根据《民法通则》的规定，监护人不履行监护职责，或者侵害了被监护人的合法权益，其他有监护资格的人或者单位向人民法院起诉，要求监护人承担民事责任的，按照普通程序审理；要求变更监护关系的，按照特别程序审理；既要求承担民事责任，又要求变更监护关系的，分别审理。因此，建议你通过拥有监护资格的家人或亲属向法院提起变更监护权的诉讼。

4. 因为双方没有结过婚，孩子也没有入户，但是她手里有出生证，等她出去后能不能凭手里的证据（她也可以去做亲子鉴定）向那户买孩子的人家把孩子要回来，法律上是否有支持她的规定？

答：你也可提请法院做亲子鉴定，以提高证据可信度。如果有证据显示你的孩子是被贩卖到其他人家的，那么充当买家的这

① 现行《中华人民共和国婚姻法（2001年修正）》将于2021年1月1日失效，届时，相关问题依据《中华人民共和国民法典》以及有关司法解释的规定处理。

个家庭涉嫌犯罪，你可以向公安机关报案。法律不保护买家与孩子之间的关系。出生证上有父母与孩子的名字，所以可以用来证明父母子女关系。

5. 她手头上并没有前夫买卖孩子的证据，如果对方以替她抚养孩子为由，不承认是买孩子，向她讨要高额抚养费，否则就不将孩子给她，法律有相关的解决条例吗？

答：该问题可从民刑两个角度考虑，从刑事角度考虑，虽然你手上没有前夫买卖孩子的证据，但是作为买家的对方必须证明其与孩子的关系，只有存在合法的收养关系条件下，他对孩子才有抚养权，而你与孩子的关系也因此消除，不需要承担抚养费的支付。如果对方没有合法的收养手续，对方以不归还孩子为要挟，索要“抚养费”，他的请求不但不会得到法律的支持，而且涉嫌敲诈勒索罪。建议先报案，让公安机关介入调查。

从民事角度考虑，以代为抚养小孩为由的，父母应给予代为抚养人抚养期间所支出的全部抚养费用，抚养费用争议不明的，你可以民事起诉抚养一方，请求法院判决你给付抚养费的范围与数额。民事诉讼的前提是买方承认孩子是你的，且认为自己没有买卖孩子的行为，此时解决的仅是财产争议。但对方没有拒绝返还孩子的权利，拒绝返还的，可直接报警，请求警方强制执行。

6. 上述服刑人员提出，孩子的父亲也希望能够将孩子交由她抚养，但要求她必须补偿孩子这些年的抚养费，问抚养费的数额应如何确定。

答：根据最高人民法院《关于人民法院审理离婚案件处理子

女抚养问题的若干具体意见》，子女抚育费的数额，可根据子女的实际需要、父母双方的负担能力和当地的实际生活水平确定。有固定收入的，抚育费一般可按其月总收入的 20% —30% 的比例给付。无固定收入的，抚育费的数额可依据当年总收入或同行业平均收入，参照上述比例确定。有特殊情况的，可适当提高或降低上述比例。

（二）财产问题

1. A 因职务侵占老板 200 多万元，被老板以刑事名义诉讼，需坐牢。现又收到老板以债权关系的民事诉讼开庭通知。A 声称其老公不知道她职务侵占这一犯罪活动；因刚入监未到当月审核日期，也无法联系到家人。A 的问题是：如果她老板胜诉让她赔偿，她与老公的房子（房产证上是两个人的名字）中属于她的老公的那部分是否可以得到保留？

答：应视法院是否将该笔债务认定为夫妻共同债务而定，如果侵占的 200 多万元用于夫妻的共同生活需要，法院可能认定侵权赔偿属于夫妻共同债务，夫妻应共同承担。若没有证据证明 200 多万元用于夫妻共同生活等使侵权责任形成共同债务的情形，则可认定该笔债务并非夫妻共同债务，房子属于其老公的部分得以保留。

2. 因无法联系家人，A 的信用卡欠款（7 万多元）如何还款？她在狱中，她老公是否可以帮她去还？她的家庭似乎经济条件不好，如果无法按期还款，银行会起诉 A 吗？A 会因此被判刑多少年？

答：她在狱中，其老公可帮其还款。如果无法按期还款，银行可以起诉A。如果在公安机关立案前已偿还全部透支款息，情节显著轻微的，可以依法不追究刑事责任，否则，7万多元的欠款可能导致5年以下有期徒刑或者拘役。

3. 2010年因非法集资入狱，判决赔款100多万元，冻结资产六七十万元。2012年她入狱已两年，她的342亩林地被拍卖78万元，她的丈夫、她委托的弟弟都没有接到任何通知，因此也没有到拍卖现场。直到接手人出现了才知道这些地已被拍卖，而这些钱的流向都不明确，她想知道这些资金是否已经被作为赔款，如果是作为对受害人的赔款，那么这个返款的证明也许可以用于她的减刑，因此对她有重要意义。那么，在法律上她是否有这个知情权？是否有相关的法律条文支持她维权？

答：服刑人员享有知情权，法院应向其送达执行裁定书。最高人民法院《关于人民法院执行工作若干问题的规定（试行）》第26条规定，被执行人未按执行通知书指定的期间履行生效法律文书确定的义务的，应当及时采取执行措施。在执行通知书指定的期限内，被执行人转移、隐匿、变卖、毁损财产的，应当立即采取执行措施。人民法院采取执行措施，应当制作裁定书，送达被执行人。

4. 判决书上写着判刑和交23万元罚金，并没有写没收房产，但是她在湖南株洲的房子的房产证被公安机关办案人员没收（她说她有好几套房子，但是她老家的房子的房产证并没有被没收），而且她自己说被没收的房子跟她所犯的罪没关系，现在她女儿住在湖南株洲房产证被没收的房子里。她想知道：交了罚金之后能不能把房产证拿回来（目前还没有交完罚金）？是不是因为没交完罚金所以没收了房产证？

答：被公安机关办案人员没收，可能是侦查活动中用以证明犯罪嫌疑人有罪或者无罪，此时查封、扣押的财物、文件应与案件相关。被法院没收可能是由于法院执行其财产刑，此时执行的房产与服刑人员的犯罪是否有关不影响财产刑的执行，该处房产可能法院享有管辖权，因此没有执行其老家的房子。如果是因执行财产刑的原因被没收房产证，交完罚金可要回房产证。

5. 法院扣留了她的财产，她想知道会如何处理她的财产？

答：法院可能将其进行拍卖、变卖，以支付其罚金或赔偿金。

6. 本人因信用卡巨额透支且未还款被法院判定属金融诈骗，承担刑事责任。同时在多所银行分别有不同的多笔贷款，且未还清，担心名下房产会被法院查封用于还贷款，想询问是否会出现这种情况，且这些贷款会不会在将来被法院立案处理，并被追究刑事责任。

答：多笔贷款未还清，若有抵押，银行可行使抵押权以实现其债权。如果未对贷款提供担保，银行起诉至法院、法院查封房产用于还贷款的情况可能会出现，也存在贷款未还清被追究刑事责任的可能。

7. 大部分犯人，入狱后因为资金问题，无法缴纳罚金（或者财产冻结）导致无法减刑。

答：无法缴纳罚金并不必然导致无法减刑。

8. 服刑人员因诈骗罪入狱，在入狱之后，被害人提起民事诉讼，要求经济赔偿，问：刑事判决已作出，为什么还能提起民事诉讼？多个被害人是一个一个地和我打官司还是他们合并起来一起打官司？刑事判决中的罚金我尚无法缴纳，民事赔偿我也无力负担，会不会增加我的刑期，或是影响我的减刑、假释？

答：刑事判决做出之后，被害人可单独提起民事诉讼。依据的是最高人民法院《关于适用〈中华人民共和国刑事诉讼法〉的解释》第164条的规定——被害人或者其法定代理人、近亲属在刑事诉讼过程中未提起附带民事诉讼，另行提起民事诉讼的，人民法院可以进行调解，或者根据物质损失情况作出判决。

本案中，在被害人单独提起诉讼的情况下，由于诉讼标的是同一种类，法院认为可以合并审理并经当事人同意的，可合并审理。也即，被害人可分别提起诉讼，法院可经当事人同意合并审理。依据的法律规定是《民事诉讼法》第52条——当事人一方或者双方为二人以上，其诉讼标的是共同的，或者诉讼标的是同一种类、人民法院认为可以合并审理并经当事人同意的，为共同诉讼。

未缴纳罚金不会加重刑期，罚金应在判决规定的期限内一次或者分期缴纳，期满无故不缴纳或者未足额缴纳的，人民法院应当强制缴纳。经强制缴纳仍不能全部缴纳的，在任何时候，包括主刑执行完毕后，发现被执行人有可供执行的财产的，应当追缴。未进行民事赔偿可以减刑，但对于是否影响减刑存在不同看法。

9. A所在的有限责任公司，一个股东已经逃逸出国，因A伪造商标入狱，欠了很多债权人债务，入狱后债权人未主张权利。两年诉讼时效已经过了，但债权人仍然没有提出偿还债务。问：

会不会导致个人财产被牵扯进去？（公司财务记录清晰，未有挪用公款或者与个人财产混同的情况，而且很多与债权人未签订书面合同，更多是通过 EMAIL 等形式来进行沟通。）

答：《公司法》第 3 条明确规定：有限责任公司和股份有限公司是企业法人。有限责任公司，股东以其出资额为限对公司承担责任，公司以其全部资产对公司的债务承担责任。《民法通则》第七章规定了诉讼时效问题。第 135 条规定，向人民法院请求保护民事权利的诉讼时效期间为二年，法律另有规定的除外。[①] 第 137 条规定，诉讼时效期间从知道或者应当知道权利被侵害时起计算。但是，从权利被侵害之日起超过二十年的，人民法院不予保护。有特殊情况的，人民法院可以延长诉讼时效期间。第 139 条规定，在诉讼时效期间的最后六个月内，因不可抗力或者其他障碍不能行使请求权的，诉讼时效中止。从中止时效的原因消除之日起，诉讼时效期间继续计算。

综合上述法条，首先由于按照商业习惯和行业习惯，很多 EMAIL 只要规定了标的和数量等的主要条款，就被算作是一份完整的能够生效的合同。其次，要看债权人和 A 公司签订合同的对债务清偿的规定，有约定按约定，没有约定的就按法律规定。如果债权人在诉讼时效两年内未提起诉讼，可视为没有主张权利。诉讼时效已过，无法主张权利。或者债权人能够证明自己的诉讼时效没有过，在二十年内提起诉讼，股东以其出资额为限对公司承担责任，公司全部资产对债务承担责任。所以个人要以出

① 根据 2017 年颁布实施的《中华人民共和国民法总则》第 188 条规定，诉讼时效为 3 年。

资额为限承担责任。

10. 罚金是个人承担，还是由夫妻共同承担?

答：由个人财产承担。夫妻一方未经对方同意，独自筹资从事生产或经营活动所负债务且其收入确未用于共同生活的属于个人债务。由于当事人是自己违反法律规定，从事的是与夫妻共同生活无关的事项，因此，罚金可以视为是个人债务。

11. 法院判决“冻结财产，赔偿被害人……”，是否由法院将该笔财产用于赔偿被害人？法院会出具凭证以证明服刑人员已经赔偿了被害人吗?

答：赔偿被害人损失的多寡是由刑事附带民事诉讼中另案审理的，刑事附带民事诉讼的审判结果及其宣判文书就是证明服刑人员已经赔偿被害人的凭证。公安机关、人民检察院、人民法院对于查封、扣押、冻结的犯罪嫌疑人、被害人的财产应当随案移送，人民法院做出判决的，应当对查封、扣押、冻结的财产及其孳息做出处理，而不会持续冻结。若是属于被害人的合法财产，应当及时返还。

12. 被判处没收财产附加刑的服刑人员在服刑期间是否可以合法拥有个人财产？该财产是父母探望时给予的生活费。是否属于没收财产需要进一步没收的部分？我可以合法拥有该部分财产吗?

答：依据《中华人民共和国》刑法第 59 条至第 64 条的规定，没收财产的范围是以判决时犯罪分子实际所有的合法财产为限，不能包含犯罪分子可能取得的财产，而且没收财产的数额与犯罪分子违法所得财产数额也没有关系。因此，该部分不属于没收财产的部分，另依据《监狱、劳改队管教工作细则》，该父母给予的生活费，释放后，狱方应当全部返还于你。

（三）证件问题

1. 出狱之后能否出国，能否去香港澳门等地区？

答：《中华人民共和国护照法》第 13 条规定：“申请人有下列情形之一的，护照签发机关不予签发护照：（一）不具有中华人民共和国国籍的；（二）无法证明身份的；（三）在申请过程中弄虚作假的；（四）被判处刑罚正在服刑的；（五）人民法院通知有未了结的民事案件不能出境的；（六）属于刑事案件被告人或者犯罪嫌疑人的；（七）国务院有关主管部门认为出境后将对国家安全造成危害或者对国家利益造成重大损失的。”

《中华人民共和国出入境管理法》第 12 条规定：“中国公民有下列情形之一的，不准出境：（一）未持有效出境入境证件或者拒绝、逃避接受边防检查的；（二）被判处刑罚尚未执行完毕或者属于刑事案件被告人、犯罪嫌疑人的；（三）有未了结的民事案件，人民法院决定不准出境的；（四）因妨害国（边）境管理受到刑事处罚或者因非法出境、非法居留、非法就业被其他国家或者地区遣返，未满不准出境规定年限的；（五）可能危害国家安全和利益，国务院有关主管部门决定不准出境的；（六）法律、行政法规规定不准出境的其他情形。”

因此，根据上述法律的规定，判满释放人员并不属于不予签发护照或不准出境的情形，因此，你可以向相关护照审核签发部门申请办理即可。需要注意的是，办护照没问题，但是在去办签证的时候就不一定能够批，因为有些国家是需要你提供无犯罪记录的证明的，如果没有的话，拒签的概率很大。

2. 她还有两三个月就出监，她老家在贵州，她不知道身份证会不会到时候归还给她？如果她没有身份证，该坐什么交通工具回老家？因为现在买车票都需要用到身份证。

答：对于刑满释放人员被羁押前的随身个人物品，监狱保管方应当在犯人出监时一并返还，你的身份证如果在入监时被监狱收走，在出监时监狱方一般会予以返还。

如果身份证丢失，或者没有身份证，还可以到车站售票厅的铁路公安制证窗口办理临时身份证明。到车站制证处向民警报出姓名、身份证号，通过系统数据比对，制作临时身份证。需要准备本人的一寸彩色照片。

根据《监狱法》第 35 条规定，罪犯服刑期满，监狱应当按期释放并发给释放证明书。第 36 条规定，罪犯释放后，公安机关凭释放证明书办理户籍登记。第 37 条规定，对刑满释放人员，当地人民政府帮助其安置生活。刑满释放人员丧失劳动能力又无法定赡养人、扶养人和基本生活来源的，由当地人民政府予以救济。第 38 条规定，刑满释放人员依法享有与其他公民平等的权利。

也就是说服刑完毕之后，释放人员便已经为自己的犯罪行为得到相应的惩罚，从此便与其他社会成员一样，都拥有相应的权利，国家与社会也会尽力帮助刑满释放人员回归社会，所以，不会随意扣押释放人员的证件，阻碍其正常的社会生活。

3. 她希望出监之后做点小生意，开个店面，有营业执照的那种，她想知道相关的手续是怎样的以及有没有相关的国家政策帮助她？

答：个体经营的流程因地而异，不同地方会有不同规定，但基本都需要去当地工商行政部门办理《营业执照》和当地税务部门办理《税务登记证明》，如果是经营餐饮业、食品等行业，还需要到食品药品监督管理局，申请办理《食品流通许可证》或《餐饮经营许可证》，取得许可证后，与上述材料一起到辖区的工商所办理执照。

国家对根据市场需求自谋职业、自主创业，实行扶持政策。在税收上会有相应的优惠政策，具体政策内容，需要到当地民政部门和司法行政部门进行咨询。

（四）其他

1. 她觉得自己的案子很冤，寄了一些材料到法院，如何确认法院已经收到？

答：《监狱法》第21条规定，罪犯对生效的判决不服的，可以提出申诉。对于罪犯的申诉，人民检察院或者人民法院应当及时处理。第22条规定，对罪犯提出的控告、检举材料，监狱应当及时处理或者转送公安机关或者人民检察院处理，公安机关或者人民检察院应当将处理结果通知监狱。第23条规定，罪犯的申诉、控告、检举材料，监狱应当及时转递，不得扣压。第24条规定，监狱在执行刑罚过程中，根据罪犯的申诉，认为判决可能有错误的，应当提请人民检察院或者人民法院处理，人民检察院或者人民法院应当自收到监狱提请处理意见书之日起六个月内将处理结果通知监狱。

最高人民法院2013年的司法解释规定，向人民法院申诉，应当提交以下材料："（一）申诉状。应当写明当事人的基本情况、联系方式以及申诉的事实与理由；（二）原一、二审判决书、裁定书等法律文书。经过人民法院复查或者再审的，应当附有驳回通知书、再审决定书、再审判决书、裁定书；（三）其他相关材料。以有新的证据证明原判决、裁定认定的事实确有错误为由申诉的，应当同时附有相关证据材料；申请人民法院调查取证的，应当附有相关线索或者材料。申诉不符合前款规定的，人民法院应当告知申诉人补充材料；申诉人对必要材料拒绝补充且无正当理由的，不予审查。对于立案审查的案件，应当在三个月内做出决定，至迟不得超过六个月。"

因此，可以对照，看看所寄出去的材料是否符合申诉的要求。

其次，《刑事诉讼法》第 242 条规定，当事人及其法定代理人、近亲属的申诉符合下列情形之一的，人民法院应当重新审判："（一）有新的证据证明原判决、裁定认定的事实确有错误，可能影响定罪量刑的；（二）据以定罪量刑的证据不确实、不充分、依法应当予以排除，或者证明案件事实的主要证据之间存在矛盾的；（三）原判决、裁定适用法律确有错误的；（四）违反法律规定的诉讼程序，可能影响公正审判的；（五）审判人员在审理该案件的时候，有贪污受贿，徇私舞弊，枉法裁判行为的。"

因此，也可以对照看看自己要申诉的情形是否符合法律规定。

再次，想知道法院是否签收到所寄去的材料，可以托亲属上网查询快递单号。或者尝试把材料寄往检察机关。

《人民检察院刑事诉讼规则（实行）》（2013 年）第 596 条规定，人民检察院刑事申诉检察部门对不服人民法院已经发生法律效力的刑事判决、裁定的申诉案件复查终结后，应当制作刑事复查通知书，并在十日以内通知申诉人。

《人民检察院复查刑事申诉案件规定》（1998 年）第 34 条规定，复查刑事申诉案件，应当在立案后三个月内办结，案情复杂的，最长不得超过六个月。第 15 条规定，对于不需要立案复查的刑事申诉，经办案部门负责人批准，可制作《刑事申诉不立案复查通知书》，通知申诉人。

2. 她想见她的小孩，但是她的小孩现在还未成年，不知道可不可以见他？

答：根据《监狱法》第 47 条规定，罪犯在服刑期间可以与他人通信，但是来往信件应当经过监狱检查。监狱发现有碍罪犯改造内容的信件，可以扣留。罪犯写给监狱的上级机关和司法机关的信件，不受检查。第 48 条规定，罪犯在监狱服刑期间，按照规定，可以会见亲属、监护人。第 49 条规定，罪犯收受物品和钱款，应当经监狱批准、检查。

因此，对于自己孩子的会见是可以的，这个应该跟家里人沟通好。

3. 在服刑期间没有按照规定交社保，出狱之后社保会不会中断，应该怎样恢复社保？

答：《社会保险法》第 16 条规定，参加基本养老保险的个人，达到法定退休年龄时累计缴费满 15 年的，按月领取基本养老金。参加基本养老保险的个人，达到法定退休年龄时累计缴费不足 15 年的，可以缴费至满 15 年，按月领取基本养老金；也可以转入新型农村社会养老保险或者城镇居民社会养老保险，按照国务院规定享受相应的养老保险待遇。也就是说社保是可以续交的，交满 15 年即可。

《社会保险法》第 7 条规定，国务院社会保险行政部门负责全国的社会保险管理工作，国务院其他有关部门在各自的职责范围内负责有关的社会保险工作。县级以上地方人民政府社会保险行政部门负责本行政区域的社会保险管理工作，县级以上地方人民政府其他有关部门在各自的职责范围内负责有关的社会保险工作。

所以，办理续缴或者咨询相关事宜，可以去当地的人力资源和社会保障局。

4. 某诈骗犯分别拥有黑龙江户口和香港户口。其民事判决在黑龙江，刑事判决在深圳，担心双重国籍的问题以及其内地户口与香港户口是否存在问题。

答：首先，香港是中国的一部分，这里不涉及双重国籍的问题，国籍与户籍不是一回事。其次，中国内地的户籍与香港护照是不可以同时拥有的，想成为香港的永久性居民要放弃中国内地的户籍，也就是要注销户口。单就国内户籍处理而言，我国《户籍管理条例》第 12 条规定，被逮捕的人犯，由逮捕机关在通知人犯家属的同时，通知人犯常住地户口登记机关注销户口。《监狱法》第 35 条规定，罪犯服刑期满，监狱应当按期释放并发给释放证明书。第 36 条规定，罪犯释放后，公安机关凭释放证明书办理户籍登记。

5. 5 月 4 日人民法院开始送达起诉状副本、案件受理通知书和应诉通知书，6 月 4 日才送达被告，6 月 17 日就要开庭，请问此程序有无问题？

答：此程序存在问题。根据《中华人民共和国民事诉讼法》第 125 条规定，人民法院应当在立案之时起 5 日内将起诉书副本发送被告，被告应当在收到之日起 15 日内提出答辩状。人民法院应当在收到答辩状副本之日起 5 日内将答辩状副本发送原告。被告不提出答辩状的，不影响人民法院的审理。即被告在 6 月 19 日前都有提交答辩状的权利，决定在 6 月 17 日开庭是对被告提交答辩状的权利以及原告收取答辩状权利的损害。另外，根据《中华人民共和国民事诉讼法》第 36 条，人民法院审理民事案件，应当在开庭 3 日前通知当事人和其他诉讼参与人。

6. 目前在监狱，户口跟随到女子监狱，请问徒刑期满后户口是否会自动返回原户籍所在地？

答：根据《中华人民共和国户口登记条例》第 12 条规定，人犯在被逮捕后，会由相应的机关通知人犯的家属，并通知人犯在常住地的户口注销这一事宜，所以犯人在服刑期不需要迁户口，会由相关单位给予注销。而根据公安部、劳动人事部、农牧渔业部、教育部、商业部《关于犯人刑满释放后落户和安置的联合通知》的规定，犯人在服刑期满后，拿着劳改单位开具的刑满释放证到户口所在地的公安机关办理相关手续，被注销的身份将会被开启。后来，公安部于 2003 年推出《三十项便民利民措施》，其中第 7 条规定：“取消被判处徒刑、被决定劳动教养的人员注销户口的规定。”该措施自 2003 年 8 月 2 日起正式实行，从而废除了旧法关于取消犯人原籍户口，将犯人户口迁至服刑地的规定。即从 2003 年 8 月 2 日起服刑的，服刑人员原户籍不会被取消，刑满释放后不需要再去办理户籍手续。

7. 案发之初被监视居住，因证据不足刑事诉讼程序中止，后新证据出现又重新启动刑事诉讼程序，问监视居住能否折抵刑期？

答：能够折抵刑期，监视居住二日折抵刑期一日。《刑事诉讼法》第 74 条规定，指定居所监视居住的期限应当折抵刑期。被判处管制的，监视居住一日折抵刑期一日；被判处拘役、有期徒刑的，监视居住二日折抵刑期一日。

8. 在毒品走私犯罪中对走私毒品的数量的认定可不可以以被告人所涉嫌毒品走私犯罪所得总额除以毒品当时的每克单价得出？

答：贩毒分子采取化整为零的方法，少量多次贩毒，被抓获只能查获少量毒品，对以前贩卖的毒品由于交易时一对一无见证人的情况随处可见，加之毒品系消费品的特性，查找毒品等物证难上加难，仅以缴获的毒品数量计，似有轻纵罪犯之嫌。可以缴获毒品的数量和证言证明的数量之和计算：

（1）具有嫌疑人对每次贩毒数量均予认可的供述。嫌疑人被抓获时，如实供述历次贩毒的时间、地点、数量、参与人员等情节时按《全国法院审理毒品犯罪案件工作座谈会纪要》（以下简称《纪要》）规定，仅凭被告人口供依法不能定案的，仍需收集吸毒人员等证言，对吸毒人员在价格、数量、交易地点等内容与被告人的口供基本吻合时，可以每次交易数量的总和计算。

（2）嫌疑人及其同案人对毒品的来源、去向、价格、数量等的供述基本一致时，因毒品案件具有区别于其他普通刑事案件的特点，其他刑事案件仅有被告人的口供不能定案，贩毒案件按《纪要》规定，“只有当被告人的口供与同案其他被告人供述吻合，并且完全排除诱供、逼供、串供等情形，被告人的口供与同案被告人的供述才可以作为定案的证据”。可见贩毒案件同案被告人供述之间能相互印证时可以作为认定贩毒数量的依据。

（3）嫌疑人翻供时，如果对先前的口供仅提出异议，但不能作出合理解释，又不能提供新的证据，其先前供述贩毒数量应作为有效证据予以采信，但不能仅此单一证据定案，需补强证据。如果收集的旁证材料能引证先前供述的贩毒数量，以该数量计算；被告人虽承认贩毒事实，但数量前后供述不一致的，无相应的证据佐证时应疑罪从轻，就低不就高，以被告人认可的较少的数量计算。

注：本解答中的问题来自参与2015年6月8日女监实习帮教活动的中山大学哲学系和法学院同学，哲学系同学的问题由哲学系邱梓豪同学整理，答复由法学院硕士研究生李立琪、梁雄鹏、沈振、周瑞波、吴震宇、冯家欣和本科生杨艾尉提供，杨玉昌老师做文字整理。本附录中2014年和2015年的女监咨询法律问题解答均由目前任教于中山大学新华学院法学院的冯家欣老师重新校订，在此向所有参与该活动和为解答做出贡献的师生致以谢意！